한국어로 내려온
New Bible

새로운
성 경

제114권

8부 | 총10부

하얀마음

하나님 말씀 중에서

1. 사랑의 하나님

- 세상을 창조하신 하나님은 모두를 사랑하신다. 인간만 특별히 더 사랑하지 않고, 우주 만물을 다 똑같이 사랑하신다. 그러니 하나님이 창조하신 천지 만물과 화친하고, 미물까지도 소중히 대하라.

- 하나님은 특정 종파나 민족만을 더 사랑하지 않으신다. 자기 자신만 구원받겠다는 욕심을 버리고, 자기 종파만 구원받는다는 편협한 교리에서 벗어나야 한다. 종파를 초월해서, 모두를 사랑하라.

- 원수까지 사랑하라 했으니, 이 세상에 사랑하지 못할 자가 누가 있겠는가? 종파가 다르다고 해서 부모 형제와 원수처럼 지내는 자는 인간의 근본을 모르는 자다. 가장 가까운 가족부터 사랑할 때 남도 진심으로 사랑할 수 있다.

- 한 사람을 원수같이 생각하던 마음에서 사랑하는 마음으로 돌리면, 자기 자신의 마음이 가장 기쁘고 행복하다. 하나님께서는 인간의 마음속에 무거움이 없이 기쁘고 행복한 삶을 살기를 바라신다.

- 이웃을 "내 몸처럼" 사랑하라 했으니, 마지막 한 장 남은 천국의 티켓도 이웃에게 양보하라. 자기 중심적인 신앙에서 벗어나서 남을 위해 살아야 한다.

- 독초도, 약초도, 이단도 사탄도 천사도 다 필요하기에 존재한다. 독초일지라도 극소량을 사용해서 생명을 살릴 수 있고, 약초라 하더라도 남용하면 생명을 잃을 수 있다.

- 세상 모든 것을 명약으로 활용하는 것은 인간의 지혜에 달렸다. 어떤 것이든 어떤 사람이든 적재적소에 꼭 필요한 명약으로 승화시키라.

- 사탄도 이단도 천사도 모두 하나님의 주관하에 존재한다. 진정한 하나님의 백성은 사탄과 마귀까지도 감화시켜서 천사로 거듭나게 한다.

2. 기도

- 하나님은 인간의 생각까지 모두를 다 알고 계신다. 우리의 소원도 이미 알고 계시기에, 소원의 기도를 할 필요가 없다. 우리가 받을 자격이 되면 내려 주신다.

- 죄를 짓고 아무리 회개를 해도 용서받지 못한다. 도둑질한 자는 용서해 달라고 기도하고, 도둑맞은 자는 도둑을 잡게 해 달라고 기도하면, 공의의 하나님은 누구의 편에 서시겠는가?

- 자기가 잘못한 것은 그 사람에게 직접 갚고 용서를 구하라. 그가 용서하면 하나님도 용서하신다. 땅에서 매면 하늘에서도 매이고, 땅에서 풀리면 하늘에서도 풀리는 이치다.

- "회당에서 기도하지 말고 골방에서 기도하라" 했다. 눈에 보이는 골방이 아니라, 골방과 같이 고요한 마음이다. 잡념을 버리고 하나님을 향해 마음을 집중하며, 사랑하고 용서하는 아름다운 생각만 나오도록 하라.

- "두드리면 열릴 것이다." 하는 것은 육의 소원을 위해 두드리라는 것이 아니라, 진리의 깨달음을 얻기 위해 두드리라는 것이다.

- 기도하는 방법: 생활 속에서 수시로 기도하는 삶을 살아야 한다.

- "저의 죄를 용서하여 주옵소서." 하는 회개의 기도를 하라.
- 범사에 "하나님! 감사합니다." 하라. 현재 가진 것에 감사하며, 과욕하지 말라. 자기 노력 이상의 것을 더 갖고자 기도하는 것은 도둑놈심보다. 공의의 하나님은 각자 노력한 만큼 주신다.
- "하나님 뜻대로 살아가겠나이다." 하며 마음의 각오를 다지라.

- 기도는 하나님의 말씀을 받아서 "행하는 것"이다. 하나님이 계심을 굳건히 믿고, 하늘을 향하여 한 점 부끄럼 없이 사는 삶 자체가 가장 위대한 기도이며, 삶이 곧 예배다.

3. 지도자

- 똑같이 사랑한다는 말을 해도, 순수하게 하는 말은 천사의 말이지만, 사기 쳐서 재산을 가로채려고 하는 말은 사탄의 말이다.

- 종교 지도자가 아무리 훌륭한 설교를 해도, 신도의 재물을 거둬서 더 큰 교회를 짓고 자기의 부귀영화를 바라며 설교하면 사탄의 가르침이 된다.

- "저희 교회는 만원사례요, 믿음은 다 같으니 이웃의 개척 교회에 가서 예배를 드리시오." 하며, 이웃 교회의 부흥을 먼저 생각하여 제 신도를 보내는 종교 지도자가 있다면 그를 따르라. 그가 하나님의 사랑을 실천하는 자다.

- "부자가 천국에 들어가는 것은 낙타가 바늘구멍을 통과하는 것보다 더 힘들다" 하였거늘, 지금의 교회에서는 부자가 되기만을 기도하고 소원하니, 이는 곧 천국을 포기하고 지옥 행 열차의 티켓을 사는 것과 같다.

- 예수는 빈손이었다. 종교 지도자가 예수보다 더 호화롭고 편안하게 살아간다면 잘못된 것이다. 부귀영화와 명예를 바라는 자는 절대로 갈 수 없는 좁고 협착한 길이 종교 지도자의 길이다.

- 종교 지도자는 유리로 비춰 봐 한 점의 부끄러움이 없이 살아야 한다. 의식주도 직접 일해서 해결하고, 예수의 가르침과 행함을 그대로 따라야 한다.

- 종말은 없다. 지금의 잘못 가는 종교 집단에게만 종말이 있다. 보이지 않는 하나님은 보이는 육의 종말은 관여하지 않으신다. 환경 파괴로 인간이 스스로 멸망을 자초하는 것이다. 종파끼리 싸우기 전에, 무너진 인성을 바로잡고 지구의 몸살을 해결하는 데 뜻을 모으는 게 급선무다.

4. 성전이란

- 이 세상 자체가 하나님께서 만드신 성전이다. 자연보다 더 아름다운 성전이 있는가? 보이는 건물이 성전이 아니라, 성스러운 마음가짐이 성전이다.

- 반석 위에 교회를 지으라 했다. 지상의 단단한 돌은 인간이 쪼갤 수 있으나, 마음속의 굳은 결의는 세상 무엇으로도 쪼갤 수 없다. 바르고 굳건한 믿음으로 성경의 가르침을 실천하는 것이 마음의 반석 위에 교회를 짓는 것이다.

- 손으로 지은 건물의 교회에 모여서 복음을 전하는 것이 아니라, 교회를 개인과 가정에 심어 주어야 한다. 무너지고 부서지는 건물을 짓지 말고, 마음속에 영원히 불변하는 참진리의 교회를 지으라.

5. 십계명

- 십계명은 인간이 죽어서 반드시 통과해야만 하는 열 개의 관문이다.

- 부모를 공경하지 아니한 자는 "네 부모를 공경하라." 하는 제5계명의 관문이 열리지 않으니 구원받을 수 없다.
- 살인, 간음, 거짓, 우상 등의 나머지 계명도 마찬가지다.

- 십계명은 하나님의 친필이다. 모기소리만 한 하나님의 음성이라도 들어 보겠다고 여기저기 찾아 헤매지 말고, 십계명부터 암송하고 지키라.

- 십계명은 영혼을 구원하는 양식이며, 십계명을 지키는 것이 구원을 받는 길이다. 인간이기에 지키고자 노력하고 또 노력한다면 지킬 수 있다.

- 십계명을 지키고 천사처럼 아름답게 살아가는 그 마음 하나면 세상에 이루어지지 않는 것이 없다.

6. 보물

- 하나님은 재물이 아니라 우리의 마음을 받으신다. 사랑을 실천하며 천사처럼 변하는 마음이 하나님께 바치는 보물이다.

- 보이지 않는 하나님께 재물을 바치려 하지 말고, 너희를 길러 준 부모에게 용돈드리고, 찾아뵙고, 효성을 다하라. 그것이 하나님께 효도하는 것이다.

- 하늘에는 선과 악의 창고가 있다. 자기 창고에 선이 많으면 천국으로 구원을 받고, 악이 많으면 심판받아 지옥으로 간다. 그것이 바로 "선한 일을 행한 자는 생명의 부활로, 악한 일을 행한 자는 심판의 부활로" 나오는 것이다.

- "선악과를 따먹지 말라"는 것은 양심을 지키라는 것이다. 선과 악을 구분할 수 있는 양심을 최초에 인간에게 주셨다. 선한 열매는 취하고, 악한 열매는 버리며, 양심에 비추어 부끄럼 없는 삶을 살아가라.

- 가장 작은 거짓말을 하지 않고, 가장 작은 죄를 짓지 않으며, 가장 작은 선행을 하고, 가장 작은 악행을 멀리하는 것이 율법의 일점 일획도 빠뜨리지 말고 다 지키는 삶을 사는 것이다.

7. 우상

- 박물관에 있는 불상은 하나의 예술품이다. 그 조각품에 대고 제 소원을 빌 때 우상숭배가 된다. 십자가라 하여도 그 앞에서 소원을 빈다면 우상숭배하는 것이며, 하나님께 소원을 빈다면 하나님을 우상으로 전락시키는 것이다.

- 지금 기복신앙에 젖어 있는 모든 사람이 우상 앞에 절을 하고 있다. 조각품을 우상이라며 파괴하지 말고, 네 마음속에 있는 욕심의 우상을 무너트리라.

- 생수를 약초가 먹으면 약을 만들고 독사가 먹으면 독을 만든다. 같은 성경을 봐도 선한 지도자는 신도를 천사로 만드는 데 활용한다. 그러나 욕심이 가득한 지도자는 재물을 거두어들여 제가 부귀영화를 누리는 데 악용한다. 그가 바로 성경을 우상숭배의 도구로 전락시키는 거짓 선지자다.

- 성경을 한 획도 빼거나 더하지 말라는 것은, 그 가르침을 빠트리지 말고 온전히 지키라는 것이다. 성경 속에서 자기에게 유리한 구절만 보는 것은, 자기에게 불리한 구절들을 빼 버리는 것이다. 믿음이 제일이요, 행함은 구원과는 관계없다는 것은 자신에게 유리한 쪽으로 성경을 악용하는 것이다.

- 진정한 종교 지도자는 종파에 관계없이 어떤 종파든 어떤 책이든 접하고 보고 깨우쳐 견문을 넓히도록 인도한다. 참진리를 모르고 자신이 없는 자가 남을 이단이라며 배척하고, 신도들의 눈과 귀를 가린다.

8. 예수

- 예수의 재림은 없다. 예수가 다시 온다 해도, 과연 누가 그를 예수라고 믿겠는가? 예수와 같은 삶의 행함이 곧 예수의 재림이다. 각자 모두가 "재림 예수"가 되는, 차원 높은 믿음으로 가야 한다.

- 예수는 "주여 주여 하지 말고, 아버지의 뜻대로 행하라"고 했다. 예수가 전한 하나님의 뜻이 곧 "길이요, 진리요, 생명"이며, 그 가르침이 예수의 보혈처럼 소중한 것이다. 예수를 믿는 것은, 예수의 가르침을 믿고 따르는 것이다.

- 예수는 낮은 자로서 만백성을 섬기고자 했다. 만나는 모든 사람을 다 하나님이라 생각하라. 돈을 벌수록 겸손하고, 높은 지위를 얻을수록 낮아지라.

▪ 예수는 종파를 만들지 않았다. 인간이 만든 종교와 인간의 교리를 따르지 말고, 예수를 통해 전한 하나님의 참진리를 연구하고 따르라.

▪ 예수가 2천 년 전에 만백성을 위해 죽었으니, 지금 이 땅에는 예수의 가르침대로 사는 천사만 존재해야 한다. 예수가 죽어 가면서 바란 것은 만백성이 천사가 되어 예수의 자리를 채워 주는 것이지, 지금과 같이 재물을 바치면서 중언부언 제 소원만을 비는 백성들을 바란 것이 아니다.

9. 구원

▪ 천사가 사는 천국에는 천사만 갈 수 있으니, 천사 같은 마음을 길러야 한다.

- "천국 열쇠를 네게 주리니 땅에서 무엇이든지 매면 하늘에서도 매일 것이라" 했다. 땅에서 천사같이 사는 자가 하늘에서도 천사가 되어 천국에 들어간다. 모든 사람에게 천사같다는 말을 듣는 삶을 살아야 한다.

▪ 천사의 곱고 아름다운 마음은 부모를 공경하고 어른을 어른으로 대접하는 데에서 출발한다. 효도하는 자는 형제와 화목하게 지내기에 가정이 화목해지고, 이웃과 화목해지고, 국가가 화목해지고, 온 인류가 화목해진다.

- 그러므로 지상의 아름다운 소왕국은 가정에서부터 이루어야 한다.

▪ 선택된 14만 명만 구원받는 것이 아니라, 천사처럼 변하고자 하는 14만 명을 기초로 온 인류가 천사처럼 거듭나는 영적인 개혁이 시작되는 것이다.

▪ 천 년에 걸쳐서 하늘에서 이루어진 것같이 이 세상을 낙원으로 만들어, 만백성이 지상의 천국에서 살다가 죽어서 그대로 하늘의 천국으로 들어가는, 영원한 지상 낙원을 건설하는 것이 하나님의 계획이다.

- **이것이 구약과 신약에 이어 "새로운 성경"으로 역사하시는 하나님의 창조의 완성이다.**

▪ 지금의 믿음으로 구원받을 수 있다면 그 길을 가라. 그러나 자신이 없다면 하나님께서 직접 내리신 160권의 "새로운 성경"을 읽고 구원의 길을 보라!

하나님 머리말씀

이 새로운 성경을 읽는 너희 모두는
이 율법에 따라 행하면 영원히 구원받을 것이니라.

너희 인간이 수년, 수십 년, 평생
성서를 공부하고 기도하는 것은
하늘나라 나의 곁으로 오고 싶은 소망일진대,

몇천 년 전의 너희 인성과 생각이
지금의 너희와는 판이하게 다르니,

꺾여 가고 병들어 가는 너희를 고칠 수 있는 길은,
오늘 내가 선지자에게 내리는 새로운 성경과 같이
너희가 변화되는 것뿐이니라.

나의 예수가 태어난 것처럼
내가 아들 선지자를 선택하여
나의 새로운 성경을 온 세계에 전하고자 하니,

묵은 것은 버리고 새로운 것은 취하여,
너희 모두는
'여호와 하나님! 저의 죄를 용서하여 주옵소서.'
하는 기도문으로 기도하고, 죄를 뉘우치라.

이 새로운 성경은
수천 년간 내려온 성서를 요약한 것이니,
너희는 이 책을 정독하여 쉽게 깨달음을 얻고,
이대로 실천하여 하늘에 오르라.

대역자 머리말

■ 하나님의 율법을 지키는 선지자로 선택을 받도다.

저는 남들처럼 그저 열심히 살아온 평범한 사람이었습니다. 그러나 50대 중반에 사업에 실패하여 많은 부채에 시달렸으며, 건강도 악화되어 눈이 잘 안 보이고, 걷기도 어렵고, 두통이 심해서 잠을 이룰 수 없는 고통의 나날을 보냈습니다. 그때 제가 선택할 수 있는 것은 육의 삶을 끝내는 길뿐이었습니다.

죽기 직전에 그동안에 죄를 지은 이들에게 용서를 빌고 인생을 끝내기로 작정하였습니다. 어려서부터 지은 죄를 빌고 빌다 보니 끝이 없었고, 죽음으로도 그 많은 죄를 용서받을 길이 없다는 생각에 하염없이 눈물이 흘렀습니다. 그 순간 '재래식 화장실의 구더기는 죄를 짓지 않는데, 나는 인간으로서 구더기만도 못한 삶을 살았구나.' 하는 생각이 들면서 괴로움에 몸부림칠 때, 갑자기 하나님의 음성이 들렸습니다.

"나는 여호와 하나님이니라. 너는 십계명을 암송하고 내가 내려 주는 메시지를 받아 책으로 만들어 만백성을 구하라." 하시며, 제 눈을 손으로 문지르게 하시고, 아픈 머리와 다리를 손으로 두드리게 하셨습니다. 그러고 나니 눈도 잘 보이고 걸을 수 있었으며 머리의 통증도 말끔히 낫게 되었습니다. 그때부터 십계명을 암송하고 나면 들려주시는 말씀을 기록하였고, 1999년 8월부터 2004년 7월까지 권당 288쪽, 총 160권을 받아서 "새로운 성경"이라는 책으로 펴내게 되었습니다.

그러한 저에게 죽기보다도 힘든 길이 시작되었습니다. 모든 교인들이 저에게 사탄이요, 이단이요, 악마요, 마지막 시대에 온 거짓 선지자라 하면서 공격하였고, 저를 짐승을 보듯이 대하는가 하면, 편협한 종교 지도자들의 선동으로 신도들이 이 책을 직접 읽어보고 평가할 기회마저 막아 버렸습니다. 그래서 하나님의 말씀을 세상에 내는 데 많은 어려움을 겪으며, 피를 토하는 심정으로 책을 전하고 있습니다.

그러나 아무리 인간의 힘으로 막으려 해도, 하나님의 뜻이 세상에 전해지는 위대한 역사는 계속될 것입니다. 책으로 전해지는 "하나님의 말씀"은 세상 끝날까지 항상 우리와 함께하실 것입니다. 사람은 죽어도, 책에 기록된 말씀은 영원히 남으니까요.

■ 따뜻한 실천

하나님께서는 어려운 사람들에게 삶의 터전을 마련해 주고, 미래를 열어 주는 것을 기뻐하십니다. 어려운 이웃이 스스로 자립할 수 있도록 이끌어 주는 것이 진정으로 이웃을 돕는 것이라고 말씀하셨습니다. 그래서 일자리가 없는 제자들에게 작은 사업장을 만들어 주는 "달란트 사업"을 하고 있습니다. 식당, 반찬 가게 등을 차려 주고, 기존의 어려운 사업장이 자립할 수 있도록 돕고 있습니다(커피숍, 미용실, 의상실 등).

하나님께서는 교회에 나와서 모든 시간과 재물을 쏟기를 원하지 않으시고, 그 시간과 재물을 교육에 투자하여 스스로 미래를 열어 가기를 원하십니다. 그래서 제때 공부하지 못한 제자들에게 학업을 이어 가도록 하였습니다. 중화요리 주방장을 하며 초등학교 검정고시부터 공부하여 2012년에 방통대를 졸업한 36세 남성, 만학도들의 2년제 중학교에 입학해서 2007년에 명지대학을 졸업한 38세 여성, 중학교 검정고시를 시작으로 숭의여자대학을 졸업한 47세 여성 등이 있습니다. 그밖에도 많은 제자들에게 나이를 초월하여 배우고 깨우쳐서 사회 속의 당당한 일원이 되도록 인도하고 있습니다.

학자금 대출로 힘겨워하는 젊은이들을 위해 "따뜻한 바람 장학회"를 발족하여(2016년 12월) 대출받은 학자금 전액을 매월 갚아 주고 있습니다. 또한, 다문화 가정을 위해 "다문화 가족 랜드"를 조성하여, 각종 시설을 무료로 활용하도록 하고 있습니다.

이러한 따뜻한 실천이 아직은 미약합니다. 그러나 책의 수입이 늘고, 저와 뜻을 같이하는 분들이 늘어나면 계속 확대할 것입니다. 지도자로서 신도의 재물을 헌금으로 거둬들여 착복하는 것이 아니라, 하나님께서 기뻐하시는 일에 사용하도록 중매 역할만 하며 살아가고자 합니다. 이런 제가 과연 사탄이고 이단인가요? 하나님께서 기뻐하시는 일이라면, 저에게 사탄이라 하든 거짓 선지자라 하든 굽히지 않고 실천해 나갈 것입니다.

끝으로, 일상의 삶 속에서 "지금 내가 하는 행동이 과연 하나님께서 기뻐하실까, 슬퍼하실까?" 생각하고, 매사에 하나님께서 기뻐하시는 길을 택하기 바랍니다. 교회에 모여서 집단적으로 예배 드리는 것이 아니라, 개인이나 가정 단위로 새로운 성경을 읽어 스스로 깨우치고 그대로 행하면 충분합니다. 그것이 마음속에 성전을 짓고, 신령과 진정으로 예배 드리는 길입니다. 그러면 천국의 문에 들어서게 됩니다.

2017.2.1.

하나님 말씀 대역자 김용철

차 례

십 계 명

이 책은 십계명을 암송하고 나면 내려 주시는 "하나님의 음성"을 듣고 그대로 받아쓴 기록입니다. 하나님께서 십계명을 모세에게 내려 주셨지만, 그것은 만백성에게 내려 주신 것입니다. 마찬가지로 이 책의 모든 말씀도 저에게 내려 주셨지만, 만백성 각자에게 들려주시는 말씀입니다. 여러분도 이 책을 접할 때마다 십계명을 암송하고 나서 정독해 주시기 바랍니다.

제일은, 너는 나 외에는 다른 신들을 네게 있게 말지니라.
제이는, 너를 위하여 새긴 우상을 만들지 말고, 또 위로 하늘에 있는 것이나, 아래로 땅에 있는 것이나, 땅 아래 물 속에 있는 것의 아무 형상이든지 만들지 말며, 그것들에게 절하지 말며, 그것들을 섬기지 말라.
제삼은, 너는 너의 하나님 여호와의 이름을 망령되이 일컫지 말라.
제사는, 안식일을 기억하여 거룩히 지키라.
제오는, 네 부모를 공경하라.
제육은, 살인하지 말지니라.
제칠은, 간음하지 말지니라.
제팔은, 도적질하지 말지니라.
제구는, 네 이웃에 대하여 거짓 증거하지 말지니라.
제십은, 네 이웃의 집을 탐내지 말지니라.

나 여호와가 존재함을 믿는 그 자체가 구원의 길에 들어서는 기본이요, 근본이며, 나의 새로운 성경을 가슴에 안고 정독하는 자, 반석 위에 서서 하늘에 오르는 찬란한 빛을 보게 되는 영광을 얻게 됨이니라. 진정 나를 따르고 믿는 자는 감히 사탄이나 마귀도 근접하지 못하느니라.

〈하나님 말씀〉

2003년 11월

8,306 번째 하나님 말씀

2003년 11월 7일 12시 03분

1 사랑하는 나의 아들아!
2 "네, 아버님! 말씀하옵소서."
3 너는 나의 피조물 만백성을 구하는 길로 인도하며 천사와 같은 백성의 의인을 만들어 냄에 있어서 양적인 것에 연연하지 말라.
4 너는 양적인 것에 연연하는 그와 같은 가르침으로 가서는 절대 아니 될 것이니라.
5 질적으로 나의 백성을 위하여 가는 길을 연구하며 질적인 백성으로서 구원의 길을 역사하도록 그리하라.
6 양적인 백성으로 구원하는 목적을 두는 자는 그들로부터 군림하고자 하는 자요, 재물을 거둬들이고자 함이니,
7 의인을 만들며 천사를 만들려는 방법이 아니요, 저희들이 금화와 은화를 거둬들이기 위한 수법이니라.
8 양적인 것을 위주로 하지 아니하며 질적으로 나의 피조물 만백성을 구하는 길로 인도하는 자들은 재물을 거둬들이고자 하는 것이 없으며, 금화와 은화를 갈취하고자 하는 생각이 없으며,
9 오로지 참진리로 백성을 육성하고자 함을 알아야 할 것이니라.
10 오늘의 교회는 양적인 성장을 위하여 그 모두를 바치고 있음이니, 거기에 진정한 백성이 없으며 진정한 깨달음이 없는 것이 오늘의 형국이니라.
11 너희가 하늘에 오르는 길이요, 나에게 오를 수 있는 그와 같은 역사함은 인간의 머릿수로써 그 속에서 의인을 찾고 진정 하늘에 오를 수 있는 천사와 같은 백성을 역사함이 아님을 알라.
12 청결하고 깨끗하고 아름다운 마음을 가지고 살아가는 백성만이 그 길을 볼 수 있으며 그 길에 들어설 수 있는 백성이니, 혼탁한 속에서는 절대 구원할 수 없음이니라.
13 너희가 질적인 속에서, 양보다도 질을 위주로 하는 가르침 속에서, 그중에서 청결하고 깨끗하고 아름답고 순박하게 살아가며 나의 뜻을 거역하지 아니하고 살아가는 백성을 단 한 사람이라도 찾는다면, 그것보다도 더 위대하고 소중한 것이 없으니 그리 알라.
14 그러니 이제 나의 아들 너와 너를 따르는 제자, 너희가 세상에 나가 만백성을 구할 때, 너희는 양적인 것으로써 무엇을 역사하고자 하지 말라.
15 그것은 자기를 과시하고자 하며 자기를 높이고자 함이며, 그는 감히 나에게 도전하고자 하는 사악한 마음을 가진 자요,
16 만백성으로부터 대우를 받고자 하는 자요, 무엇인가를 거둬들이고자 하는 도둑과 같은 마음을 가진 자가 양적인 것에만 혈안이 되어 가는 자이니,
17 진정한 믿음의 길이라는 것은 양적인 것이 아니요, 질적인 속에서 얼마든지 찾고 구할 수 있음이니, 양적인 그와

같은 생각을 버리고 가도록 그리하라.
18 구원의 목표를 위하여 구원의 목표에
만 몸부림치며 그것만을 위하여 달려
가는 백성은 지금 저희가 어떠한 길을
가고 있는지 모르는 어리석은 백성이
라는 것을 전해 주라.

8,307 번째 하나님 말씀

2003년 11월 7일 12시 13분

1 사랑하는 나의 아들아!
2 "네, 아버님! 말씀하옵소서."
3 너를 따르는 그 제자의 동상을 네가
역사하는 지상의 낙원에 세워 그를 영
원히 남기라 그리하였음이니, 그것은
무엇이던가?
4 이 세상에 인간의 공적을 쌓아서 만든
어떠한 동상보다 더 값진 것이 없으며
그보다 더 소중한 것이 없으며 그보다
더 위대한 것이 없음이니라.
5 나 여호와의 뜻을 따라 만백성을 구하
는 역사를 한 그의 발자취를 남기고자
그걸 만들어 세워 놓으라 그리하였음
이니 이게 곧 나 여호와의 뜻이니라.
6 그는 그를 보고 숭배하라 함이 아니
요, 그와 같은 자가 살아 있으며 존재
함을 만백성에게 전하고자 함이니라.
7 나의 아들 예수의 열두 제자가 처음에
그를 배신하지 아니하였으며 등을 돌
리지 아니하였다면 또한 그와 같은 자
들도 그 영광이요, 은혜를 얻을 수 있
었을 것이니라.
8 그러나 그들은 등을 돌리고 나의 아들
을 팔았기에 그와 같은 역사의 명함이
없었음이니,
9 이 세상에 나 여호와의 뜻에 따라 내
명에 의하여 나의 법전을 만드는 역사
의 그 기록을 남긴 한 네 제자의 동상
을 만들라 하였음이니,
10 그것이 얼마나 소중한 것이며 그것이
얼마나 위대한 것인가를 너희는 알아
야 할 것이니라.
11 이제 나의 아들을 진심으로 따르는
자, 나의 법전을 만드는 데 목숨을 바
친 자, 순교의 길을 갈 수 있는 자들을
한 곳에 동상을 같이 만들어, 영원히
지구가 존재하는 한 그것을 볼 수 있
도록 하고자 하는 것이 나 여호와의
뜻이니라.
12 그러니 너희가 그와 같은 영광이요,
은혜를 얻을 수 있는 것은 무엇이더냐?
13 나의 법전을 접하는 자 속에서 역사할
수 있을 것이며, 나의 법전을 만들고
나의 법전을 전하며 강론하는 자 중에
서 내가 그를 명하게 될 것이니,
14 이는 나의 법전을 접하며 오늘의 강론
을 듣는 너희가 얼마나 위대한 백성이
며 얼마나 은혜와 은총 속에 가는 백
성이더냐?
15 나의 법전을 읽지 아니하며 깨우치지
못한 백성은 그와 같은 은혜와 영광을
얻을 수 없음이니라.
16 인간 세상의 동상은 하나의 업적을 위
하여 수없이 남기나, 창조주 나 여호
와의 뜻을 위하여 모두를 역사하는 동
상은 단 하나뿐이며 제일 먼저 이루어
지는 것이니, 그와 같은 위대함이요,
소중함을 과연 너희는 아는가?
17 그러니 그 길을 갈 수 있는 자, 나로부
터 그 명을 받을 수 있는 자, 청결한

마음이요, 천사와 같은 마음으로 살아
갈 수 있는 백성이 있다면 내가 그를
명할 것이니, 그 소중함과 위대함을
알아야 할 것이니라.
18 너희 또한 그와 같이 그 모두를 남길
수 있는 자가 되라.
19 그를 남기는 자만이 나의 아들을 배신
하지 아니할 자요, 나의 아들에게서
등을 돌리지 아니할 것이요,
20 나의 법전을 태워 버리고 찢어 버리지
아니할 것이요, 내가 역사하지 아니한
다 해도 절대 등 돌리는 자가 없음이
니라.
21 나의 아들 예수의 제자 열두 명이 모
두 뿔뿔이 떠났지만, 떠나지 아니할
제자요, 영원히 남을 수 있는 제자를
내가 미리 증명해 주는 것이니,
22 모든 나의 아들을 따르는 제자요, 나
의 법전을 읽고 깨우친 백성, 너희는
내가 너희 동상을 지상에 남겨 놓을
수 있도록 그 영광과 은혜를 얻도록
그리하라.
23 그것이 얼마나 너희에게 크나큰 영광
인지, 이다음에 너희가 나에게 올 수
있는 것이라는 것을 미리 알아야 할
것이니 그리 알라.
24 그 소중함을 전하라.

8,308 번째 하나님 말씀

2003년 11월 8일 05시 39분

1 사랑하는 나의 아들아!
2 "네, 아버님! 말씀하옵소서."
3 네가 하루의 삶을 시작함에 십계명을
암송하며 그를 정독하고 시작함이니,
그와 같이 지키는 삶을 산다면 그보다
더 아름답고 귀한 삶이 어디 있겠느냐?
4 지금의 모든 종교 집단이요, 지도자들
이 가는 길이 어찌하여 잘못되었으며
잘못 가는 길이라 내가 그리 말하는지
알겠느냐?
5 너희는 세상에 태어날 때 아주 아름답
고 고운 마음으로 세상에 태어났음이
니라.
6 즉, 정화되고 정화되어 깨끗한 물처럼
모든 생명의 생수로서 그 역할을 할
수 있는 무색무취의 심성을 가지고 세
상에 태어났음이니라.
7 그러나 너희가 살아가면서 욕심이라
는 뿌리에 의하여 혼탁한 물로 변하게
됨이니, 그리하여 그 물을 먹을 수 없
고 쓸 수 없는 형국이 되었기에,
8 오늘 내가 법전을 내려 나의 아들을
통하여 너희를 깨우치고자 하는 것은
바로 무엇인 줄 알겠느냐?
9 그 혼탁해진 물을 정화하고 정화하여
생수로써 그 역할을 다할 수 있도록
하고자 함이니라.
10 오늘 모든 나의 백성이 살아가면서 죄
속에 찌들어 있으며 죄 속에 젖어 있
음이니, 그를 바로잡고 그를 바로 세
우는 것은 과연 무엇인 줄 알겠느냐?
11 인간 너희 스스로 정화해야 하며, 스
스로 변화되는 삶을 살지 아니하면 귀
하고 소중한 나의 아들딸들이 내 품에
돌아올 수 없는 것이 하늘의 법도라
하면, 나 여호와가 너희에게 명하는
것이 무엇이겠느냐?
12 너희는 예수와 같이 변할 수 있는 자
요, 또한 나 여호와같이 변하도록 하

여,
13 그와 같이 너희들이 변하는 마음이 바
로 나의 성령이요, 나의 뜻대로 살아
가는 천사가 되는 것이요, 의인이 되
는 것이요, 하늘에 오르는 길이라 하
지 아니하였더냐?
14 그와 같이 정화되고 변하는 삶이 과연
생명이 있는 육의 삶 속에서 변화되는
역사를 이루어야 하겠는가, 그렇지 아
니하면 죽어 와 그 영혼이 그와 같이
변화되어야 하겠는가?
15 이 이치를 깨달아 본다면, 오늘의 육
의 삶이 얼마나 소중한 것인가?
16 스스로 혼탁해진 자신을 정화시켜 생
수로 먹을 수 있도록 역사하는 것이
너희가 나에게 오르는 길이요, 가장
소중한 삶의 근원이니라.
17 육을 가지고 사는 동안에 짓는 죄요,
인간이기에 유혹에 의하여 넘어지는
그와 같은 삶을 살지 않는 것,
18 육이 존재하는 세상에서 천사와 같이
변하는 그것이 하늘에 오르는 길이요,
나에게 오르는 길이요,
19 거듭나는 생명으로써 은혜와 축복이
요, 영광을 얻는 것이니라.
20 그것은 바로 나의 아들 예수를 믿으며
나를 믿는 것으로써 구원을 받음이 아
니라,
21 너희 스스로 변화되는 삶이요, 육의
세상에서 천사와 같이 변화되는 역사
를 갖는 그것이 나에게 올 수 있는 것
이며 내 품에 올 수 있는 것이니라.
22 혼탁한 물을 정화하지 아니하면 절대
먹을 수 없듯이, 혼탁해진 것을 너희
스스로 다스리고 정화하지 아니하면
아니 되는 것이니라, 사랑하는 나의
아들딸들아!
23 그러니 이제 너의 제자들이요, 만백성
에게 전하라.
24 너희가 이웃에게 아름답게 하는 것,
사랑을 베푸는 것, 그것도 다 소중하
며, 그것은 너희들이 정화될 수 있는
마음의 근본이요, 근원이 되나,
25 그와 같은 육에서 물질로써 무엇인가
를 베푸는 그것으로써 사랑이라 하여
나에게 사랑을 받고 구원을 받는 것은
아님이니라.
26 재물을 주며 무엇을 주는 자가 구원을
받을 수 있다면 너희는 하루아침에 하
늘에 오를 수 있는 영광이 있을 것이
아니더냐?
27 그러나 혼탁한 물을 정화하지 아니하
면 아니 됨이니, 그를 정화하기 위해
서 어찌하는가?
28 정화하는 도구를 사용하게 되며, 숯과
모래요, 자갈이요, 그걸 거쳐서 생수
가 될 수 있는 모든 것을 지나야 되는
것이 아니더냐?
29 그와 같이 너희가 나에게 오를 수 있
는 길은 무엇이던가?
30 너희들의 마음이 변함이요, 마음이 천
사와 같이 정화된 것이라 그리하였음
이니,
31 이제 너를 따르는 제자들이요, 나의
법전을 읽는 백성 너희들은 들어야 할
것이니라.
32 내가 오늘 법전에 기록하여 전하는 사
랑을 베푸는 것은 구원의 길이 아니
요, 나에게 오르는 데 영향이 없다는
그와 같은 말에 대하여 이를 잘 깨우

쳐야 할 것이니라.
33 그와 같이 역사하는 것은 너희들이 정화될 수 있는 기초요, 근본인 것이니라.
34 자갈과 모래요, 숯이요, 여러 가지를 거쳐서 정화되는 생수로써 역사하듯이,
35 사랑하고 베풀고 용서하는 것은 모두 정화하는 데 하나하나의 도구로 쓰이는 역할이요,
36 너희 마음이 변하여 천사와 같이 되는 것은 생수가 되는 근원이요, 근본이니라.
37 그러니 그 모든 행동이 다 소중하며 모두 값진 것임을 너희들은 알라.
38 그러나 너희들이 나에게 오를 수 있는 것이요, 내가 너희를 기억하는 것은 바로 무엇인 줄 알겠느냐?
39 너희들이 천사 같은 마음으로 변화되는 것이며 너희 자신을 다스리는 것이니,
40 이것이 가장 소중한 의미요, 그것이 나에게 사랑을 받을 수 있으며 나에게 오를 수 있는 근원이요, 근본이라는 것을,
41 그것을 너의 제자들에게 잘 설명해 깨우쳐 주어야 할 것이며, 만백성에게 이를 깨우쳐야 할 것이니라.
42 잘못 가르치고 잘못 아는 자들이 말하기를, 예수의 이름이요, 보혈로써 은혜를 받으면 된다 함이니, 그러면 내가 너희에게 오늘 말한 그 의미요, 뜻을 알겠느냐?
43 그들은 대충은 아느니라.
44 사랑이요, 베풀며 인간의 삶을 사는 것은 결정적으로 구원에 이르는 길이 아니요, 네 마음이 변하는 것이 하늘에 오르는 길인 것이니,
45 그것을 가지고 그들이 인간 세상에서 살아가는 것, 인간 세상에서 역사하는 것은 아무것도 아니라 그리 말함이니, 그리하여 그 차이가 그렇게 무섭게 잘못 가르침이니라.
46 너희가 앞에서 보는 선이 조금 비뚤어졌으나, 그것이 십 리, 백 리를 갈 때는 벌어지고 벌어져 같이 합칠 수 없는 그와 같은 형국이 되듯이,
47 그와 같은 이치요, 깨달음을 그들에게 잘 설명해 주어 오해가 없도록 그리해야 할 것이며, 제대로 된 깨달음을 얻도록 그리하라.
48 그러니 너희 육의 행동은 모두 물을 거르는 숯이요, 모래 같은 역할을 함이니, 그것이 뭉치고 또 뭉쳐 그와 같은 행위를 거쳤을 때 정화된 물이 될 수 있듯이,
49 너희들이 그와 같은 행위를 함으로 인하여 그 속에서 결정적인 마음의 변화요, 천사의 아름다운 마음을 갖고, 육으로써는 행할 수 없는 아름다운 마음으로 변하는 것이니, 그 모두가 다 소중하고 귀함이니라.
50 그러니 너희들이 정화수가 되는 것은 살아 있을 때 정화수로 변하는 것이 하늘에 오르는 길이요,
51 너희들이 죽었을 때 영혼은 정화수로 변할 수 있는 길이 없음이니라. 모두 끝나기 때문이니,
52 그와 같은 이치를 상세히 너의 제자들에게 깨우쳐 주며, 만백성이 깨우칠

수 있도록 나의 법전에 기록하여 전하
라, 사랑하는 나의 아들아!
53 이러고도 너희의 행함이 중요하지 아
니하다는 자들에게,
54 인간이 신과 같이 변하는 것이 가장
근본이요, 최종의 역사함은 그와 같이
변화되는 것이요,
55 그와 같이 변하고자 하는 것이 죄 되
는 것이 아니요, 욕심이 아니요, 과대
망상에 빠진 자가 하는 것이 아니요,
정신 나간 자가 하는 길이 아니라는
것을 그들에게 깨우쳐 주라, 사랑하는
나의 아들아!

8,309 번째 하나님 말씀

2003년 11월 8일 05시 46분

1 사랑하는 나의 아들아!
2 "네, 아버님! 말씀하옵소서."
3 너희들이 어떠한 말을 하든 어떠한 행
동을 하든 그것은 다 부질없는 것이니
라.
4 너희가 욕심을 버리며 사악한 마음을
버릴 수 있는 것은 무엇인 줄 알겠느
냐?
5 너희가 살아가면서 한 점의 부끄럼이
없이 살아가고자 하는 그 마음이 근본
이니라.
6 그리고 너희가 한 점의 부끄럼이 없이
살아가고자 하는 그 마음을 가졌다면
그것을 행동에 옮기는 것이 가장 소중
한 길이니라.
7 그와 같은 길이 아니고는 말로써 풍성
한 잔치를 벌인다 해도 그건 다 부질
없는 것이니라.
8 너희가 한 점의 부끄럼이 없이 살 수
없다는 것은 바로 욕심이 있는 것이
요, 너희 것을 더 챙기고 쌓고자 하는
잘못된 마음이 있기 때문이니라.
9 내가 너희에게 가르치기를 '하늘을 향
하여 한 점의 부끄럼이 없는 삶을 살
라, 나의 아들딸들아!' 하여 너에게 가
훈을 내렸음이니,
10 그것이 얼마나 소중한 것인지 그 의미
를 이제 너의 제자들에게 다시 한 번
깨우쳐 주도록 그리하라.
11 욕심을 버리고 사는 자, 과욕하지 아
니하는 자, 그리고 시기 질투하지 아
니하는 자, 그와 같은 마음을 갖는 자
만이 한 점의 부끄럼이 없는 삶을 살
수 있는 것이니라.
12 한 점의 부끄럼이 없는 삶을 살 수 없
는 것은 그와 같은 마음을 버리지 못
한 백성이요,
13 그와 같은 것을 버리지 못하였기 때문
에, 제가 더 좋고자 더 갖고자 더 이루
고자 하며 더 편하고자 하는 마음이
있기에 한 점의 부끄럼이 없는 삶을
살 수 없는 것이니라, 사랑하는 나의
아들아!
14 그러니 너희 자신이 한 점의 부끄럼이
없는 삶을 사는 길을 다 알 것이며,
15 너의 제자들에게 백 마디 천 마디 어
떠한 것도 다 필요 없다 그리 전하라.
16 오로지 한 점의 부끄럼이 없는 것, 스
스로 자신이 부끄럽지 않은 그와 같은
삶을 사는 것이 가장 중요함이라 그리
전하라.
17 내가 성서에 기록하여 너희에게 전하
기를, '마음을 다하고 뜻을 다하고 정

성을 다하여' 나 여호와가 존재함을
믿는 것, 그리고 나 여호와를 사랑하
는 마음을 갖는 것,
18 너희가 이 세상에 생명으로써 태어났
으며 모든 것을 역사할 수 있는 것, 살
아갈 수 있는 모든 것을 내려 준 것을
감사하는 그와 같은 애절한 마음으로
나 여호와를 믿으며, 내가 존재함을
믿으며, 나를 애절한 마음으로 사랑하
는 것,
19 모든 것을 다 바쳐 뜻을 다하고 마음
을 다하고 몸을 다하는 그와 같은 마
음을 가지고 사는 백성이 바로 한 점
의 부끄럼이 없는 삶을 살아갈 수 있
는 백성이니라.
20 그러니 한 점의 부끄럼이 없는 오늘의
삶을 사는 것이 가장 중요함이니 그리
알라.
21 사랑하는 나의 아들 네가 하루에 하나
를 실수하든 둘을 실수하든 그것은 네
욕심이며, 그리고 너를 위주로 생각하
는 마음을 버리지 못하였기 때문이니,
22 너를 놓고 나면 모두 다 잊을 수 있으
며 다스릴 수 있는 것이니라.
23 그러니 너의 제자들도 그와 같이 살라
그리 전하라.
24 그와 같이 살지 아니하면 결코 너희들
은 나 여호와의 뜻을 역사할 수도 없
으며, 나에게 오를 수 없는 백성이 됨
이니라.
25 내가 너희를 사랑함이니, 하늘을 향하
여 한 점의 부끄럼이 없는 나의 아들
딸로서 살라.
26 그와 같은 마음으로 그를 행동으로 실
천하도록 그리하라.
27 이제 너희는 그를 지키고 가야만 될
것이니, 그러면 스스로 욕심을 가졌던
것이 부끄러운 줄 알며 시기하고 질투
하는 것을 부끄러운 줄 아는 백성이
될 것이니라, 사랑하는 나의 아들딸들
아!
28 그와 같이 변화되고 변화되는 역사 속
에서 너희들이 정화수가 되고 생수가
되어, 모든 백성이 그를 마실 수 있는
너희들로 일어서게 됨이니라.
29 내가 너희를 사랑하며, 오늘 나의 아
들을 보내어 너희를 깨우치고자 그리
고 만백성을 구원하고자 160권의 법
전을 세상에 내려보냄이니,
30 나의 첫째 기쁨은 나의 아들이 나의
뜻에 따라 변하는 것이요,
31 그리고 그를 따르는 제자 너희가 한
꺼풀 한 꺼풀 죄의 마음의 껍질이요,
살아왔던 죄의 누더기를 하나하나 버
리고 가고자 하는 그 마음이 진실한
백성이 있으며 제자들이 있음이니,
32 그리하여 나 여호와가 또한 기쁨이니
라, 사랑하는 나의 아들아!

8,310 번째 하나님 말씀

2003년 11월 8일 05시 52분

1 사랑하는 나의 아들아!
2 "네, 아버님! 말씀하옵소서."
3 너는 나의 아픈 마음을 알고 있지 않
으냐?
4 "네, 아버님! 알고 있사옵나이다.
5 수천 년 동안 믿음의 역사를 이루며
창조주 아버님께서 만백성을 구하고
자 하여 구약 시대의 역사를 열었으며,

6 그리하여 그 누구도 할 수 없는 죽은
나무요, 지팡이가 모든 역사를 이루는
그 아픔의 시절을 지났으면서도 그들
이 우상을 섬기며 광란의 짓을 했으니,
7 그를 보는 아버님의 마음이 얼마나 아
프고 저렸겠는가를 이제야 깨달았사
옵나이다.
8 그리고 예수님을 세상에 보내어, 저와
같이 그 아드님을 보내어, 저의 형님
이요, 윗분을 보내어 아버님께서 그
모두를 역사하고자 했으나, 모두 다
실패하였으며 오늘 이와 같은 형국에
이르렀사옵나이다.
9 그를 바라보는 아버님의 마음이요, 그
가슴이 얼마나 저릴 것인가, 그 아픔
이 너무 아파 제가 감히 말씀을 드릴
수 없으며, 이 자리에 앉아 있을 힘도
없사옵나이다.
10 수천 년 동안 살아오는 그 백성이 단
한 가지만을 지켰더라도, 자기 자신을
버리고 자기를 찾는 그와 같은 삶을
사는 백성으로 변했다 해도 오늘의
아버님의 마음에 그렇게 상처를 주지
아니하였을 것이라 생각하옵나이다.
11 어찌하여 이 백성이 이리도 사악하며,
이리도 아버님께 고통을 강요하며, 아
버님께 희생을 강요하며, 아버님께 아
픔을 강요하는 그와 같은 백성으로서
살아가면서,
12 저희가 이 세상에서 가장 소중한 자들
이요, 위대한 자들이요, 깨끗한 자요,
한 점의 부끄럼이 없는 자요, 구원을
받은 백성이라 소리 지르는지,
13 그러나 그들을 정녕 버리지 아니하시
고 용서하시며, 그들을 다시 거둬들이
고자 하는 아버님의 저리고 아픈 마음
을 이제 만 분의 일이라도 알 것 같사
옵나이다.
14 부모에게 불효하던 자식이 부모가 죽
어 그 무덤 앞에 가서 통곡하는 사람
처럼, 이제야 제가 무엇인가 조금은
알 것 같사오며, 아버님의 저리고 아
픈 마음을 알겠사옵나이다.
15 그 저리고 아픈 마음의 은혜요, 공을
모르는 종교 집단이요, 지도자요, 아
버님의 명에 의해 만백성을 구하는
삶을 산다는 그 백성,
16 저와 똑같이 아버님의 말씀을 받아 전
하는 길이라 하여 제가 이렇게 가는
것처럼, 그들이 어찌하여 '나를 버리
고, 나를 찾는 그와 같은 것'을 만백성
에게 가르치고 전하지 아니하였는지,
17 그것 하나만 가르치고 전했더라도 오
늘의 아버님의 그 아픈 마음은 없었
을 것이라는 것을 이제 조금 느끼고
있사옵나이다.
18 저를 용서하여 주옵소서.
19 '나를 버리고 나를 다시 찾는 것, 나를
버리고 나의 모습을 찾는 것', 그 길을
가라는 것이 아버님의 가르침이요, 아
버님의 뜻이니,
20 이제는 저의 제자들에게 그를 전할 것
이며, 이 법전에 기록하여 만백성에게
전하여 깨우치도록 하겠사옵나이다.
21 '나를 버리고 나를 찾으라.' '나를 버리
고 나의 본체를 찾아 오라는 것'은 아
버님께서 생명을 주시고 아름다운 모
습으로 세상에 내보낸 자기 자신을 찾
으며 저 자신으로 돌아오라는 것이요,
22 그것이 아버님께 오는 길이요, 효도하

는 자식이요, 불효하지 아니하는 자식
의 길이라는 것을 이제 깨달았사옵나
이다.
23 저의 제자들에게 전하겠사옵나이다.
24 '나를 버리고, 지금의 나를 지워 버리
고, 나를 생각하지 말며, 아버님께 주
신 나의 원모습이요, 나의 모습을 찾
는 그걸 위해 노력하라' 그리 전하겠
사옵나이다."

8,311 번째 하나님 말씀

2003년 11월 8일 05시 59분

1 사랑하는 나의 아들아!
2 "네, 아버님! 말씀하옵소서."
3 나 여호와가 너를 통하여, 그리고 너
의 제자들을 통하여 모두를 이루고 역
사하는 것을 알고 있느냐?
4 "네, 아버님! 알고 있사옵나이다.
5 이 세상은 아버님의 발등이요, 하늘의
모든 것은 아버님이 주관하신 것이며,
지상의 모든 것도 아버님의 주관하에
역사하지 아니한 것이 없다 하셨사옵
나이다.
6 아버님의 육신에 그들이 상처를 내며
짓는 것이 교회요, 그것이 아버님의
뜻을 역사하는 교회라 하여 수없이 짓
고 또 짓는 그와 같은 형국이 되어 있
음이니,
7 아버님의 그 고통이 무엇인지 알고
있사옵나이다.
8 아버님께서 원하시는 것은 성령이 임
하여 영적으로 성장하는 교회요,
9 아버님의 모든 아들딸이 영적으로 성
장하여 성숙한 모습으로 변화되며, 조
용히 참진리가 무엇이며 하늘에 오르
는 길이 무엇인가를 깨우치는 백성이
니,
10 오늘과 같이 잘못된 자들에게 현혹되
어 울고불고 광란의 짓을 하는 그와
같은 사악한 죄의 집단인 교회를 짓는
것이 아니요,
11 영적으로 성장하는 백성의 교회를 짓
고자 하는 것이 아버님의 뜻이며 아버
님이 역사하는 것이라 저는 그리 알고
있사옵나이다."
12 그러니라, 나의 아들아!
13 오늘에 광란하며 내 몸에 상처를 내는
그와 같은 교회를 짓는 것이 아니라,
14 성령으로 임하여 영적으로 성장된 나
의 교회를 이 세상에 이루고 역사하고
자 하는 것이 나 여호와의 뜻임을 네
가 알고 있다면,
15 이제는 너의 제자들에게 그리 가르치
라.
16 그 길을 갈 수 있도록 네가 나로부터
아는 것, 나로부터 명받은 것을 상세
히 그들에게 가르쳐 주어야 할 것이니
라.
17 너의 제자들에게 똑같은 강론을 한다
해도 그걸 알아듣지 못하는 자가 있으
며 그를 이해하는 자들이 없음이니,
그걸 완벽히 깨우쳐 주고 그들을 안내
해 주어야 함을 알라.
18 가르치고 또 가르쳐서, 내가 지금 이
세상에 이루고자 하는 것은 바로 지금
나의 몸에 상처를 내는 그와 같은 사
악한 행위를 하는 교회를 짓는 것이
아니라,
19 성령으로 임하여 영적으로 성숙된 조

용하고 아름다운 모습으로 너희들의
가슴이요, 너희들의 개인이요, 너희들
의 가정에 모두 이루고자 하는 것이라
는 것을 전하라.
20 지금처럼 아름다운 건물을 짓는 것,
화려한 건물을 짓는 것, 사람의 머릿
수만 가지고 시시비비하는 것, 그리고
나의 피조물 만백성으로부터 재물을
거둬들이는 것, 이러한 사악한 방법으
로 교회를 짓고자 하는 것이 아니며,
이는 나의 뜻을 거역함이니,
21 이제 그들을 다스리며 그들을 뽑아내
고자 하는 것이 나 여호와의 뜻이니,
22 그와 같은 교회로써 역사하지 말며,
너희 마음이요, 가슴에 심는 그와 같
은 나의 교회를 짓도록 그리하라.
23 성령이 임하여 영적으로 성숙된 아름
다운 교회를 짓는 것을 알았으면, 너
의 제자들은 그와 같이 행동하라 그리
말하라, 사랑하는 나의 아들아!
24 이제 너희를 가르치는 지도자는 모두
나의 법전이 될 것이니라.
25 나의 법전이 만백성을 가르치는 목자
요, 지도자가 될 것이며,
26 그를 갖고 깨우쳐 스스로 변하는 삶을
사는 것이 너희 가슴에 짓는 교회요,
성령이 임하여 성숙된 교회를 짓는
것이니라.
27 그 일을 하는 것이 바로 너희니, 이를
위하여 너희 모두를 다하라.
28 네 몸과 마음과 뜻과 정성을 다하여
모두를 바쳐 이를 역사하는 데 최선
을 다하도록 그리하라.
29 너희들이 한 사람의 의인을 세상에 만
들어내는 것, 하나의 아들딸을 내 가
슴에 보내는 것으로써 너희가 지은 죄
를 다 용서받을 수 있다 하였음이니,
30 그와 같이 나의 법전을 만들고 전하
여, 이를 보고 헤아릴 수 없이 많은 백
성이 깨우침을 얻었을 때, 과연 너희
들이 나에게 받는 상이 무엇이겠느냐?
31 그러니 낙원에 이름이 기록되었다 말
할 수 있는 것이 너희들이니,
32 그 앞에 오고 안 오는 것은 지금서부
터 너희 마음 자세에 달렸으니,
33 뜻과 마음과 정성을 다하여 나의 법전
을 만들고 전해야 할 것이니라.
34 내가 원하지 않는 물질이요, 머릿수
요, 광란의 짓을 하는 교회가 아니요,
내 몸에 상처를 내는 교회가 아니라,
35 성령으로 성숙된 아름답고 곱게 마음
이 변하는 그 교회를 짓고자 함이니,
36 나의 법전을 읽고 너희들이 나의 사랑
하는 백성의 가슴에 그와 같이 짓고
역사한다면, 너희들은 생각하지 아니
하여도 내가 너희들을 기억하는 것이
아니겠느냐, 사랑하는 나의 아들딸들
아!
37 다만, 그와 같은 은혜와 영광을 받는
다는 것, 받고자 하는 생각을 하고 이
일을 역사하는 자는 용서받지 못함이
니, 그리 전하도록 하라, 사랑하는 나
의 아들아!

8,312 번째 하나님 말씀

2003년 11월 8일 06시 06분

1 사랑하는 나의 아들아!
2 "네, 아버님! 말씀하옵소서."
3 구약의 시대에 너희를 구원하고자 그

모두를 역사했던 것, 그리고 신약의 그 모두를 내가 기록하지 아니하여도 그 역사한 모든 것이 과연 무엇이더냐?
4 나의 사랑하는 백성 그들을 구원하고자 함이니라.
5 그러니 나의 사랑하는 백성을 구원하는 지도자요, 그와 같은 집단이라 말하는 자들이 가는 길이요, 그들이 역사하는 것이 무엇이더냐?
6 나의 아들 예수가 세상에 내려가 그는 공개된 봉사와 희생의 삶으로써 너희에게 모두를 다 보여 주었다 하지 아니하였더냐?
7 그러니 종교 집단이요, 지도자들은 자기 자신이 헌신하고 봉사하는 것으로써 모두를 다 바쳐야 하며,
8 그것 외에 다른 것을 생각해서는 결코 아니 되는 것이 모든 백성을 깨우치는 지도자의 자세이니라.
9 그러나 지금 네가 들여다보며 너의 제자들에게 들여다보라 말하라.
10 지금의 모든 종교 집단이요, 지도자요, 그들이 가는 것이 과연 봉사와 희생으로써 모두를 역사하며 나의 피조물 만백성을 인도하고 가르쳐 가는 것인가?
11 정녕 그와 같은 믿음이면 내가 오늘이와 같은 역사는 결코 이루지 아니하였을 것이니라.
12 나 여호와요, 나의 아들 예수요, 또한 너까지 모두를 봉사와 희생으로써 역사하고자 하는 것이 나의 뜻이라 하여 너희가 그리 살아가고자 하고 있지 아니하더냐?
13 그러니 그것이 구원의 기본이요, 근본이라는 것을 가르쳐 주라.
14 이제 너를 따르는 제자들이요, 나의 법전을 읽고 깨우친 만백성 너희들이 선생이요, 전사로서 세상에 나간다면, 오로지 너희 자신의 희생과 봉사 그것만이 나의 백성을 구원하는 길이라 그리 전하라.
15 너희 제자들이 희생과 봉사로써 일관할 때, 만백성이 희생과 봉사로써 임하고 모두가 너희를 따를 것이니라.
16 오늘의 종교 집단의 지도자들이 희생과 봉사를 하지 아니하며 그를 우선으로 살아가지 아니하면서, 그들이 사랑이요, 봉사와 희생을 하라고 가르친다면,
17 과연 그 제자들이요, 백성이 그를 따르고 거기서 깨달음이 있겠느냐?
18 몸과 마음을 다하여 나 여호와가 존재함을 믿으며, 두려워하지 아니하는 자가 모든 백성을 가르친다면,
19 과연 그로부터 배우는 백성이 나 여호와가 존재함을 두려워하며 무서워하며 그를 얼마나 믿고 몸과 마음을 다하여 따르겠느냐?
20 이것이 바로 중요한 것이니라.
21 너희들이 인간 세상에 살아가면서 '윗물이 맑아야 아랫물이 맑다.'는 가르침이 있지 않더냐?
22 종교 지도자가 봉사와 희생을 모르면서 그 제자들이요, 그를 따르는 신도들에게 봉사와 희생을 하고 살라 하면, 그 신도들이 과연 얼마나 봉사와 희생을 하고 살아가겠느냐?
23 봉사와 희생이 바로 나에게 오르는 길이니,

24 종교 집단이요, 지도자들이 바로 가르
치고 행했을 때, 그 백성이 그를 듣고
또 보고 깨우쳐 그들도 봉사와 희생함
을 두려워하지 아니하며 그를 즐거움
으로 했을 때,
25 그들이 뒤돌아서 만백성에게 봉사와
희생으로써 나의 백성을 다스려 나가
지 아니하겠느냐?
26 사랑하는 나의 아들아, 그러니 너를
따르는 제자들은 네가 봉사하고 희생
하는 그 마음의 근본보다 더 봉사와
희생으로 앞장서야 할 것이며,
27 네 제자요, 나의 법전을 읽고 깨우친
백성 너희들이 봉사와 희생으로써 진
심으로 행하여 모든 백성이 너희를
보고 봉사와 희생으로써 마음이 변할
때,
28 이 세상은 아름다운 세상이요, 하늘에
서 이루어진 것같이 지상의 천국이 이
루어지는 길임을 알라, 사랑하는 나의
아들딸들아!
29 그것이 아니고는 절대 이루어질 수가
없음이니라.
30 그러니 너의 제자들의 마음가짐은 나
여호와가 존재하고 나 여호와로부터
심판을 받는 그 두려움을 알며, 몸과
마음과 정성과 모두를 다하여 내가 존
재함을 믿는 마음이요,
31 그리고 모두를 다 바쳐 봉사하고 희생
하며, 공개된 봉사와 희생의 삶으로써
살아가도록 그리 전하라.
32 그것만이 나의 피조물 만백성이 너희
들을 보고 따라올 수 있는 길이니라.
33 너희들이 이중적인 마음이요, 두마음
을 가지며 봉사와 희생을 모르는 자,
나를 믿는 마음에 몸과 정성을 다하여
믿지 않는 자가 아무리 설교하고 단상
에서 부르짖고 각종 악기를 동원하여
울고불고 광란의 짓을 한다 해도,
34 거기에는 허공의 메아리요, 돌아오는
것이 없으며 얻어짐이 없으며 손에 잡
히는 것이 없으니,
35 공허하고 허전한 마음으로 살다 나에
게 와 심판을 받을 때 사탄에게 재물
을 바치고 울고불고한 그 형국밖에 없
음이니, 그 모습이 얼마나 초라하고
비참한지 알겠느냐?
36 지옥문 앞에서 들어가지 아니하려고
몸부림치고 통곡하는 것이 오늘의 믿
음의 길을 가며 구원을 받았다는 백성
이 대표적인 자들이라는 것을 명심하
고 또 명심하도록 그들의 가슴에 전하
여 심도록 하라, 사랑하는 나의 아들
딸들아!

8,313 번째 하나님 말씀

2003년 11월 8일 08시 01분

1 사랑하는 나의 아들아!
2 "네, 아버님! 말씀하옵소서."
3 이제 너를 따르는 제자 '조나영'에게
전하라.
4 그보다 이 세상에 더 고귀하고 소중한
나의 딸이 없음이니 그리 전하라.
5 이 세상에 어느 백성도 그를 따라갈
수 없으며, 나를 따르는 마음이 그를
능가할 자가 없음이니라.
6 그리하여 내가 너에게 일찍이 그를 보
여 주었음이니라.
7 너는 그와 같은 '조나영'이를 뭐라 말

하였느냐?
8 파란 잔디밭 들판에서 혼자 기도하는
그 모습을 내가 너에게 보여 주었음이
니, 네가 그에게 뭐라 말하였더냐?
9 '너는 네 자리가 없으며 네가 설 자리
가 없는 여인이었거늘, 어찌하여 너
스스로 내가 가는 그 길에 뛰어들어
네 자리를 차지하였느냐?' 그리 말하
였음이니,
10 나영이 너는 이를 들으라, 이것은 어
리석은 나의 아들의 생각이었으며, 그
가 그와 같이 어리석은 자요, 그대로
보지 못하며 해석하지 못하였기 때문
이니라.
11 이제 내가 나의 어리석은 아들을 깨우
치고자 너에게 전함이니라.
12 네가 파란 잔디요, 끝이 보이지 않는
그 잔디 속에 두 무릎 꿇고 나에게 기
도하는 모습을 나의 아들이 봤으며,
13 그리하여 '그 들판 위에 네 자리가 없
거늘 어찌하여 네가 들어와 오늘 이
길을 가느냐?' 하였음이니,
14 그 들판은 세상이요, 그 들판 위에 무
릎 꿇고 기도하는 너는 이 세상에 그
누구도 너를 따를 자가 없으며, 네 마
음을 따를 자가 없으며, 너를 따라올
자가 없다 함이니,
15 이 세상의 수십억 인구 중에서 내가
가장 사랑하는 딸이요, 가장 내 뜻을
거쳐 가는 자이니,
16 그 파란 들판은 이 지구요, 지구 위에
혼자 무릎 꿇고 앉아 기도함이니, 너
처럼 아름답고 소중한 딸이 없음을 내
가 가르쳐 준 것이거늘,
17 어리석고 우매한 나의 아들이 너에게
그리 말하였느니라.
18 '자리도 없는 여인이 어찌하여 들어와
오늘의 이 길을 가느냐?' 그리 너를
생각했으며,
19 항상 네가 소중하게 쓰이지 아니할 것
이라 그는 그리 생각하였음이니, 그게
어리석은 자이니라.
20 그 그림이 과연 무엇이더냐?
21 이 세상을 파란 잔디를 덮어 놓고 그
잔디 속에 네가 홀로 무릎 꿇고 나에
게 기도하는 모습이라 하였음이니,
22 이 세상 위에 너를 따를 자 없으며, 모
든 백성 위에 네가 가장 내 뜻을 지키
며 내 뜻에 순종하며 살아가는 가장
소중하고 소중한 귀한 딸이니,
23 이 세상에 수천 년 동안 흘러오면서
그 많은 백성이 살아왔으나 너와 같이
아름답고 고운 믿음이 없으며 너를 따
를 자가 없으니 네가 으뜸이라 함이
니, 그를 나의 아들이 모르고 있음이
니라.
24 이것이 너의 모습이요, 네가 나에게
오고자 하는 마음이요, 네 곱고 고운
마음이 그와 같은 자이니라.
25 세월이 흘러 흘러가면서 네가 알 것이
니라.
26 이 세상 누구도 너와 같이 나의 뜻을
순종하며 지키고 역사하는 백성은 없
음이니, 우뚝 서 있는 너의 모습이니
라.
27 내가 너를 사랑함이니 그리 알라, 나
의 딸아!

8,314 번째 하나님 말씀

2003년 11월 8일 08시 09분

1 사랑하는 나의 아들아!
2 "네, 아버님! 말씀하옵소서."
3 이제 내가 너의 제자의 그 그림을 설
명해 준 그 의미를 알겠는가?
4 "네, 아버님! 이제야 이 어리석고 불
쌍한 백성이 알았사옵나이다.
5 그는 자리가 없었으며, 그 주변에 사
람이 없었으며,
6 오로지 파란 들판이요, 계단 같은 그
논두렁과 같은 보이지 않는 잔디밭 위
에, 자연 속에 혼자 무릎 꿇고 아버님
께 기도하는 그 모습이니,
7 그리하여 주변에 사람들이 없음이니,
제 제자들이 없는 중에 그가 끼어든
자요,
8 그리하여 '그는 어느 때인가는 모두
제자리가 있지 아니하니 어찌할 것인
가?' 제가 그와 같은 생각을 하고 왔
사오며 그에게 그리 가르쳐 주었사옵
나이다.
9 그 의미요, 뜻을 오늘 알았사옵나이다.
10 파란 잔디는 지구요, 이 지상 위에 혼
자 무릎 꿇고 경건히 아버님께 기도를
드림이니, 감히 저도 그 옆에 근접할
수 없는 자라는 것을 이제야 깨달았으
며,
11 그가 없는 자리를 뛰어 들어온 자라
한 것은 제가 어리석었음을 이제야
알겠사옵나이다, 아버님!"
12 그가 그러한 자이니라.
13 수천수만의 인구 중에서도 그를 닮을
자가 없으며, 봉사와 희생이요, 그 뜻
을 따를 수가 없으니, 그를 잘 기르고
가르치며,
14 그가 원하는 것, 그가 가고자 하는 것
을 다스려 주도록 그리하라.
15 그리하면 하나의 허점이 없으며 하나
의 손색이 없는 그와 같은 나의 귀중
한 딸로서 살아갈 것이니,
16 이 세상에 전후하여 그를 닮을 자가
없음이니, 내가 선택한 나의 딸임을
어찌하여 네가 그리도 모르는가?
17 너의 어리석음이 그러함이니라, 나의
아들아!
18 그러니 모든 것을 깊이 생각하고 천
번 만 번 생각해서 말을 하라 하였거
늘,
19 어찌하여 네가 그저 주변에 사람이 없
으며, 혼탁한 너의 제자들이요, 사람
들 속에 없는 자가 나에게 무릎 꿇고
기도하는 모습을 보지 아니하였던가?
20 네가 얼마나 잘못된 자이더냐?
21 그가 기도하는 모습을 너에게 매달리
는 것으로 착각했으며, 너에게 구원해
달라고 기도하는 모습으로 그를 보았
기에,
22 네 주변의 제자들 속에서 그가 보이지
아니하며, 제자들은 없는데 그가 혼자
있으니, 자리가 없는 자가 들어온 것
이라 하였음이니,
23 그는 두 무릎 꿇고 너에게 받아 달라
기도한 것이 아니요, 나 여호와에게
기도드렸음이니라.
24 감사의 기도요, 그 은혜에 어찌할 바
를 몰라 그는 나에게 간곡히 무릎 꿇
고 애절한 기도를 드렸음이니,
25 그 기도의 주변에 누가 있을 수 있으

며 감히 같이할 수 있다고 생각하느
냐, 어리석은 나의 아들아!
26 너는 그와 같이 모든 것을 생각과 생
각을 거듭하여 행동해야 함을 알라.
27 이제는 그가 누군 줄 알겠느냐?
28 그를 사랑하라, 그리고 그를 잘 다스
려 깨우치도록 하며 그가 가는 길을
네가 잘 인도하도록 그리하며 문을 열
어 주도록 그리하여, 세상에 본보기
요, 한 여인으로서 우뚝 세우도록 그
리하라.
29 그가 우뚝 설 때 그의 서 있는 모습의
동상을 이 지상에 내가 명하도록 할
것이니, 그 또한 잊지 말라, 사랑하는
나의 아들아!
30 지금의 믿음의 길을 가는 모든 나의
백성이 어찌 가느냐?
31 지금의 나의 백성이요, 그리고 믿음의
주역이라는 자들이 나의 딸과 같은 자
가 세상에 하나만 있었다면 나는 오늘
과 같은 역사도 아니 하였을 것이니라.
32 그와 같은 마음과 심성을 가지고 있는
자들이 없으며,
33 오늘의 믿음의 주역이요, 구원의 주역
이라는 너희들이 과연 어찌하는가?
34 썩을 대로 썩었으며 혼탁할 대로 혼탁
하였으니, 파란 잔디 위에 나에게 혼
자 무릎 꿇고 기도할 수 있는 자격이
있는 자요, 영광이 있는 자가 없음이
니라.
35 그러니 그와 같은 백성을 다스리기 위
해서 어떠한 방법이더냐?
36 평범한 방법이요, 평범한 길로써는 그
들을 다스리고 인도할 수 없는 것이니
라.
37 그러니 충격적인 변화요, 충격적인 방
법으로써 모든 백성을 다스리고 깨우
쳐 주지 아니하면 절대 역사할 수 없
으며, 그들이 변할 수가 없는 것이니
라.
38 그러니 너희들이 충격적인 방법으로
충격적인 변화를 주고자 하는 것이 나
의 법전이요, 너희들이 변화되는 그
모습임을 알아야 할 것이니라.
39 그러니 그들에게 충격적인 방법으로
써 충격 요법으로써 그들을 꿈에서 깨
울 수 있는 것은 나의 법전을 만들어
전하는 것이요,
40 지금 나의 딸이 파란 잔디 위에서 기
도하는 그 아름다운 모습이요, 내 딸
이 살아가는 그 마음과 심성대로 너희
가 살아갈 수만 있다 하면, 바로 그들
에게 충격을 주는 길임을 알도록 그리
전하라.
41 너희들의 마음속에 자리 잡은 잘못된
믿음이요, 낡고 병들어져 있는 관습을
버리지 못하는 불쌍하고 어리석은 백
성,
42 뒤를 돌아다보지도 아니하려 하며, 과
거를 뉘우쳐 깨우치려 하지도 아니하
려 하며, 그렇다고 해서 앞으로 나아
가려 하는 자들도 아니요, 미래의 어
떠한 계획을 역사하는 것도 아니요,
43 그저 지금 같은 믿음 속에서 변화되지
아니하고 그대로 제자리에서 쳇바퀴
돌듯이 돌고 돌며, 앞으로 나아가지도
못하고 변화의 역사도 하지 못하는 그
와 같은 자들이 지금 이 세상을 지배
하고 있음이니, 너희가 잘못되었음이
니라.

44 그것이 바로 무엇이더냐?
45 아집과 고집이요, 변화될 줄 모르는 어리석음을 버리지 못하는 자들이니라.
46 그러니 어리석음을 버리지 않는 한 이제는 그들이 영적인 성숙은 있을 수 없으며, 성령으로 임할 수 있는 자들도 없으며, 믿음으로써 거듭날 수 있는 백성이 없음이니라.
47 그러니 그들에게는 강한 충격 요법으로써 충격을 주지 아니하면 다스릴 수가 없으니,
48 이제 나의 법전으로써 너희들이 그들에게 충격을 주어야 할 것이며,
49 나의 딸의 마음 자세처럼 너희들이 그리 곱고 아름답게 변하는 그 마음으로 만백성에게 보여 줌으로 하여 그들이 모두 충격으로 잠에서 깨어날 것이며,
50 내가 천 년에 걸쳐서 이루고자 하는 것을 모두 이루게 될 것이니라.
51 이제 나의 법전을 천 년에 걸쳐 너의 제자들이 이룰 것이며 그들이 역사할 것이니, 이제 첫걸음을 떼는 것이 너희들이니 그리 알라.
52 그러니 너희들이 소중한 자들이라 함을 절대 잊지 말며,
53 어리석고 불쌍한 그 백성에게 강한 충격으로써 그들을 바로 깨우쳐 꿈에서 깨어나고 착각에서 헤어나도록 그리 하라, 사랑하는 나의 아들딸들아!

8,315 번째 하나님 말씀

2003년 11월 8일 08시 16분

1 사랑하는 나의 아들아!
2 "네, 아버님! 말씀하옵소서."
3 나의 사랑하는 백성이 지금 제3의 시대요, 심판의 시대가 열려 감이니, 여기서 그들이 구원을 받으며 하늘에 오르는 길이요, 지옥문에 가 매달리지 아니하며 들어가지 않으려고 몸부림치는 그 처참한 모습을 면하고자 한다면,
4 거짓된 진리와 너희들이 바로 설 수 있는 참진리의 길, 그리고 악과 선의 그 갈림길에서 어떠한 길을 선택할 것인가를 지금 결정할 때가 되었음을 알아야 할 것이니라.
5 너희들은 선을 생각하며 참진리의 길을 볼 수 있는 그 눈을 떠야 하며,
6 그와 같은 것을 발견할 수 있는 현명함이 없다면 정녕 나로부터 구원을 받을 수 없음을 알아야 할 것이니라.
7 지금의 종교 집단이요, 지도자들이 뭐라 말하느냐?
8 나의 아들을 통하여 지금 내가 내리는 나의 법전이요, 저희들을 심판하는 이 소중한 것을 가지고도 그들이 어찌 말하는가?
9 사탄도 나 여호와를 흉내 낼 수 있으며 나와 같은 형국을 할 수 있으니, 그들에게 속지 말라 그리 말함이니라.
10 그러니 그들이 얼마나 가련한 백성이요, 무식한 자들이요, 자격이 없는 자들인가?
11 지도자로서 설 자신이 없으니 저희들에게 단죄를 내려 달라고 몸부림치는 것임을 그 제자들이 모르느니라.
12 사탄도 나 여호와와 똑같이 역사할 수 있다면, 나의 어리석은 백성이요, 인

간의 한계를 벗어나지 못한 너희들이 어떻게 사탄과 진리요, 나 여호와를 구분할 수 있단 말이던가?
13 이와 같은 말을 하는 자들이 과연 깨달음이 있는 자요, 나의 백성으로서 할 수 있는 말이던가?
14 나의 백성으로서 할 수 있는 말이요, 나의 지도자로서 할 수 있는 말이라면 저희는 이리 말해야 할 것이니라.
15 가짜는 가짜일 뿐이요, 가짜가 진품을 흉내 낼 수 없는 것이라 그리 가르쳐야 할 것이거늘,
16 어찌하여 나의 피조물 만백성들에게 나 여호와와 똑같이 흉내 낼 수 있는 것이 사탄이요, 사탄도 그와 같이 역사할 수 있다 하는가?
17 그렇다면 너희는 사탄의 자식이기에 사탄을 경배하는 것이라 하지 아니하였더냐?
18 나의 사랑하는 백성 너희가 신이 아니요, 천사가 아닌 이상 아직 참진리와 비진리를 구분하기도 어렵거늘,
19 너희들에게 사탄이 나와 같이 똑같은 흉내를 낸다 하면 너희가 어찌 나 여호와 아버지와 그 사탄을 구분할 수 있단 말이던가?
20 그리해 놓고 너희에게 하늘에 오르라 하는 나 여호와라 그리 생각하느냐?
21 얼마나 그들이 사탄의 자식이 되어 사탄을 경배하기 위해 하는 잘못된 행동인가를 돌이켜 생각해 보라.
22 나의 아들을 따르는 제자요, 나의 법전을 읽는 백성 너희만이라도 이 이치를 깨달아야 할 것이니라.
23 어떻게 너희가 사탄과 나 여호와를 구분하라고 내가 그와 같이 그들을 놔뒀단 말이더냐?
24 그와 같이 어리석은 것으로써 현혹하며 나의 백성을 유혹하여 재물을 거둬들이는 그 사악한 행위만 일삼고 있지 않은가?
25 너희는 말하지 않느냐, 진품 보석과 가짜 보석의 그 의미를 알지 않느냐?
26 가짜는 어디까지나 가짜이지, 그게 진품을 대신하여 역사할 수 없으며, 진품의 아름다운 빛을 발할 수 없는 것이 가짜가 아니더냐?
27 태양빛에 비추어 보아도 가짜와 진품을 알 수 있는 것이니, 가짜가 진품으로써 만들어질 수 없으며 진품의 역사를 절대 할 수 없느니라.
28 가짜가 진품같이 똑같은 모형으로 만들며 정교한 방법으로써 너희의 눈을 속일 수 있으나,
29 그것을 깊이 들어가 점검해 본다면 가짜는 가짜요, 정품의 자리를 지킬 수 없으며 정품의 행세를 할 수 없으며 정품의 자세를 할 수 없는 것이거늘,
30 어찌하여 나 여호와와 사탄과의 관계를 구분하지 못한단 말이던가?
31 사탄이 나의 흉내를 낼 수 있으나 그가 나를 대신할 수 없으며 내가 역사하는 것은 할 수 없음이니라.
32 지금 너희들이 나의 아들을 사탄이요, 거짓된 자요, 사악한 자라 말하며 말세에 온 거짓 선지자라 그리 말하나,
33 진품 앞에서 가짜를 가지고 아무리 떠들어 봐도 가짜는 가짜요, 진품은 진품이니,
34 이를 구분하는 자가 있을 것이며 이를

구분하는 방법은 반드시 있음이니라.
35 가짜는 가짜로서 진품의 역사를 할 수
없을 것이며, 진품만이 그 고귀한 빛
을 발하며 찬란한 빛을 발휘하며 보석
의 가치를 지킬 수 있으니,
36 진품은 영원히 보존되나 가짜는 결국
깨지고 부서짐이니 그리 알라, 사랑하
는 나의 아들딸들아!
37 아무리 너희들이 뭐라 해도 나의 법전
은 제3의 시대에 구약과 신약을 덮고
새로운 역사를 이루며 너희를 심판하
는 뜻이며,
38 마지막 시대에 이를 접하고 읽지 않는
백성은 결국 구원의 길을 볼 수 없으
며,
39 너희가 구원이냐 지옥이냐의 그 길을
선택해 나에게 오른다 하면, 진품인
나의 법전을 가슴에 안고 정독하고 읽
고 또 읽어 깨우치지 아니하면 절대
나에게 올 수 없음이니라.
40 이제 나의 아들을 따르는 사랑하는 너
희는 들으라.
41 진품은 결국 진품이요, 가짜는 가짜일
뿐이니라.
42 그러니 사탄이 나 여호와의 흉내를 낼
수 있으며 그와 같이 똑같이 한다는
말을 하는 자는 그가 사탄의 자식임을
알라.
43 똑같이 행할 수 없음이니, 똑같이 행
한다면 나의 사랑하는 백성 너희들이
사탄과 참진리를 구분할 수 없음이니
라.
44 그리고 그들은 내 흉내를 임시로 낼
수는 있어도 그것은 진품이 아니며,
어딘가 너희가 보기에 허술함을 볼 수
있으며 찾을 수가 있으니, 그것이 사
탄이 역사하는 것이니 그들의 말에 현
혹되지 말라.
45 그와 같이 말하는 자는 사탄의 자식으
로서, 사탄을 나와 똑같이 올려놓고
나의 피조물 만백성을 사악한 쪽으로
이끌어 가기 위한 간교한 방법에서 나
오는 작전술이라는 걸 잊지 말라, 사
랑하는 나의 아들딸들아!

8,316 번째 하나님 말씀

2003년 11월 8일 08시 21분

1 사랑하는 나의 아들아!
2 "네, 아버님! 말씀하옵소서."
3 종교 집단이요, 지도자요, 그리고 믿
음의 길이요, 구원을 받았다는 그 신
도들은 정녕 사랑을 베풀며 나 여호와
의 뜻에 의해 살아가는 백성이라 하였
음이니라.
4 그러니 사랑을 베푸는 한계는 '원수를
사랑하라.' 그리하였음이니,
5 너희들이 원수를 사랑할 수 있는 그와
같은 것을 실천하고 사는 종교 집단이
요, 지도자라면,
6 지금 이웃에 있는 교회요, 이웃에 있
는 성전을 부흥시키기 위해 모든 것을
지원하고 도와주는 그와 같은 마음을
가지고 행할 수 있어야 한다 그리하였
음이니라.
7 그러면서 이웃의 남의 교회를 부흥시
키기 위하여 자기가 데리고 있는 사랑
하는 제자들을 보내 주어 그와 더불어
같이 성장하는 힘이 되어 주는 그와
같은 종교 지도자요, 목자가 바로 가

는 길이라 하였음이니,
8 그와 같이 역사하는 자는 남을 사랑하
는 것을 실천하는 백성이라 하였음이
니,
9 지금 모든 종교 집단이요, 지도자들이
그와 같은 자가 있느냐?
10 지금의 종파와 지도자 중에 그러한 사
람이 있다면 너는 나에게 추천하라.
11 정녕 그와 같은 곳에 가 믿음을 배우
며 가르침을 배운다 해도, 그가 비록
잘못된 자라 해도 그의 입에서 나오는
것은 진리의 뜻을 가르치고자 할 것이
니라.
12 그리고 그는 내가 바로잡아 나의 목자
로서 쓸 수 있으니, 그와 같은 지도자
가 있는가 너희는 보라.
13 지금 그와 같은 것을 역사하는 종교
지도자요, 집단은 물론 이 세상에 없
음이니라.
14 지금의 종교 집단이요, 지도자들이 그
와 같이 행하지 못하면서 어찌하는가?
15 남의 집에서 열심히 길러 놓고 가꾸어
놓은 양들을 남모르게 밤에 도둑질하
여 그 양을 제 우리에 집어넣고 제 양
인 것처럼 제가 기른 것처럼 발뺌하는
자들이 바로 오늘의 종교 집단의 지도
자라 하는 자들이니라.
16 남의 양을 훔쳐 제 우리에 감추어 놓
고 그 양을 제 것이라 생각하는 사악
한 자들이니라.
17 그러하기에 남의 교회에 다니는 신도
를 빼돌리며 그를 유혹하여 끌어가 그
들을 앉혀 놓고 설교하는 자가 아니던
가?
18 멀리 있는 가난한 교회 앞의 백성까지
능력 있는 자들이 기동력을 동원하여
실어 나르며 그와 같이 하는 자들은
저희들의 이익과 헌금이요, 재물을 거
둬들이는 이해관계가 있어서 그와 같
은 행위를 하는 것이 아니더냐?
19 이것이 오늘의 종교 집단이요, 지도자
들이니 얼마나 잘못되었느냐?
20 제 사랑하는 신도들을 보내어 이웃 교
회부터 먼저 성장시키고 부흥시키는
것은 원수를 사랑하는 것보다 못한
것이거늘,
21 남의 우리에 곱게 길러 놓은 양들을
훔쳐다가 제 우리에 집어 넣고 제 것
이라고 발뺌하는 그 사악한 자들,
22 그리하여 이웃에 있는 신도들을 수단
과 방법을 가리지 아니하고 모아 놓고
그들에게 재물과 헌금을 거둬들이기
위해서 설교하고 강론하며 울고불고
같이 손뼉 치는 자, 그것이 과연 제 신
도요, 제 백성이라 생각하는가?
23 그것이 바로 종교 지도자가 갈 길이
며 그들이 할 짓인가?
24 그 앞에서 설교하면서 제가 나로부터
명받은 자요, 만백성에게 사랑을 베풀
며 하늘에 오르는 길이요, 나 여호와
의 뜻에 의해 역사한다 함이니,
25 그는 사탄의 자식이요, 사탄의 후예들
이니, 그들에게 현혹되지 말라고 만백
성에게 전하라, 사랑하는 나의 아들아!

8,317 번째 하나님 말씀

2003년 11월 8일 08시 25분

1 사랑하는 나의 아들아!
2 "네, 아버님! 말씀하옵소서."

3 오늘의 종교 집단 지도자들이 뭐라 하
느냐?
4 신도들을 소중히 알며 그들을 섬기는
종교 지도자요, 집단이 되어야 할 것
이며, 그들을 선생으로 생각하고 바라
보는 자가 진정한 종교 지도자임을 너
희들은 알아야 할 것이니라.
5 그러나 오늘의 종교 집단이요, 지도자
들이 어찌 가는가?
6 너희는 나로부터 선택된 백성이요, 종
이라 그리 말하며 나로부터 대명을 받
은 자들이라 그리 말하느니라.
7 '주의 종이요, 하나님의 종이요, 하나
님이 역사하는 나를 너희들은 충심으
로 따라야 할 것이며 나를 받들어야
할 것이며 내가 편하게 가도록 모든
것을 바치는 것이 하늘로부터 은혜를
받으며 구원을 받는 길이라' 그리 말
하느니라.
8 그러나 너희들은 종이면 종으로서 행
해야 하는 걸 모르느니라.
9 너희들이 모두 나 여호와의 종이라 그
리 말한다면, 너희들은 만백성의 종이
되어야 하며, 종으로서 그 역사를 다
해야 함이니,
10 너희들의 신도요, 이웃을 존경하고 사
랑하는 마음으로써 겸손한 자세로 살
아가야 하는 것이 너희니라.
11 나를 섬기고자 하면 나의 백성을 먼저
섬기라는 나의 뜻의 가르침을 너희들
은 몰랐는가?
12 너희들이 나에게 사랑을 받으며 나에
게 베풀려면 이방인이요, 기타 백성을
따질 것 없이 어렵고 힘든 자에게 베
풀어 주며 돕는 그것이 나를 따르는
길이요, 나에게 베푸는 길이라 성서에
너희들에게 그리 가르쳐 주지 아니하
였던가?
13 그러니 너희들이 나 여호와의 종이라
면 그들에게 베푸는 것이 나에게 베푸
는 것과 똑같으니, 나의 백성에게 그
들의 종으로서 잘 모시고 받드는 것이
너희들이 천국에 이르는 길이라는 것
을 알라.
14 나의 백성에게 베푸는 것이 나에게 베
푸는 것이라 일찍이 성서에 기록하였
으니, 나의 종은 그 백성들의 종이니
라.
15 그러니 주의 종을 잘 모시고 잘 받들
어야 한다는 것은 나의 뜻과는 전혀
관계도 없는 사기꾼들이 역사하는 것
이니,
16 그들의 각본의 연극에 들러리로 춤추
고 아우성치는 그와 같은 백성이요,
신도들로서 지금 가는 행동을 중단하
라.
17 그렇지 아니하면 너희는 정녕 그들을
따라서 지옥으로 갈 것이니라.
18 그들이 '나를 따르라'고 들고 가는 것
은 붉은 깃발로서 지옥 불로 가는 길
이니 그리 알라.
19 이제 나의 아들을 따르는 제자들이요,
나의 법전을 읽고 깨우친 만백성 너희
들은 알아야 할 것이니라.
20 가난하고 어려운 자를 위해 재물을 써
야 할 것이며,
21 그를 변호하고 보호하는 데 마음의 자
세요, 삶을 다 거기에 바쳐야 할 것이
니라.
22 너희들은 나의 종이요, 만백성의 종이

기에 그와 같은 마음을 가지고 살라.
23 너희들은 위로는 하나님의 종이요, 나
를 받드는 백성이니, 나를 사랑하는
것처럼 나의 백성을 사랑하는 것이라
가르쳤으니,
24 하늘의 종이면 백성의 종이라는 것을
어찌 모르는가?
25 그를 알면서도 행하지 아니하며, 주의
종인 너희들이 주인에게 잘 모시고 잘
받들라 하는 것이 오늘의 종교 집단이
요, 지도자들이 공공연히 단상에서 설
교하면서 하는 일이니,
26 이와 같이 천인공노할 자들로 인해 이
세상이 이리 썩어졌으며 타락되었음
이니,
27 이를 바로잡기 위해 160권이 아니라
1,600권의 법전이 세상에 나온다 해
도 나 여호와는 너를 통하여 그 역사
를 이룰 것이니 그리 알라, 사랑하는
나의 아들아!

8,318 번째 하나님 말씀

2003년 11월 8일 08시 43분

1 사랑하는 나의 아들아!
2 "네, 아버님! 말씀하옵소서."
3 너 자신과 네 가족과 네 생활 주변에
서 나에게 기도하고 경배하는 것으로
써는 믿음의 길이 아니요, 구원의 길
이 아니라 가르치고 말하는 자,
4 과연 거기에서는 구원의 길이 없다고
확답하고 자신할 수 있겠는가?
5 나 여호와는 너희들에게 기도는 때와
장소가 필요 없다 그리 말하였음이니
라.
6 일터에서 가정에서 쉼터에서 그저 나
에게 기도하고 경배하는 그 마음이 진
실하고 아름다운 그것으로써 내가 너
희들의 그 모든 것을 들어준다 하였음
이니라.
7 오늘의 믿음의 길을 가는 그 백성들이
얼마나 웃지 못할 형국을 하고 있는가?
8 그들은 정녕 진정한 믿음이요, 진실한
믿음을 찾아가는 것이 아니며,
9 형식적이요, 인간을 찾아 헤매는 자들
이 오늘의 종교 집단이요, 믿음의 길
을 가는 신도들이라 그리 말한다면,
너희들은 이를 믿겠느냐?
10 아무 곳에서나 기도하면 되는 것을,
믿음의 장소요, 기도하는 장소를 찾아
가기 위하여 기계를 타고 몇십 분씩
또는 몇 시간씩 찾아가는 그와 같은
정녕 웃지 못할 행동을 하는 것이 오
늘의 믿음에 대한 너희들의 그 행동이
아니고 무엇이더냐?
11 그저 성서를 가지고 같이 공부하며 같
은 간판을 단 그와 같은 종교 집단 속
에서도 몇 시간씩 몇십 분씩 소비하면
서 기도하는 장소를 찾아가는 그것을
너희들은 열성 있는 백성이라 그리 말
하느니라.
12 그것이 정녕 믿음을 위해 가는 것인
가, 인간이요, 인간관계를 맺기 위해
서 가는 것인가?
13 몇십 분씩, 몇 시간씩 허비하면서 찾
아오는 그 백성에게 믿음이 대단하며,
믿음의 역사며, 축복받으며 나에게 은
혜 받을 수 있는 것이라고 부추기는
설교를 하며 그와 같은 말을 하는 자
들이 지금 종교 집단이요, 지도자며

나에게 명받은 목자라 하는 것이 오늘
의 교회의 형태가 아니더냐?
14 내가 말하지 아니하더냐?
15 남의 교회 앞에서 신도라는 백성을 실
어 가는 대형화된 교회들이 왜 그와
같이 그들을 실어 가는가?
16 사랑과 정성에 의해서 그들이 멀리까
지 와서 시간을 소비하며 실어 가느냐?
17 더 많은 황금과 더 많은 것을 거둬들
이고자 하여 더 낼 수 있는 자를 찾아
그와 같은 행위를 하는 것이니, 그것
이 믿음이요, 진정한 신앙의 길을 가
는 것이더냐?
18 그것은 아무것도 아님이니라.
19 너희들이 돌이켜 보라, 웃지 못할 형
국의 오늘의 삶을.
20 그것이 오늘의 종교 집단이요, 지도자
가 하는 행위니라.
21 사람이 교회요, 교회가 사람을 찾아가
야 한다는 나의 가르침을 다시 한 번
되새겨 생각해야 할 것이니 그리 알라.

8,319 번째 하나님 말씀

2003년 11월 8일 08시 47분

1 사랑하는 나의 아들아!
2 "네, 아버님! 말씀하옵소서."
3 지금의 믿음이 어떠한 형국이라 그리
말하였느냐?
4 너희는 사람을 찾는 것이요, 기도하는
장소를 찾아 몇 시간씩 소비하는 그와
같은 웃지 못할 형국이라 하였음이니
라.
5 또한, 교회 건물에 헌신하는 것이요,
교회 건물에 모두를 다 바치면서 믿음
의 길을 가는 것이니,
6 나 여호와가 아니요, 더 큰 교회, 더
웅대한 교회를 짓기 위해 모두를 헌신
하며 거기에 바침이니,
7 너희들은 교회의 건물을 위하여 믿음
의 길을 가는 자들이라 하면 과연 내
말이 틀렸더냐?
8 너희들은 종교 지도자를 추종하는 믿
음이니라.
9 종교 지도자를 추종하는 믿음이요, 건
물을 위한 믿음이니라.
10 이러한 가르침이 어디에서 비롯되었
으며, 어찌하여 이와 같은 풍토가 흘
렀는지 너희는 알겠는가?
11 이게 곧 사탄의 후예들이요, 사탄의
백성의 머리에서 나온 것이며, 그들이
나의 백성을 지옥으로 이끌어 가기 위
한 그 방법론에서 모두 이루어지고 역
사한 것임을 너희들은 알아야 할 것이
니라.
12 너희들은 나의 성령의 뜻에 의하여 몸
바쳐 헌신하는 그와 같은 믿음의 길이
요, 참진리의 길을 찾아 고난의 길을
가는 것이 아님이니라.
13 50년도 안 된 신앙의 역사의 뿌리 앞
에 너희 자신을 모두 바치며 강요당하
는 것이며, 믿음의 길이라며 울고불고
하는 것이 지금의 신앙이니라.
14 너희들이 지금같이 초대형 교회요, 큰
건물을 짓는 것이 믿음의 상징이 된
것이 결국 50년도 안 된 역사라 내가
나의 법전에 기록하여 전하지 아니하
였던가?
15 너희들이 교회의 건물에 헌신하는 것,
그리고 그 믿음의 종교 집단을 추종하

며 지도자를 추종하는 것이 50년도
안 된 변화의 역사였음이니라.
16 그래도 50년 전의 나의 믿음의 길을
간다는 백성은 순수한 데가 있었으며,
울려 퍼지는 교회 종소리 밑에서 가르
치는 지도자들은 그래도 양심이 있었
으며,
17 오늘같이 각종 명칭을 붙여 너희에게
헌금을 갈취하는 그와 같은 것은 없었
음이니라.
18 사랑을 나누며, 그래도 사탕 하나, 구
호물자 하나라도 나누어 주는 그와 같
은 종교 지도자요, 집단들이 이 세상
에 존재하였음이니라.
19 그러나 50년도 안 되는 급변하는 세
월 속에서 건물 위주의 믿음으로 갔으
며, 재물을 주는 것이 아니라 거두어
들이는 것으로 변화되었으니,
20 2천 년이요, 6천 년의 그 뿌리 깊은 역
사의 믿음으로 가는 것이 아니라, 50
년도 안 된 그 뿌리의 역사 앞에 50년
도 안 된 신앙으로 가는 것이니, 거기
에 무슨 진리가 있느냐?
21 오로지 재물을 강요하며 시간을 강요
하는 그와 같은 믿음 속에 가느니라.
22 참진리요, 나의 뜻을 전하는 것이 아
니라 50년도 안 된 인간의 사업을 위
하여 모두를 바치고 헌신하는 그것이
오늘의 믿음이니라.
23 내가 너를 통하여 만백성에게 전함이
니, 오늘의 모든 종교 집단이요, 지도
자요, 그리고 신약 시대에 새로운 역
사를 이룬다는 너희들은 예수의 그 역
사함도 벌써 50년 전에 다 버렸으며,
24 너희들의 역사는 50년도 안 되는 그
신앙을 가지고 하늘에 올랐다 말하며
구원받았다 말함이니,
25 너희 앞에 대형화된 교회를 언제부터
역사했으며, 수천수만 가지 명칭을 붙
여 그저 재물이요, 헌금을 바치면 구
원을 받는다는 것이 어디 있었는가?
26 몇십 년 전의 그 교회라는 곳은 종소
리 울리는 그곳에서 나를 부르고 찬송
을 부르며, 어렵고 배고픈 자들에게
나눠 주며 그들에게 용기를 주는 그
모습이 조금은 있었으나,
27 50년 안팎의 세월 속에서 이렇게 사
악하게 변했으니,
28 너희들은 인간이 만든 50년의 그 역
사요, 인간이 만든 교리에 의해 믿음
의 길을 가는 불쌍한 백성이니, 나와
관계없다 함이 여기 있음을 알라.

8,320 번째 하나님 말씀

2003년 11월 8일 08시 51분

1 사랑하는 나의 아들아!
2 "네, 아버님! 말씀하옵소서."
3 너희들이 부모를 공경하며 부모에게
효도하며 부모를 사랑한다는 그것이
말로써 떠들며 말로써만 한다면 과연
그것이 부모를 공경하는 것이요, 효도
하는 것이요, 사랑하는 것이더냐?
4 1년이요, 10년 동안 부모를 찾아뵙지
아니하는 자, 부모에게 찾아가 어떠한
위로의 말 한마디 전하지 아니하는
자, 1년 365일의 세월 속에 부모 한번
찾아가지도 못하는 자가 말로써 부모
를 공경하고 사랑한다고 떠벌리고 다
니면 그게 부모를 공경하는 것이더냐?

5 말없이 수시로 찾아뵙는 자, 수시로
부모에게 문안드리는 그와 같은 자식
이 아무리 못나고 어리석다 해도 바로
효성스러운 자식이 아니던가?
6 그와 같은 자식이야말로 효성스러운
자식이니라.
7 나를 경배하고 사랑한다면서 말로만
입술로만 그와 같이 부르짖고 사는 삶
이 지금까지 너희들이 살아온 삶이라
면 과연 믿겠는가?
8 진정한 변화, 그것이 나를 사랑하는
것이요, 나를 공경하는 것이니라.
9 너희들이 천사와 같이 변하는 것, 내
가 명한 사랑을 실천하는 것, 그것이
나 여호와에게 효도하는 나의 자식이
라는 것을 다시 한 번 깊이 깨우치라.
10 너희들이 나 여호와에게 효도하는 자
식으로서 천사와 같이 변하여야 내 품
으로 돌아오는 것임을 알라.
11 너희가 부모에게 재물을 바치는 것은
그 부모를 공경하는 표시이므로,
12 너희들이 나 여호와를 공경하며 나를
따르고자 한다면 재물을 바치는 것이
하늘에 오르는 길이라는 사악한 자들
의 말에 현혹되어 오늘 이와 같이 죽
음의 길로 가고 있음이니라.
13 너희들은 알아야 할 것이니라.
14 나 여호와는 재물이 필요 없으며, 모
든 것을 내리고 베푸는 창조주 나 여
호와가 아니더냐?
15 너희들이 부모에게 바치는 그 재물은
먹고 쓰는 그와 같은 육의 세상에 살
아가는 형국에 도움이 되고 기쁨이 될
수 있으나,
16 나 여호와는 재물로 먹고 입고 쓰는
것이 아니라, 너희에게 베풀어 주는
것이니라.
17 너희가 육의 부모에게 바치는 것, 어
버이에게 바치면 부모가 기뻐함이니,
그와 같이 재물을 나 여호와에게 바치
는 것이 하늘에 오르는 길이라 가르치
는 것은 사악한 자들이니라.
18 나는 성령으로써 너희에게 내려 주며,
너희들이 내 뜻을 받들고 사랑으로써
베풀고 사는 것이 입고 먹지 아니하는
나 여호와에게 가장 큰 기쁨이니라.
19 육의 부모는 입고 먹고 쓰고 즐기기
때문에 너희들이 주는 재물로 하여금
기쁨을 얻을 수 있으며 편안함을 얻을
수 있으나,
20 하늘의 나 여호와에게 너희 부모와 똑
같이 지상의 법도를 적용시켜서 그 사
기극을 벌이지 말라 그리 전하라.
21 나 여호와는 그러한 너희 아버지가 아
니며, 육의 부모가 아님이니라.
22 성령으로 임하여 천사와 같이 되는
것, 육의 부모를 경배하는 그 마음을
나에게는 성령으로써 임하여 나를 경
배하는 마음, 천사와 같이 변하는 그
와 같은 것이 너희가 육의 부모를 공
경하는 것보다 더 나를 공경함이라는
것을 그들에게 가르쳐 주라, 사랑하는
나의 아들아!

8,321 번째 하나님 말씀

2003년 11월 8일 08시 55분

1 사랑하는 나의 아들아!
2 "네, 아버님! 말씀하옵소서."
3 나의 뜻을 따르며 나를 경배하며 나

여호와가 존재함을 믿으며 나의 뜻대
로 살아가고자 하는 백성, 그리고 하
늘에 오르고자 하는 백성이라면,
4 너희들이 육의 세상에서 먹고 마시고
즐거움을 주고받는 그와 같은 삶이요,
그와 같은 것으로써 나에게 행하는 것
이 나에게 오르는 길이 아님이니라.
5 나 여호와는 너희들이 말하듯이 먹고
마시며 물질로써 즐거워하는 그와 같
은 여호와가 아니요, 그 모든 것을 내
려 주는 창조주가 아니더냐?
6 너희들이 육의 부모를 공경하는 것은
먹고 마시는 그와 같은 즐거움을 줄
때 자식으로서 도리를 다한다 할 수
있음이니,
7 그를 빙자하여 나의 피조물 만백성에
게, 네 부모에게 재물을 바치면 기뻐
하듯이 나 여호와에게 재물을 바리바
리 싸 가지고 바치는 것이 나에게 기
쁨이라 하나,
8 너희들의 육의 부모는 먹고 마시는 즐
거움이 그 육의 세상에 존재하기 위한
삶의 기본이나,
9 창조주 나 여호와요, 하늘의 법도는
그렇지 아니하며, 내려 주는 나 여호
와이니 그리 알라.
10 오로지 성령으로 임하여 너희들이 변
화되는 삶이요, 내가 세상에 내려보냈
던 아름답고 아이 같은 순박한 원래의
모습으로써 돌아가는 삶이요, 기본의
자세를 찾아가는 그것이 나에게 가장
큰 기쁨이요, 나에게 영광을 돌리는
것이라는 걸 만백성에게 전해 주라.
11 이제 더 이상 나의 피조물 만백성을
우롱하여 갈취하지 못하도록 너희들
이 전해야 할 것이니라.
12 내가 성서에 기록하여 너희들에게 전
하지 아니하였더냐?
13 육의 세상에서 먹고 마시는 것을 삶의
즐거움으로 삼듯이, 하늘나라에서 먹
고 마실 수 있는 재물을 바치고 쌓아
놓는 것이 하늘의 뜻이 아니라,
14 나를 경배하며 나의 뜻에 따라가는 그
것이 가장 소중하고 귀중한 것이라는
것을 그들에게 가르쳐 주라.
15 이제 나의 아들을 따르는 제자요, 나
의 법전을 읽고 깨우친 만백성, 너희
들은 네 주변에 가르치라.
16 너희들이 부모에게 바치는 것처럼 하
늘에 쌓아 놓는 것이 하늘의 뜻이 아
니라,
17 창조주 나 여호와는 마시고 먹고 입고
즐기는 것이 아니요, 성령으로써 너희
들이 변화되어 천사가 되는 것이 나의
기쁨이니라.
18 그러니 그와 같은 사기극을 연출하는
자, 지금의 잘못된 사탄의 앞잡이인
지도자들의 배를 채우며 사탄이 역사
하기 위한 그 사기극에 절대 속지 말
며,
19 거기에 출연하는 자가 되지 말며, 손
뼉을 치고 울고불고 환호하는 백성이
되지 말라 그리 전하라.
20 먹고 마시고 즐기는 것이 하늘나라 나
여호와의 뜻이 아니며, 하늘나라에 그
와 같은 것은 아무런 관계도 없으며,
21 성령으로써 너희들이 역사하는 것을
내가 성서에 이미 기록하여 너희들에
게 전하였거늘,
22 어찌하여 이 뜻을 따르지 아니하며 나

의 뜻을 거역하는 그와 같은 삶을 사
는가?
23 그들을 바로 인도하고 바로 깨우쳐 주
도록 하라, 사랑하는 나의 아들딸들아!

8,322 번째 하나님 말씀

2003년 11월 8일 11시 18분

1 사랑하는 나의 아들아!
2 "네, 아버님! 말씀하옵소서."
3 나의 아들 예수가 세상에 내려가 내
복음을 전함이니, 그는 구약 시대의
율법을 폐하려 온 것이 아니요, 그를
완성하기 위하여 세상에 왔다 그리하
지 아니하였더냐?
4 나의 십계명에 기록하여 전하기를,
'네 부모를 공경하라.' 그리하였음이
니,
5 신약의 시대에 나의 아들 예수가 그
제자들에게 뭐라 가르치고 내 뜻을 전
했더냐?
6 형제를 미련하다 하는 자, 욕하는 자
는 지옥 불로 갈 것이며, 부모를 섬기
지 아니하는 자는 지옥 불에 갈 것이
며,
7 너희들이 제사를 지내고자 정성을 들
여 나에게 구원을 원하며 기도드리고
자 한다 해도, 너희 형제요, 네 부모에
게 마음이 언짢은 일이 있으며 불화가
있으면 그것부터 풀고 화합하여 나에
게 와 기도하라 하였음이니,
8 그게 바로 나의 십계명에 '네 부모를
공경하라.'는 그 뜻과 무엇이 다르더
냐?
9 그를 세분화하여 너희들에게 깨우쳐
주며 그를 완성하기 위하여 나의 아들
예수가 내려왔다는 그 의미를 너희들
은 말로써만 그리하지 말며,
10 나의 계명 하나하나를 놓고 따져 볼
때, 그 모두를 완성하는 것이 신약 시
대이니라.
11 그리하여 그 모두를 더 깊이 더 상세
하게 깨우쳐 전한 것이 바로 나의 법
전이니 그리 알라.
12 그러니 내가 너에게 지금 전하고자 하
는 그 뜻이 무엇인 줄 너는 알겠느냐?
13 "네, 아버님! 알고 있사옵나이다.
14 이제 법전에서 형제지간에 우애를 다
져 가는 것, 부모가 아파 병원에 누워
돌아가시기 직전에 있으며, 부모를 간
호하고 부모를 모셔야 하는 그와 같
은 형국이 되어 있음이니,
15 여러 형제가 낳아 주고 길러 준 그 부
모의 치료비요, 병간호요, 뒷수발하는
것은 자식으로서 당연히 해야 하는
것이니,
16 그 부모를 수발할 기회를 얻은 것을
기쁨이요 영광이라 생각하며, 부모를
치료하고 부모의 건강을 위하여 제가
물질이요, 노동력이요, 무엇인가를 조
금이라도 바치고 역사하여 그 부모를
기쁘게 할 수 있는 그와 같은 것을 기
쁜 마음이요, 즐거운 마음으로 하며,
17 그 형제들 중에 그리 기쁘게 하지 않
는 자에게는 하지 말라 그리 말하는
것이 저를 따르는 제자들이요, 법전을
읽고 깨우친 백성이 하는 길이요, 아
버님의 뜻이라는 것을 알고 있사옵나
이다."
18 낳아 주고 길러 준 부모가 아플 때, 그

를 병간호하고 치료하며 모든 물질이
요, 시간을 거기에 소비하고 부모를
위해 바치는 것을 즐겁고 기쁜 마음
으로 다행한 일이라 생각하며 하는
형제는 남아 있되,
19 그것이 부담스럽고 고통스러우며 마
음에 내키지 않아 하는 형제는 쉬라
그리 말하고,
20 너희들이 모두 맡아서 할 수 있는 그
와 같은 마음을 가지며, 너희들이 모
두 감당할 수 있는 그와 같은 너의 제
자요, 나의 법전을 읽는 백성이 되라
함이니라.
21 그것이 나 여호와의 뜻임을 너는 알고
있지 않은가?
22 그러면 너의 제자들은 어떠한 마음 자
세여야 되겠느냐?
23 "네, 아버님! 그렇사옵나이다.
24 길러 주고 낳아 준 부모가 아프고 병
들어 어려운 고비에 그를 보호하고 그
를 위하여 역사함을 즐거움과 기쁨으
로 하지 아니하는 자는 그 부모를 욕
되게 하며 그 부모를 능멸하는 것이기
에,
25 그와 같은 형제가 아무리 금화와 은
화가 있으며 권력이 있고 능력이 있어
서 그 부모를 제가 보호하며 모든 역
사를 한다 해도, 감사하는 마음으로써
기쁨으로써 하지 않는 것은 부모를 욕
되게 하는 것이니,
26 그와 같이 부모를 욕되게 하는 형제의
힘을 빌리지 말고,
27 저희들의 모든 것을 다 던져, 저 자신
의 피를 빼서라도 기쁜 마음으로 감사
한 마음으로 당연히 할 것을 웃음으로
써 모두 해결하며 정리하는 그와 같은
마음을 갖고 가야 하는 것이 아버님의
법전을 읽는 백성이요, 또한 저를 따
르는 제자요, 그리고 이 법전을 읽고
깨우친 만백성이 가져야 할 마음 자세
라 그리 말씀하시며,
28 그리 말씀하시고자 하는 뜻을 저는
깨닫고 있사옵나이다."
29 그러니라, 나의 아들아!
30 네가 내 마음을 잘 들여다보았으며 잘
알고 있음이니라.
31 너희를 낳아 주고 길러 준 네 부모를
공경하라는 내용이 십계명에 있거늘,
32 그 부모가 쇠진하여 병석에 누워 있으
며 죽음에 임박하여 그 모두를 수발하
고 뒷바라지를 하며 모든 것을 바쳐야
할 여러 형제요, 자식들이 기쁜 마음
으로 조심스럽게 정성을 다하여 하지
아니하며 불평불만을 하는 자,
33 제가 그와 같은 일을 하는 것을 마음
아파하고 괴롭게 생각하며, 감사하는
마음으로 하지 아니하는 그와 같은 자
는 네 부모를 공경하는 그곳에 참여시
키지 말며,
34 그 대신 너희가 기쁜 마음으로 작은
성의라도 부모에게 효성을 다하고 공
경하는 마음을 가지고 너희 스스로 하
는 것이 네 부모를 기쁘게 하며 네 부
모를 욕되게 하지 아니하는 것이며,
그가 부모에게 욕되는 행위를 하지
않는 것이니,
35 그와 같은 마음을 가지고 살라는 것이
내 뜻이며, 그를 네가 알았으면 너의
제자들에게 그리 가르치며 그리 행하
도록 하라.

36 그것이 자식 된 도리요, 자식으로서
할 일이니,
37 그와 같은 마음을 가진 자는 구원의
길에 들어설 수 있는 자요, 구원이 무
엇인가를 알며,
38 나의 성령이요, 나의 법전을 읽고 깨
우쳤을 때, 너희들 마음속에 남음이
있으며 행함이 있으며 사랑의 싹이 무
럭무럭 자랄 수 있는 근본이 되니,
39 그와 같은 뜻을 너의 제자들에게 깨우
쳐 전하여, 너희들이 살아가는 데 자
신의 마음을 다스리고 역사하며 가야
하는 길이 무엇인가,
40 그리고 나 여호와의 뜻이요, 내 사랑
이 어떤 것인가를 그들에게 깨우쳐 주
도록 하라, 사랑하는 나의 아들아!

8,323 번째 하나님 말씀

2003년 11월 8일 11시 22분

1 사랑하는 나의 아들아!
2 "네, 아버님! 말씀하옵소서."
3 내가 성서에 기록하여 너희들에게 전
하기를 뭐라 하였느냐?
4 서로의 어려운 짐을 나누어 지고자 하
는 그 마음이요, 남이 원하는 것을 들
어줄 수 있는 그와 같은 마음이 나의
뜻이라 그리 전하였으며,
5 슬플 때나 기쁠 때나 같이해 줄 수 있
는 마음을 가지는 것이 사랑이라 그리
하지 아니하였더냐?
6 그리하여 너희들이 살아가면서 형제
요, 이웃이요, 만백성과 더불어 슬픔
과 기쁨을 같이해 줄 수 있는 그와 같
은 것이 사랑이니,
7 내가 새로 내리는 계명이라 성경에 기
록하여 나의 아들 예수를 통하여 너희
들에게 내린 내용이 거기에 기록되어
있지 않던가?
8 그러니 과연 너희들이 그와 같은 마음
으로 지금 살아가고 있는가?
9 믿음의 길을 가며 나를 위해 기도하고
경배하며 나에게 오고자 하는 그와 같
은 백성, 내 뜻에 의해 모두를 역사하
겠다는 자,
10 그들이 과연 내가 내린 새로운 계명이
요, '사랑' 즉, 너희들이 어려운 짐을
나눠서 지며 기쁘고 괴로울 때 같이할
수 있는 그와 같은 마음으로 과연 가
는가?
11 신도들의 어려움과 고통스러움을 같
이 나누며, 대신 짊어지고 가는 것이
오늘의 종교 집단이요, 지도자들이던
가?
12 과연 그러한 자가 있는가 너희들은 돌
이켜 보라.
13 그렇지 않으면 그들은 나의 뜻을 가르
쳐 전하는 자가 아니며 역사하는 자가
아니지 않으냐?
14 모든 종교 집단 지도자들이 저희보다
가난하고 어렵고 힘든 자에게 작은 금
화와 은화라도 거둬들이는 데만 혈안
이 되어 있다면, 과연 그들이 어려운
짐을 나누어 지며 무거운 것을 대신
짊어지고 가는 그와 같은 길을 가는
것인가?
15 그리고 슬플 때 같이하는가?
16 기쁠 때만, 저희가 무엇인가를 챙길
수 있으며 갈취할 수 있는 곳만 찾아
다니니,

17 썩은 것을 찾아다니는 파리 떼와 같다
는 것이 내 뜻이요, 내 가르침이니라.
18 내가 새로운 성경에 무엇이라 말하였
느냐?
19 기쁠 때나 슬플 때나 다 같이하며 어
려운 짐을 대신 지고 가는 것이 사랑
이요,
20 그 사랑을 실천하는 것이 종교 지도자
요, 믿음의 길을 가는 자요, 구원을 받
았다는 백성이 가는 길이라 그리하였
음이니라.
21 그러나 그대로 나의 뜻을 너희들이 전
하고 가르쳤는가?
22 나는 그리 명하였으나, 그를 받아서
중간에서 역사하는 너희들은 그와 같
이 가르치지 아니하였으며 그리 행하
지 아니한 것이니라.
23 그렇지 못한 백성은 영적으로 성장하
지 못하며 성령이 임할 수 있는 백성
이 아니 됨이니,
24 영적으로 성장하고 성숙하지 못한 백
성은 나의 뜻을 알 수 없으며 내가 역
사하는 것을 알 수 없으며, 내가 가고
자 하는 길을 알 수 없는 백성들이니
라.
25 그러니 캄캄한 밤을 헤매는 것이며,
길 없는 곳을 헤매다가 결국 낭떠러지
에 너희 자신도 모르게 떨어져 모두
멸망이요, 죽음의 길로 가는 것이 지
금 너희들이 가는 길이라 함을 알라.
26 이제 너희들은 정녕 나의 뜻을 들으라.
27 모든 종교 집단이요, 지도자는 그 교
회요, 성전에 오는 자보다 가난하고
어려운 삶을 사는 자요, 그와 같은 마
음 자세로 살 것이며,
28 정녕 그들의 어려운 짐을 나눠서 대
신 지고 가며, 기쁨이요, 영광은 나누
어 줄 수 있는 그와 같은 마음으로 사
는가?
29 슬플 때 같이 울어 주며 고통스러울
때 같이해 주며 그 아픈 마음을 어루
만지는가?
30 그것이 내가 새로 내린 '사랑'의 계명
이라 하여 성경에 기록하여 전했음이
니,
31 종교 집단이요, 지도자들이 그를 행하
지 아니하고 그를 따르지 아니하며,
32 거기서 구원을 받았다 맹종하는 백성
이 새로운 사랑의 길을 가지 아니한다
면 이는 무엇이던가?
33 나의 뜻을 거역하는 자들이요, 거짓된
자요, 그들이 곧 무엇이더냐?
34 양의 탈을 쓴 이리와 같은 자들이라
내가 너희들에게 전하는 이 무서운 뜻
을 돌이켜 생각해 보라.
35 과연 너희가 그런 자들인가 아닌가 하
는 것은 너희들 자신을 냉정히 평가하
고 너희 자신을 들여다보면 모두 알
수 있을 것이니라.

8,324 번째 하나님 말씀

2003년 11월 8일 11시 29분

1 사랑하는 나의 아들아!
2 "네, 아버님! 말씀하옵소서."
3 창조주 나 여호와가 너희에게 생명을
주었으며 모든 것을 다 주었음이니,
4 너희들이 나로부터 받은 그 은혜는 하
나하나 다 나열할 수 없을 것이니라.
5 귀가 바로 있어서 들을 수 있는 것도

나로부터 받은 영광이요, 듣지 못하는
자와 그를 비교해 보라.
6 그리고 너희들이 보지 못한다면, 보지
못하는 사람의 삶이 어떻고 볼 수 있
는 삶은 어떠하던가?
7 너희들이 육신을 마음대로 쓸 수 없는
백성에 비해 마음대로 쓸 수 있는 너
희들은 얼마나 크나큰 은혜와 영광을
받은 것이더냐?
8 너희들이 육신의 일부분 하나하나를
놓고도 정상적으로 움직이는 것이 크
나큰 은혜이거늘,
9 이 세상의 모든 동식물을 지배하며 이
자연 속에서 모든 것을 느끼고 통제하
며 살아갈 수 있도록 내가 너희에게
그 권한을 주었음이니,
10 너희들이 과연 인간으로서 나에게 무
엇을 더 바랄 수 있으며, 무슨 더 큰
은혜와 영광을 얻을 수 있다고 생각하
는가?
11 한 가지부터 만 가지, 수억 가지를 생
각할 때, 나로부터 받은 그 은혜를 갚
을 길이 없으며, 나로부터 은혜를 받
지 아니한 것이 없지 않으냐?
12 그와 같이 모든 것을 다 내려 준 나 여
호와가 너희에게 바라는 것이 무엇이
더냐?
13 오만하고 교만한 삶을 살지 말며, 그
모두를 다 버리고, 겸손하고 유한 모
습으로 살아가기를 바라는 것이 나 여
호와가 성서에 기록하여 너희들에게
전한 것이며 내가 바라는 것이니라.
14 그와 같은 삶을 살라는 것이 나 여호
와의 뜻이니라.
15 그러나 너희들은 어찌하여 그대로 행
하고 살지 못한단 말이던가?
16 너희들의 오늘의 삶이 과연 어떠하던
가?
17 성서에 기록하여 전한 것을 교육하고
가르치며 설교하는 종교 집단의 지도
자들이 그와 같이 사는가?
18 교만과 오만을 버리며, 가장 겸손하고
부드러운 마음이요, 유한 생각으로써
만백성을 제 몸과 같이 생각하며 살아
가는가?
19 겸손치 못한 자들은 무엇인 줄 알겠느
냐?
20 성령으로 임한 자가 아니요, 나의 뜻
을 가르치는 자가 아니요,
21 나 여호와에 의한 성서의 길을 가는
것이 아니라, 인간의 육의 삶에 의하
여 모두를 바치며 살아가는 자들이니
라.
22 육의 부귀영화와 육을 위해서 모든 것
을 쫓아가며 달려가는 자들이니,
23 바로 그들은 욕심을 버리지 못한 자들
이니라.
24 그리하여 욕심을 버리지 못함이니, 욕
심은 죄의 근원이라 하였음이니,
25 저희들이 죄를 짓고 나서도 죄인 줄을
모르며 거기서 벗어나려 하지 아니하
려는 것이니라.
26 그리고 저희들을 구하겠다며 벗어나
는 길을 안내하는 자, 그와 같은 나의
백성들을 사탄이요, 이단이요, 사악한
자들이라 그리 말함이니,
27 수영을 못 하는 자가 깊은 물에 빠져
있음이니, 남이 구하지 않으면 제가
스스로 구할 수 있다더냐?
28 정녕 구할 수 없는 것이 그들이니라.

29 내가 보는 오늘의 종교 집단이요, 지
도자요, 믿음의 길을 가며 구원을 받
았다는 백성들이 지금 영영 나오지 못
하는 급류요, 흙탕물 속에서 몸부림치
고 있음이니라.
30 흘러가면서 누가 구해 주겠지, 누가
잡아 주겠지 하고 기다리지만,
31 저희가 가는 곳은 급류요, 절벽의 급
류만이 기다리니, 그들은 산산조각 나
는 그와 같은 것만이 앞에 있거늘,
32 누가 잡아 주겠지, 구해 주겠지 하는
그와 같은 기대 심리에서 저희들이 스
스로 벗어나서 살려고 노력하지 않는
어리석은 백성이니라.
33 그러니 그들 앞에 무엇이 있느냐?
34 사망과 멸망만이 거듭되는 것이며,
35 나의 은혜를 받을 수 없으며 모든 것
을 저버린 자들의 오늘의 그 형국이
니, 그와 같이 비참하고 어리석은 백
성이 지금의 믿음의 길을 가는 백성이
니라.
36 그리하여 그들에게 단단하고 단단한
나의 밧줄을 던짐이니, 이게 바로 무
엇이더냐?
37 하늘에 오르는 길이요, 나에게 너희들
이 오를 수 있는 법전이요, 나의 성령
을 모두 태워 내리는 새로운 성경이니
라.
38 그러니 그를 잡으려 하지 아니하며 잡
지 아니하는 자는 저희가 흘러가면서
스스로 구원할 자가 있으며 구원의 길
이 있다 하여 그를 잡지 않는 오만하
고 태만한 자들이니라.
39 아직은 급류가 흐르지 아니하기에 그
를 잡지 아니하고 태평성대같이 그 속
에서 놀고 있으나,
40 머지않아 급류에 휘말리며 감당치 못
하는 절벽으로 떨어진다는 것을 모르
는 어리석은 자들이니라.
41 지금 너희들이 잡을 수 있을 때 잡지
아니하면 영원히 구원받을 수 없다는
것을 명심하고 또 명심하지 아니하면
아니 될 것이니,
42 그 가련한 백성에게 지금, 급류가 아
니고 네 몸을 지탱할 수 있는 이 시점
에서 너희들에게 던져 주는 그 밧줄을
잡아 구원을 받으라 하라.
43 머지않아 너희들은 잠시 눈 깜짝할 사
이에 감당하지 못할 급류 속에 휘말려
천 길 낭떠러지로 떨어지는 형국이 되
어 산산조각 남이니,
44 영원히 돌아오지 못하는 지옥 불에 가
상상할 수 없는 대가를 치르는 그와
같은 형국이 지금 믿음의 길을 가는
모든 백성이 처해 있는 형국이라 그리
말하라.
45 이 지상은 나의 발등이라 하였거늘,
나의 발등에 짓지 말라는 교회를 짓고
내 몸에 온통 상처를 내며 썩게 하는
그와 같은 행위를 하며,
46 나에게 그와 같은 고통과 시련을 주면
서도 그것이 나에게 오르는 길이요,
내가 기억하는 백성이라 생각하는 어
리석은 자들이니라.
47 그러나 나는 지금 고통을 참고 인내하
고 있음이니라.
48 나의 아들을 통하여 내리는 새로운 성
경이요, 그 제자들을 통하여 너희들의
가슴에 전해 주어,
49 너희들이 일단 그것을 받을 때까지,

이 세상을 다 덮을 때까지 내가 인내
하고, 너희를 내 발등에서 털어 버리
지 아니함이니,
50 너희들이 나의 법전을 접해도 보지 않
을 때, 언젠가는 곧 나의 발을 들어 털
것이니, 그것이 유황불에 떨어짐이요,
지옥의 천 길 낭떠러지에 떨어지는 그
순간임을 알라 그들에게 전하라, 사랑
하는 나의 아들딸들아!

8,325 번째 하나님 말씀

2003년 11월 8일 11시 32분

1 사랑하는 나의 아들아!
2 "네, 아버님! 말씀하옵소서."
3 내가 명한 모든 뜻이요, 내가 역사하
는 것, 나의 율법이요, 나의 성경이요,
나의 계명이요, 그를 지키지 않고 사
는 자, 그를 거역하는 자는 아무리 기
도하고 경배하고 울고불고한다 해도
나 여호와의 뜻이 아님을 알아야 할
것이며, 그게 나에게 오르는 길이 아
님을 명심해야 할 것이니라.
4 오로지 나에게 오르고자 하면, 그와
같은 광란의 짓을 덮어 두고 나의 계
명을 지키고 살고자 노력하는 그 길,
5 그와 같은 백성이 드리는 기도요, 그
들의 기도는 내가 들어줌이니 그리 알
아야 할 것이니라.
6 지금의 모든 종교 집단은 참진리요,
나 여호와의 뜻에 사는 것이 아니라,
육의 삶을 사는 백성이요, 육에 속한
삶을 위해 온갖 수단과 방법을 다 동
원하는 자들이니라.
7 그러니 나를 경배하는 것이 아니라 나
를 능멸하는 그와 같은 삶을 사는 것
이 너희들이라 하였음이니라.
8 오죽하면 나의 피조물 만백성을 우롱
하고 이용하기 위하여 우리 부자의 이
름까지 팔아 재물을 갈취하고 긁어모
아 거둬들이는 그와 같은 짓을 하는
자, 결코 용서하지 않으리라 내가 너
희들에게 그리 말하지 아니하였는가?
9 이제 내가 그들을 용서하지 않는 무서
운 때가 도래하고 있음을 알아야 할
것이니라.
10 지금 내가 마지막 기회라 하여 나의
법전을 세상에 내려보내어, 이를 읽고
깨우치는 자는 구원을 받으며 하늘에
오르는 길을 볼 수 있다는 지금의 여
유 있는 이 시간에 이를 접하지 아니
하고 보지 아니하고 태만한 자,
11 더욱이 찢어 버리는 자, 짓밟는 자, 그
리고 남들이 보고자 하는 것도 보지
못하게 하는 자, 그와 같은 자가 얼마
나 어리석은 자이던가?
12 남까지 지옥 불로 인도하는 것임을 알
아야 할 것이니 그리 알라, 사랑하는
나의 아들딸들아!

8,326 번째 하나님 말씀

2003년 11월 8일 11시 38분

1 사랑하는 나의 아들아!
2 "네, 아버님! 말씀하옵소서."
3 수천 년 동안 온 그 믿음의 종교 집단
이요, 지도자요, 하늘에 오르는 길을
인도하며 저희만이 구원을 받는다며
몸부림치는 그 종교 지도자요, 그리고
그 신도들에게 너는 깨우쳐 주라.

4 나의 아들이 십자가를 짊어지며 그 고
통 속에서 십자가에 못 박혀 피 한 방
울이 다 마를 때까지 그 고통을 견디
며 그가 모두를 다 던진 것은 무엇인
줄 알겠느냐?
5 그 십자가는 무엇인 줄 알겠느냐?
6 너희들이 밤하늘에 비춰 나를 고문하
는 그와 같은 십자가가 아니요,
7 나의 아들 예수가 십자가를 짊어지면
서 그 십자가에서 피 한 방울이 마를
때까지 모두를 견디고 이겼던 그것은
무엇을 의미하더냐?
8 인간 너희들이 살아가면서 욕심이요,
끊을 수 없는 죄를 짓는 것이요, 버릴
수 없는 악습이요, 너희들의 그 모든
죄를 똘똘 뭉쳐 하나로 묶어, 너희들
의 십자가에 꼼짝 못하도록 못을 두드
려 박으라 하는 것이 내 뜻이요, 나의
아들이 십자가를 짊어지고 가 죽음의
고통을 겪은 그 근본이요, 기본의 원
리가 거기 있으며 가르침이 거기 있음
을 알라.
9 인간이 벗어날 수 없으며 너희들이 털
어 버릴 수도 없으며 버릴 수 없는 욕
심에 의하여 수없는 유혹이요, 너희
가슴에 있는 모든 죄들을 꼭꼭 묶어
십자가에 못을 박아, 두 번 다시 사악
한 생각이 너희 가슴에 들어오지 못하
도록 하라는 것이 나 여호와의 뜻이니
라.
10 너희들이 지금 못된 마음이요, 욕심이
요, 사악한 마음이요, 간교한 마음이
요,
11 남을 쓰러트리며 제가 앞에 가고자 하
는 것, 더 갖고자, 무엇을 더 얻고자
나에게 기도하며 경배하며 나의 아들
예수를 찾으며 울고불고하는 너희들
의 사악한 욕심의 근본의 그 모두를
똘똘 뭉쳐 하나로 묶어 그것을 십자가
에 대못으로 박아,
12 두 번 다시 이 세상에 존재하지 못하
며 너희 마음에 들어오지 못하도록 하
라 한 것이 나의 아들이 십자가를 짊
어지고 죽어 간 그 고통의 역사이니라.
13 너희들이 그 악습이요, 잘못된 것이
요, 욕심이요, 그 모두를 하나로 묶어
거기에 못 박아 친다 해도,
14 그래도 나의 아들이 그 육신의 고통을
알면서 그 못이 박힌 상태에서 죽어
가는 고통만큼 너희들이 가슴 아프지
는 아니할 것이니라.
15 내가 다시 한 번 너희들에게 전함이니
라.
16 나의 아들이 자신의 십자가를 짊어지
며 가시나무 관을 쓰고 십자가에 못
박혀 죽을 때까지 모든 것을 다 견딘
그 십자가의 뜻은 무엇이냐?
17 너희들이 넘을 수 없는 죄악이요, 용
서받을 수 없는 죄를 짓는 것, 그리고
인간의 본성대로 돌아가지 못하는 사
악한 욕심, 그 모두를 꼭꼭 묶어 대못
으로 십자가에 깊이 박으라 하여 내가
그 십자가의 역사를 보여 준 것이니,
18 너희들의 모든 악습을 거기다 묻으라
하는 것이 나 여호와의 뜻이니라.
19 나의 아들 예수가 못 박혀 그 십자가
에서 죽어 간 것은 너희들의 욕심의
죄요, 너희들이 죄를 짓지 아니하고는
살 수 없다 말하는 그 모든 끈을 그곳
에 꼭꼭 못 박아,

20 두 번 다시 너희 가슴이요, 네 앞에 나
타나지 못하도록, 근접하지 못하도록
하고자 하여 너희들에게 그것을 보여
준 것이며,
21 그와 같이 하라는 것이 내가 십자가에
나의 아들이 죽게 한 그것임을 너희들
은 알라.
22 이제 너희들은 그 죄를 모두 다 묶으
라.
23 사랑하는 나의 아들을 따르는 제자들
이요, 그리고 나의 법전을 읽고 깨우
친 만백성, 너희들은 차곡차곡 짐을
싸듯이, 나그네가 짐을 챙기듯이, 너
희들 가슴에 있는 버리지 못하는 마음
이요, 사랑하지 못하는 마음이요, 시
기하는 마음이요, 욕심을 갖는 마음이
요, 남보다 앞에 가고자 하는 마음이
요, 남을 비방하는 말이요, 남을 시기
질투하는 마음이요,
24 그리고 너희들이 그 모두를 제 것이라
하여 낙엽처럼 하나도 놓지 못하고 움
켜쥐려는 그 마음이요,
25 인간의 도리에서 너희 자신이 혼자 생
각할 때 부끄럽고 추한 모습이요,
26 네가 지울 수 없는 그 모든 악습을 하
나하나 옷을 싸듯이 싸고 또 싸, 그를
꽉꽉 묶어 너희들의 십자가 가운데에
대못으로 꽉꽉 박아 놓는 그와 같은
역사를 이루라.
27 그와 같은 역사를 이루는 것이 나의
아들을 따르는 제자들이 가야 할 길이
니라.
28 너희들이 모든 죄의 근원을 묶어 십자
가에 못을 박아 네 죄를 거기에 묻었
음이니,
29 네가 천사와 같은 아름다운 모습으로
살겠다는 맹세와 각오를 하는 것이 너
희들이 십자가를 놓고 기도하며 그를
보는 마음이어야 하거늘,
30 어찌하여 그 죄를 묶어 놓은 십자가를
우상화하며 그를 밤마다 나에게 고통
스럽게 비추는 그 역사를 하느냐?
31 이제 사랑하는 나의 아들을 따르는 제
자요, 그리고 나의 법전을 읽은 만백
성, 너희들은 나의 아들 예수가 그 십
자가를 짊어지며 가시나무 관을 쓰고
그가 십자가에 매달려 죽을 때까지 아
름다운 눈빛으로써 변하지 않는 얼굴
로써 만백성을 바라보는 그 마음이 찌
들어지지 않은 것이 무엇인가를 깨달
으라.
32 죽어 가는 것보다는 너희들의 가슴에
있는 죄악이요, 사악한 마음이요, 악
마와 같은 마음을 차곡차곡 끈으로 묶
어 십자가 가운데에 대못으로 쳐박아,
33 너희들에게 두 번 다시 접근하지 못하
도록 너희들이 다시 사는 삶을 살라
하여 내가 그 역사를 보여 주었음을
그들에게 전하고 깨우쳐 주라, 사랑하
는 나의 아들아!

8,327 번째 하나님 말씀

2003년 11월 8일 11시 45분

1 사랑하는 나의 아들아!
2 "네, 아버님! 말씀하옵소서."
3 나의 아들이 고통스럽게 죽어 간, 그
십자가에 그가 죽어 가는 고통보다는
너희들이 못함이니, 너희들의 모든 죄
와 악습을 꽉꽉 묶어 거기에 대못으로

박아 너희들에게 근접하지 못하도록
하는 것이 그 근본이라 하지 아니하였
더냐?
4 그러니 너희들이 지금 살아가면서 어
떠한 마음으로 살아야 되는가를 스스
로 알아야 될 것이니라.
5 사랑하는 나의 아들아!
6 "네, 아버님! 말씀하옵소서."
7 너의 제자들에게 깨우쳐 주도록 하라.
8 짐승이 덫에 걸리면 과연 그가 벗어날
수 있더냐?
9 짐승이 덫에 걸려 헤어나지 못하고 몸
부림치는 것과 마찬가지로, 너희들 또
한 어떠한 덫에 걸려서 살아가는지 알
겠는가?
10 너희들은 죽음이라는 두 글자의 덫을
피할 수 없으며 돌아갈 수도 없음이니,
11 너희들은 죽음의 덫에 걸려 있으며 그
것을 위하여 존재하며 그 안에 있는
자들이니라.
12 다만 너희들은 언제 모두가 끝날 것인
가 그때만 기다리며 살아가는 운명과
무엇이 다르단 말이더냐?
13 이와 같은 말을 내가 너희들에게 왜
전하겠는가?
14 사랑하는 나의 피조물 만백성 너희들
이 죽음의 덫에 걸려 거기서 헤어나지
못하고 당하니, 너희들은 그 죽음의
덫을 벗어날 수 없다는 이 무서운 말
을 왜 전하겠느냐?
15 너희들은 세상사 살아가면서 영원히
살 것처럼, 영원히 존재할 것처럼 살
아감이니라.
16 악과 선의 시시비비를 마음대로 하며,
선한 자는 어떻고 악한 자는 어떠하
며, 선하게 살면 어떠하고 악하게 살
면 어떠하냐,
17 선한 것도 별것 아니요, 악한 것도 별
것 아니니, 다 별거 아니라 이와 같이
가르치는 오늘의 잘못된 선생들이 세
상을 지배하고 있기 때문이니라.
18 너희들이 죽음이라는 덫에 걸려 거기
서 벗어나지 못하는 백성이라면, 과연
악과 선을 시시비비하고 그와 같은 것
을 가지고 말재주를 부릴 시간이 있다
더냐?
19 악을 저버리고 선이라는 것을 행하며
살아가기도 조급하며 시간이 없는 것
이 너희들이 아니더냐, 사랑하는 나의
아들딸들아!
20 그러한 것을 생각조차 할 수 없는 것
이 너희들이니라.
21 죽음이라는 두 글자의 덫에서 벗어날
수 없는 것이 사랑하는 너희들이요,
22 죽어서 심판을 받는다는 그 사실조차
도 인정하지 아니하고 살아가는 것이
그들이니라, 그리고 나 여호와가 존재
함 자체도 믿지 못하는 자들이니라.
23 말로만 풍성하게 나를 믿으며 심판을
받는 백성들이라 그리 말하는 그들에
게 전해 주라.
24 너희들은 죽음의 덫에서 벗어나지 못
함이니, 그 죽음의 덫 다음에는 심판
이라는 것이 엄연히 존재함이니라.
25 그러니 너희들이 나의 계명이요, 나의
율법이요, 지금 마지막 시대에 나의
법전을 정독하고 깨우쳐,
26 죄가 무엇이며 죄를 짓는 것이 무엇인
지 깨닫고, 그리하여 그를 선별할 줄
아는 백성이 되어야 될 것이며,

27 너희들이 말로써 구원을 받으며 말로
써 나에게 오르는 것이 아니요,
28 육의 삶에 너희들의 자세가 얼마나 곧
고 바르냐에 따라서 지옥이냐 나에게
올 수 있느냐 하는 그 무서운 갈림길
에서 몸부림치는 심판의 결과, 이게
죽음의 덫 앞에서 벗어날 수 없는 것
보다도 더 엄연한 사실이요,
29 거기서 더 이상 어떠한 것도 통할 수
가 없으며 어떠한 융통성도 존재하지
아니하는 것이 심판의 시대이니,
30 오늘 너희들이 살아 있는 이 속에서
나의 십계명을 지키며 나의 율법을 지
키며, 내가 지금 나의 아들을 통하여
마지막 시대에 너희들을 구원하기 위
해 내려보낸 나의 계명이요, 나의 율
법이요, 나의 법전을 지키고 사는 것,
31 그것만이 너희들이 죄가 무엇인가를
알며 죄를 짓고 안 짓는 것을 알며 그
죄의 두려움을 알 것이니라.
32 이를 지키고 행하지 아니하는 자, 너
희들이 심판대에 섰을 때, 지옥이요,
천국이요, 그 갈림길에서 내가 너희들
을 모른다 하여, 지옥 불로 가지 아니
하려 발버둥치는 비참하고 처참한 형
국이 너희들이 머지않아 모두 체험할
길이라는 것을 절대 잊지 말라 전하라.
33 너희들은 지금 죽음의 덫에서 벗어날
자 없으며 피할 자 없듯이, 나에게 심
판을 받음이니,
34 그 정해진 시간을 기다리는 삶을 사는
너희들이 악과 선의 시시비비요, 갑론
을박할 시간이 없음이니,
35 선이요, 아름다움만을 행하고 사는 것
만이 너희들에게 존재한다는 것을,
36 너의 제자들과 나의 법전을 읽고 깨우
친 백성들은 그리 알고 살아가도록 그
리 전하라, 사랑하는 나의 아들아!

8,328 번째 하나님 말씀

2003년 11월 8일 11시 50분

1 사랑하는 나의 아들아!
2 "네, 아버님! 말씀하옵소서."
3 너희는 누구나 다 죽음의 덫을 벗어날
수 없으며 헤어날 수 없다 하였음이니
라.
4 그리고 또한 다음에 심판의 덫이 너
희들을 기다리고 있으니,
5 이 모두를 너희 임의대로 벗어날 수
있고 피할 수 있는 자 있거든 나와 보
라 그리 말하라.
6 그러니 너희들이 이 무서움 앞에 어
찌 살아가야 될 것인가는 스스로 깊
이 깨우치고 반성하며 오늘의 삶을 반
대로 살아야 된다 하였음이니,
7 내가 일찍이 나의 법전에 기록하여 전
하기를, 오른쪽으로 도는 팽이를 너희
들이 반대 방향으로 돌리는 그와 같은
역사로 살지 아니하면 아니 된다 하
였음이니라.
8 너희들이 여러 가지 물건 앞에 공을
굴려 맞힘이니, 그게 한두 개는 맞힐
수 있으나, 수십 개의 돌아가는 것은
맞힐 수 없는 것이 너희들의 한계라
내가 그리 깨우쳐 주지 아니하였던가?
9 내가 나의 열여섯 권의 법전에 가르쳐
준 그 의미를 깨달아 너희들 것으로
만드는 노력을 게을리하지 말라 하였
음이 여기 있음이니라.

10 그러니 너희가 죽음의 덫과 심판의 덫
을 임의대로 할 수 있는 자 없으며, 늘
리고 줄일 수도 없는 것이 너희들이니
라.
11 그러니 너희들이 오늘의 존재하는 이
삶에서 선과 악의 그 덫에서 네가 얼
마나 그를 던져 버리는지, 네 마음대
로 그를 벗어 버리고 벗어 버리지 못
하는 것은 오로지 오늘의 삶에서만 역
사하는 것이니라.
12 선과 악의 그 덫에 너희들은 걸려 있
음이니, 그 둘 중의 하나를 선택하는
것이 너희들이 가야 할 길이니라.
13 그리고 너희들이 어떠한 길을 선택하
는 것이 벗어나는 것인가는 너희 스
스로 알 것이니라.
14 여기에서 벗어나는 것이 너희들이 나
를 선택하는 길이요, 나에게 오르는
길임을 알라.
15 그러니 너희들이 나에게 오르는 길이
요, 나를 선택하여 올 수 있는 것은 선
한 생각이요, 선한 행동을 이루는 것,
그 행동만이 너희들이 죽음의 덫에서
벗어나는 것이며 나에게 오를 수 있는
길이라는 걸 명심하라.
16 너희들이 죽음의 덫에서 두렵지 아니
하며 심판의 덫에서 두렵지 아니하다
면, 오늘의 육의 세상에서 선과 악을
선택해야 할 그 덫에서, 너희들이 선
택하면 아니 되는 것을 선택할 수 있
는 여유가 있을 것이나,
17 너희들이 선택할 수 있는 기회요, 선
택할 수 있는 그 힘이요, 버리고 얻을
수 있는 것이 오늘의 삶이 존재하는
세상에서만 이루어짐이니,
18 오늘의 삶에서 너희들이 선을 행하며
선을 찾는 그와 같은 용기 있는 삶이
아니면 결코 나에게 오를 수 없거늘,
19 너희들이 선택의 여지는 별것이 아니
며, 육의 행하는 것은 별것이 아니라
가르치는 백성들 때문에,
20 그 말을 믿고 그저 나의 아들 예수의
이름을 부르며 나를 찾으며 재물을 바
치며 헌금을 바치며,
21 그리하다 너희들이 얼마 되지 않는
50년도 되지 않는 그 믿음의 역사 앞
에 허무하게 물거품이 되어 쓰러지는
것처럼,
22 너희들이 지옥 불로 그저 낙엽처럼
흘러 들어가는 형국이 되어 있음이니
그리 알라, 사랑하는 나의 아들딸들아!

8,329 번째 하나님 말씀

2003년 11월 8일 11시 58분

1 사랑하는 나의 아들아!
2 "네, 아버님! 말씀하옵소서."
3 모든 종교 집단이요, 믿음의 길을 가
는 백성들이 그리 말하느니라.
4 모두는 나 여호와에게 의지하며, 모두
는 나 여호와가 역사하는 길이며, 내
가 모두를 너희들에게 가르쳐 주고 이
끌어 가는 길밖에 없다 그리 전하지
않느냐?
5 너희는 그것이 사실임을 알아야 될 것
이니라.
6 모두는 나 여호와의 뜻에 의하여 역사
하며, 내가 이루고자 하며, 나로 하여
금 너희들이 모두 역사한다는 것을 알
아야 될 것이니라.

7 그러나 너희들이 여기서 하나 모르는
것이 있음이니라.
8 그와 같은 백성들이 나에게 의지하여
모든 게 나의 은혜 하에 이룬다면, 너
희들은 거기에 버금가는 노력이라는
것이 있어야 되지 않겠느냐?
9 너희들이 노력이요, 공은 없이 그저
특권을 받은 백성인 것처럼, 특혜를
입은 백성이요, 특별한 백성인 것처럼
하고 있는 것이 지금 믿음의 길을 가
는 백성들이요,
10 종교 집단이요, 지도자들이 나의 어리
석은 백성들을 그리 가르치고 있음이
니라.
11 너희가 나 여호와에게 의존한다면 나
의 뜻을 행하고 나에게 순종하는 것이
중요하며 귀함을 너희들은 알아야 될
것이니라.
12 너희들이 나의 뜻에 의하여 의존하며
사는 것은 내가 다 이해하고 받아들일
수 있음이니라.
13 그리고 너희들이 이루고자 하는 것 또
한 나의 주관하에 모두가 이루어진다
는 것은 너희들이 말하듯이 그러하니
라.
14 그러나 너희들은 여기서 특혜를 받은
백성인 것처럼 자만하고 오만한 것이
가장 잘못되었으며,
15 그리고 나를 의존하며 내가 너희들에
게 내려 줄 수 있는 모든 은혜를 받고
자 한다면, 너희들이 나의 뜻을 행하
고 나에게 순종하는 삶이 얼마나 귀하
고 소중한 것이던가?
16 너희들은 노력하지 아니하며 어려운
길을 가지 아니하고 말로만 모두를 이
루는 자들이기에, 너희들이 나와 관계
없는 불행한 백성들이 되어 있다 함을
알라.
17 나 여호와가 원하는 그 뜻과 길을 보
아야 한다는 것을 절대 잊지 말라.
18 너희들이 특권을 받으며 특혜를 받아
살아가는 백성인 양 착각과 환상 속에
서 허덕이는 그것이 문제며,
19 그리 주입시키고 세뇌시켜 가르치는
자들의 말에 현혹되어, 너희들이 다시
태어날 수 있는 그 영광된 영원히 사
는 그 삶을 버림이니라.
20 지금 지상의 삶에서 너희들이 육을 가
지고 있는 세상에 영원히 살 수 있는
삶을 여기서 준다면,
21 너희들이 가지고 있는 재물이요, 재산
이요, 너희들의 생명 말고는 무엇인들
내놓지 못하며, 안 내놓을 자가 누가
있겠느냐?
22 그러나 너희들은 거듭나는 천국의 나
라에서 영원히 사는 새 생명으로 거듭
남이 얼마나 귀하고 소중한 것인지 알
지 못하며 상상하지 못하고 있기에 너
희들이 믿지 못하고 있는 자들이나,
이는 반드시 이루어짐을 알라.
23 그와 같은 세상이 있으며 사후의 역사
가 있다는 것을 알라.
24 그러니 특혜 받은 양 특권이 있는 것
처럼 오만하고 자만한 백성, 너희들은
결코 그 세상에 올 수 없으며 그 길을
볼 수 없다는 것을 알라.
25 그러니 나의 백성들을 그리 세뇌시키
고 착각 속에 있는 백성, 너희들이 가
장 큰 문제이며 어리석은 자들이라는
걸 알라.

26 너희들이 나로부터 그리 생각하는 특권과 특혜를 받을 수 있으려면 그와 같은 너희들의 노력과 공이 있어야 함을 알라.
27 그것은 나 여호와의 뜻이요, 나의 계명대로 목숨을 바쳐 지키고 살아가는 너희들의 노력이 없이는 아니 될 것이며,
28 지금 내가 나의 아들을 통하여 내리는 새로운 성경이요, 새로운 법전에 상세히 풀어 내렸으니,
29 그를 보고 하나하나 차분히 행하고 지키는 삶을 사는 자만이 구원을 받을 것이요,
30 말로써 특권이요, 특혜를 받은 것처럼 광란의 짓을 하는 백성, 너희들은 정녕 내가 모르며, 너희들 또한 나를 볼 수 없는 운명임을 알라.
31 종교 집단의 지도자 그 자신들은 특권만 찾고 누리고자 하는 것이 아니더냐?
32 제 의무요, 제가 가야 할 길인 힘들고 어렵고 좁고 협착한 그 길은 가려 하지 아니하며,
33 넓고 편안한 길에서 특권만 찾으며 특혜를 찾으며 권한만 찾으며, 제 의무는 소홀히 하는 불쌍한 백성들임을 너희들은 알아야 될 것이니라.
34 모두는 너희들이 받을 만큼 행하고 노력하지 아니하면 누릴 수 없다는 것을 알라.
35 이제 나의 아들을 따르는 제자들이요, 나의 법전을 읽고 깨우친 만백성, 너희들의 가장 큰 축복이요, 은혜가 무엇인 줄 알겠느냐?
36 네 의무를 다했을 때 모두를 얻을 수 있으며, 너희들이 말없이 노력했을 때 얻어지며, 계산되지 아니한 마음으로써 역사할 때 나로부터 모든 영광을 누릴 수 있다는 걸 너희들이 알기에,
37 겸손하고 겸허하며 자기를 낮추는 자세의 삶을 살아가는 사랑하는 백성들이니,
38 너희들이 기본이요, 근본이요, 모든 백성의 틀이 됨을 잊지 말라.
39 너희들이 그와 같은 은혜 속에 살아가는 자요, 그와 같이 깨달음을 얻은 그것으로써 나로부터 더 이상 은혜요, 영광을 바라지 아니하여도 될 것이니라, 사랑하는 나의 아들딸들아!

8,330 번째 하나님 말씀

2003년 11월 8일 12시 07분

1 사랑하는 나의 아들아!
2 "네, 아버님! 말씀하옵소서."
3 하늘에 오르는 길이요, 그 진리가 무엇이더냐?
4 너희들을 보내 준 아버지를 사랑하며 존경한다면, 나 여호와의 뜻이요, 내가 원하는 것을 똑같이 살아가는 것이 곧 나에게 오를 수 있는 구원의 길이 아니더냐?
5 사랑하는 나의 아들딸들아!
6 구원의 길이 멀고 어렵다 생각하지 말라.
7 그리고 힘든 길이 아니라 생각하라.
8 너희들이 어린 자식을 놓고 걸음마를 하는 그 자식 앞에 부모가 달려오라 손뼉을 침이니, 아이가 비실비실 걷기 시작하다가 그가 바로 성장하면 달려

올 수 있는 것이 나에게 오르는 길이
니라.
9 너희들이 사랑의 마음을 싹틔우며 마
음을 천사처럼 다스려 나가고자 하여
기틀만 잡는다면, 비실비실 걷는 그
아이가 달려서 제 부모 품에 올 수 있
듯이 너희들이 나에게 올 수 있는 것
이니라, 사랑하는 나의 아들딸들아!
10 그와 같은 이치요, 진리를 쉽게 생각
하라.
11 어렵게 생각하고 두렵게 생각하면 아
니 되느니라.
12 나의 진리요, 나의 참사랑은 무엇이더
냐?
13 사랑하는 나의 아들아, 너는 무엇이라
생각하느냐?
14 "네, 아버님! 감히 이 자식이 아버님
의 참진리요, 사랑이라는 것을 말씀을
드린다 하오면,
15 아버님께는 참진리와 사랑이요, 베풂
이요, 용서함이요, 그 모두가 그릇이
꽉 차 있는 것이옵나이다.
16 큰 그릇에 만백성이 먹을 수 있는 생
수가 다 채워져 있으며, 하나도 빈틈
이 없는 것이며, 하나도 오차가 없으
며 하나도 잘못됨이 없는 것이라 생각
되옵나이다.
17 아버님과 저희들과의 그 차이는, 진리
요, 사랑함이요, 용서하고 베풂이요,
하늘의 진리가 100퍼센트가 아니라
2000퍼센트를 가지고 계시며 그 능력
을 행하는 것이 아버님이요,
18 저희들은 인간이 세상에 나갈 때 100
퍼센트의 그 인성을 주어 세상에 내려
보냈으나,
19 인간이 살면서 철이 들면서 그것이
100퍼센트에서 110, 120으로 올라가
는 것이 아니라, 100에서부터 거꾸로
내려오니,
20 나이가 먹으면 먹을수록 그 비율이
10퍼센트요, 20퍼센트밖에 보유하지
못하는 것이 저희들과 아버님과의 그
차이라 저는 생각하오며 그리 알고 있
사옵나이다.
21 그리하여 100퍼센트를 도전하기 위해
서 저희들이 피나는 노력을 하지 아니
하면 아니 되는 것이 오늘의 삶이며,
22 그래서 행함이 중요한 것이라 이 소자
는 그리 생각하며 이 죄 많은 아들은
그리 생각하옵나이다, 아버님!
23 저희들이 가지고 있는 것은, 아버님은
모두가 다 100퍼센트며 진리의 답이
나,
24 10퍼센트나 20퍼센트도 갖지 못한 저
희들이 100퍼센트를 가진 양 지금 설
치며, 저희들이 감히 아버님의 천국의
문이요, 아버님께 구원을 받으며 하늘
에 올랐다 그리 이야기함이니,
25 그와 같은 것을 보는 제 가슴이 너무
찢어지고 아프옵나이다.
26 저의 제자들 또한 50퍼센트를 넘지
못함이니, 그들에게 상과 은혜를 내려
주시기를 바라는 죄 많은 죄인을 용서
하여 주옵소서.
27 그들이 가는 길이 너무도 가련하고 불
쌍하고 힘들고 벅찬 것 같기에 그저
잠시 그러한 마음을 순간순간에 가져
보는 것이옵나이다.
28 20퍼센트도 채워지지 못한 것이 저희
들의 마음이라 그리 생각하옵나이다.

29 아버님의 마음은 참진리요, 사랑이요,
용서함이요, 베풂이요, 나눠 줌이요,
모든 진리의 그 정답이 그득히 차 100
퍼센트를 가지고 계시며, 모든 능력을
행사하고자 하면 하시오나,
30 저희들은 20퍼센트를 넘지 못하여 그
리하여 100퍼센트가 되기 위하여 오
늘에 피나는 노력을 해야 되며,
31 아버님의 삶을 닮아 살아가고자 하는
것이며,
32 아버님의 뜻을 100퍼센트의 점수를
맞을 수 있도록 최선의 노력을 다하
고 다하는 것, 그리하여 오늘의 삶이
요, 행함이 얼마나 소중하고 귀한 것
인가를 이제야 저는 깨달을 것 같사오
며, 이 죄인은 그리 생각하옵나이다,
아버님!"
33 사랑하는 나의 아들아, 그러니라.
34 나 여호와는 모두의 답이니 그게 정답
이요,
35 너희들은 정답에서 비켜나서 살고자
하며 그 정답을 찾고자 노력함이니,
36 그래서 모든 종교 집단이요, 지도자들
이 10퍼센트도 안 되는 그와 같은 답
을 가지고 100퍼센트인 나의 뜻에 노
력하고자 그리고 매진하는 것, 그리고
좁고 험난하고 힘든 그 길을 두 주먹
을 쥐고, 좌우를 보지 않고 달려오는
것이 나의 사랑이요, 나를 기쁘게 하
는 길이라 하였음이니, 네가 잘 말했
느니라.
37 너희들이 아직 그릇이 채워지지 아니
하였음은 무엇을 의미하느냐?
38 "네, 아버님! 감히 제가 죄인으로서
아버님께 부끄럽게 말씀을 드린다면,
39 또한 저의 제자들이요, 저를 따르는
그 백성들에게, 또 법전을 읽고 깨우
친 아버님의 백성들에게 희망과 용기
를 줄 수 있는 욕심에서 말씀을 드린
다면,
40 20퍼센트밖에 되지 않는 또 10퍼센트
밖에 되지 않는 저희들이, 30퍼센트
요, 50퍼센트요, 노력하면 채울 수 있
으며 빈 그릇을 채울 수 있는 희망이
있다 저는 그리 감히 말씀을 드리고자
하옵나이다, 아버님!"
41 그러하니라, 사랑하는 나의 아들아!
42 그와 같이 채울 수 있는 것이 너희들
이니라.
43 하나하나 쌓아 올리면 모든 건축물이
아름답게 일어서듯이,
44 너희들이 빈 그릇을 채우고 또 채우면
그리 채워지느니라, 사랑하는 나의 아
들아!
45 너희들은 밑 빠진 독이 아님이니라.
46 너희들은 밑이 있는 독이요, 형체가
갖추어졌으며 완벽한 나의 그릇이니
라.
47 그러니 너희들이 그 그릇에 붓기만 하
면 흘러나감이 없으며 새지 않으니,
채우지 않겠느냐?
48 밑 빠진 독에 물을 붓는다면 그는 채
울 수 없으며, 모든 미생물이요, 동식
물들은 밑이 빠진 자들이니라.
49 그러나 너희들은 밑이 단단하며 완전
한 형체를 가지고 있는 완벽한 그릇이
니,
50 붓기만 하면 그 생수는 차곡차곡 쌓
이니, 너희들이 생수를 부어 그 그릇
을 채우는 모습을 볼 때 나 여호와가

얼마나 기쁘겠는가?
51 그 그릇이 채워졌을 때 너희들이 나
의 뜻을 전할 수 있는 자요,
52 나의 뜻을 그대로 전하고 역사하는
것은 나를 대신하는 것이요, 내가 너
요, 너희들이 내가 되는 것이니, 얼마
나 나 여호와의 기쁨이 크겠느냐?
53 그러하니라, 사랑하는 나의 아들아!
54 비어 있다 탄식하지 말며, 그 퍼센트
를 가지고 울고불고하지 말라.
55 그리고 몸부림치지 말라.
56 너의 제자들은 지금 한 그릇을 붓고
내일 또 한 그릇을 부음이니라.
57 지금은 손으로 퍼 붓는 것이니 손끝
으로 새고 손가락 사이로 새나,
58 너희들이 그릇을 가지고 붓는 그 현명
함이 생겼을 때, 채워지는 것을 너희
눈으로 볼 때, 채워지는 데 즐거움을
알 것이며 행복을 알아, 채우는 데 스
스로 그들이 최선을 다할 것이니라.
59 오늘은 손바닥으로 물을 부으니, 손가
락으로 새며, 퍼 가지고 와도 남는 것
이 없어 탄식하고 두 다리 뻗고 울고
통곡하느니라.
60 그러나 그래도 주저하지 아니하고 그
를 채우려고 노력하는 너희들이야말
로 이 세상에서 가장 소중하니, 만백
성의 거울이요, 만백성을 구하는 기본
이니라.
61 이제 너희들이 그 손으로 퍼붓는 물
이 채워지기 시작하면, 네가 손으로
나른다면 내가 너에게 작은 그릇을 줄
것이며,
62 그리고 네가 또 더 열심히 부어 물이
찰 때 큰 그릇을 줄 것이며,
63 너의 제자들에게 그저 부으면 붓는 대
로 쑥쑥 올라오며 채워지는 큰 그릇
을 줄 날이 있을 것이니, 그때까지 가
도록 그리 전하라.
64 사랑하는 나의 아들아!
65 이것이 너희들에게 바라는 나의 간절
한 바람이요, 소망이요,
66 너희들을 사랑하기에 하늘의 진리요,
하늘의 뜻이요, 하늘의 비밀을 전함이
니 그리 알라, 사랑하는 나의 아들딸
들아!
67 너를 사랑하며, 너의 제자들을 사랑하
며, 법전을 읽고 깨우친 만백성 너희
들은 내 가슴속에 존재함이니, 너희들
은 그보다도 큰 영광이 없음이니라,
사랑하는 나의 아들딸들아!

8,331 번째 하나님 말씀

2003년 11월 8일 12시 15분

1 사랑하는 나의 아들아!
2 "네, 아버님! 말씀하옵소서."
3 이 세상에 수없이 많은 부모 밑에 헤
아릴 수 없는 그 많은 자식들이 살아
가느니라.
4 그러니 그 부모의 마음은 어떠하던가?
5 하나의 음식을 입에 넣기 전에 그 자
식을 생각하는 마음이 있다 하지 아니
하였더냐?
6 그러니 그 자식들 또한 어떤 마음을
가지고 살아가는 것이 도리겠느냐?
7 좋은 음식이요, 좋은 것을 접할 때마
다 부모를 생각하는 그와 같은 자식이
있다면, 얼마나 그 자식은 평소에 그
부모를 사랑하며 공경하며, 그 마음이

얼마나 거룩하고 소중하겠느냐?
8 이제 나는 너희들에게 깨우쳐 주고자
함이니라.
9 사랑하는 나의 아들을 따르는 제자들
이요, 나의 법전을 읽고 깨우친 만백
성, 너희들은 들으라.
10 지금 나의 아들을 따르는 그 제자들의
변하는 모습이요, 그들의 마음이 너무
나 아름다움이니,
11 너희들이 이제 나를 항상 생각하는 그
와 같은 삶의 지혜를 줄 것이며, 내가
너희들에게 이 깨달음을 내리고자 함
이니라.
12 너희들이 항상 음식을 차릴 때, 고향
에 있는 부모요, 늙은 부모를 생각하
는 자식이 되는 것처럼,
13 너희들은 나 여호와에게 음식이요, 재
물이요, 먹고 입는 것을 바치며 그 좋
고 아름다운 것을 볼 때 나를 생각하
는 것이 아니라,
14 너희들이 사람들과 대화할 때 아름다
운 말을 듣는 것, 아름다운 이야기를
듣는 것, '하늘에 있는 별과 같이 아름
답다' 생각하며 '하늘에 있는 별처럼
내가 너를 사랑한다'는 말을 들을 때,
너희들은 그와 같은 모든 것을 다 나
여호와를 대비하여 생각하도록 그리
하라.
15 너희들이 흘러나오는 모든 멜로디요,
어떠한 인간관계에서 아름답고 소중
한 것이요,
16 '네 모습이 달과 같으며, 네 모습이 해
와 같으며, 내가 너를 사랑하기를 별
과 같이 사랑한다'는 말을 듣고 그와
같이 남들이 이야기하는 것을 지나가
는 바람결에 들을 때마다, 그것을 너
희들이 나에게 대비하라.
17 너희들이 지나가는데 남녀가 이야기
하기를, 내가 너를 사랑하기를 하늘에
있는 별보다 더 사랑한다는 그 말을
듣거든,
18 너희들은 바로 그 자리에서 하늘에 있
는 별보다 나 여호와를 더 사랑하는
그 마음으로 돌리라.
19 그리고 모두를 나 여호와에게 대비해
서 생각하라.
20 이 세상에 내려오는 그 모든 단어요,
언어는 나의 진리요, 나의 뜻에 의해
서 세상에 내려온 것이니,
21 그리 너희들이 적용하여 나를 생각하
고 살면 너희들이 항상 나를 생각하며
나를 경배하고 나의 존재함을 알고 나
를 따르는 마음이 지금보다 천 배 만
배 더 굳어질 것이며, 아름답고 행복
한 것을 알 것이니라.
22 누가 너를 사랑한다 하거든, 그의 사
랑의 표현만큼 너희들은 바로 그 자리
에서 나 여호와를 사랑하는 마음으로
열배 백배로 승화시켜서 나를 그리며
하늘을 그리며 그리 생각하도록 하라.
23 그러면 너희 마음이 행복하고 기쁠 것
이며,
24 그러면 큰 사랑이 무엇인지 큰 사랑의
의미를 알며, 되돌려 그 사람을 생각
할 수 있는 마음이 네 마음에서 이루
어질 것이니라.
25 남이 너를 해처럼 사랑하며 달처럼 생
각하며 별처럼 생각하며 함박 웃는 꽃
이라 생각한다 하거든,
26 너희들은 그 말을 듣는 순간에 나 여

호와를 그리 생각하는 마음으로 되돌
려 생각한다면,
27 앞에 있는 그 말을 한 사람을 큰 사랑
으로써 감싸며 큰 사랑으로 볼 수 있
는 그 마음과 눈이 열릴 것이니, 너희
들은 그리 살아가도록 하라, 사랑하는
나의 아들아!
28 부모에게 맛있는 음식, 좋은 것을 전
하고자 하며, 먹을 때마다 생각하는
효성스러운 자식처럼,
29 나 여호와는 입고 먹는 것이 소중함이
아니라 세상에서 너희 마음이 변하는
것이 소중함이니,
30 풀벌레 소리를 듣고 너희 가슴이 뭉클
하거든 그 뭉클함을 나에게 전하며,
31 너희들이 시 한 수요, 아름다운 생각
이 떠오르거든, 그것을 인간을 생각하
거나 자연을 생각해서 하기 전에,
32 너희들이 인간과 자연을 생각해서 시
한 수를 기록하여 또 읊었다면, 그를
바로 뒤집어 나 여호와의 이름으로 바
꿔 한번 읊어 보라.
33 그러면 사람을 생각하며 자연을 생각
하며 꽃들을 생각하는 것보다 천 배
만 배 아름다움이 그 가슴속에서 싹틀
것이니,
34 그리하면 너희들이 나에게 오르는 그
진리요, 아름다움을 일찍 깨우칠 것이
니,
35 너희들에게 내리는 상이니라, 사랑하
는 나의 아들딸들아!

8,332 번째 하나님 말씀

2003년 11월 9일 0시 20분

1 사랑하는 나의 아들아!
2 "네, 아버님! 말씀하옵소서."
3 농사를 짓는 농부가 봄부터 가을까지
한 계절의 고생을 다하여 추수의 계절
에 그것을 거둬들이고자 함이니, 알곡
식은 없고 쭉정이만 있으며 곡식을 거
둘 수 없다면 그는 얼마나 참담하겠는
가?
4 나 여호와가 나의 사랑하는 백성 너희
들을 세상에 내보내는 그것은 무엇이
던가?
5 내가 새로운 생명으로써 세상에 내려
보내고 또 내려보내는 것은, 농부가
농사를 지어 알곡식을 거두듯이, 내가
인간 너희들을 거두고자 하는 것임을
너희들은 알아야 될 것이니라.
6 그러나 내가 너희들을 추수하고 거둬
들이고자 하나, 지금은 나의 피조물
만백성이 인간의 열매를 맺지 못하며,
나의 뜻과는 관계도 없는 그와 같은
삶을 살아가는 형국이니라.
7 지금 하늘에서 내려다보는 너희들은
과연 어떠하던가?
8 이제는 농사를 지은 농부가 그를 거둬
들이지 못하는 그와 같은 오늘의 현실
에서, 다음에 씨를 뿌릴 곡식이요, 감
자의 씨앗까지도 다 썩어져 있는 그와
같은 형국이 되어 있음이니라.
9 그러니 다 썩은 곡식이요, 다 썩은 감
자 속에서 무슨 새싹이 날 수 있으며,
봄에 씨를 뿌려 새로운 곡식의 열매를
거둘 수 있겠는가?

10 그와 같은 결과를 얻을 수 없는 것이
오늘의 종교 집단이요, 지도자요, 너
희들이 지금 처해 있는 형국이라면 과
연 믿겠느냐?
11 지금 나 여호와가 나의 백성을 세상에
내보내고 또 내보냄은 인간의 열매요,
인간의 결실을 거둬 나에게 오를 수
있는 그와 같은 백성을 얻고자 하는
것이 나 여호와의 뜻이었음이니라.
12 그러나 그와 같이 열매를 맺지 못하며
결실을 거두지 못하는 것이 오늘의 잘
못 가는 자들이요, 잘못 가르치는 종
교 지도자요, 그 선생이라는 자들이기
때문에 오늘의 이와 같은 결과가 되었
음이니,
13 너희들이 곡식을 거두는 제대로 된 농
사를 짓는 것이 아니요,
14 농사도 실패하며, 다음에 씨앗을 뿌리
고자 담겨 있는 그 씨앗의 감자 알까
지도, 또는 모든 알곡식까지 다 썩어
져 있어서, 너희들이 봄에 새싹을 틔
울 수 없는 그와 같은 형국이 되어 있
음이니라.
15 그러나 그 속에서 지금도 너희들은 새
싹이 날 것이라며 움켜쥐고, 봄이 되
어 심으면 새싹이 날 것이라 하여, 심
어서는 아니 된다는 그와 같은 말은
듣지 아니하고 또 씨를 뿌리고 그를
심음이니,
16 과연 썩은 그 씨앗에서 무슨 새싹이
트겠는가?
17 이것이 오늘의 너희들이 처해 있는 형
국이며, 믿음의 길을 가고 있는 백성
들이요, 구원을 받았다 말하는 나의
피조물 만백성 너희들이 처해 있는 오
늘의 현실이니,
18 모든 밀알까지 다 썩어져 있는 것이
너희들이라는 것을 알아야 될 것이니
그리 알라.

8,333 번째 하나님 말씀

2003년 11월 9일 0시 25분

1 사랑하는 나의 아들아!
2 "네, 아버님! 말씀하옵소서."
3 너희들이 범죄함으로 영원히 사는 삶
을 버리며, 영원히 사는 나의 나라에
오르는 그 모두를 잃게 되는 것임을
알아야 될 것이니라.
4 그러나 지금의 너희들을 깨우쳐 하늘
에 인도하는 그 지도자요, 선생이 너
희들의 육의 삶이요, 육이 범죄하는
것은 구원과 관계없다 그리 말함이니,
5 너희들은 모든 범죄를 짓는 것이며 죄
로 인하여 영원히 사는 나의 나라에
올 수 없으며 버린 자식이 된다는 것
을 믿어야 될 것이며,
6 그를 만백성에게 전해야 되며, 다시
깨우쳐 주어야 될 것이니 그리 알라.
7 너희들을 사망에서 구하고자 구약의
시대가 열렸으며, 그 구약의 모든 역
사 또한 죽음이요, 사망으로 가는 백
성들을 구하고자 하는 것이 나 여호와
의 뜻이었음이니라.
8 그러나 너희들은 사망의 길에서 벗어
나지 못하였으며, 그리하여 내가 너희
들을 구원하고자 다시 죽음의 길에서
벗어날 수 있는 그 은혜를 내렸음이니,
9 그게 바로 나의 아들 예수를 세상에
보낸 것이었음을 너희들은 알아야 될

것이니라.
10 나의 사랑하는 백성이 계속 죄를 짓고
살기에, 너희들이 살아가는 그와 같은
형국을 더 이상 내가 보지 못하기에,
11 내가 너희들에게 죄를 짓지 말며 아름
다운 모습으로 살라 하여 나의 아들
예수를 그리 보냈음이니,
12 나의 아들이 나를 믿고 경배하는 것처
럼 너희들이 그와 같이 경배하며 충성
스러운 그 믿음이요, 나의 아들 예수
처럼 행하는 삶을 살도록 하기 위해
내가 나의 아들에게 그와 같은 고충을
겪게 하지 않았던가?
13 여기서 너희들은 십자가요, 나의 아들
의 죽음만을 생각하지 말라.
14 나의 아들이 죽음 직전에도 변하지 않
는 그 편안한 얼굴의 형태요, 그리고
변하지 않는 눈동자의 자애로운 그 모
습을 너희들에게 보여 주어, 나 여호
와가 존재함을 알려 주고자 하였으며,
15 나의 계명을 지키고 살아가는 것이 너
희들이 나에게 오르는 길이라는 것을
보여 주고자 한 것이 나의 뜻이었음이
니라.
16 나의 아들 예수가 죽음의 고통 속에서
변하지 않는 온화한 얼굴의 모습, 그
리고 변하지 않고 자애로운 눈동자,
그 빛으로 하여금,
17 그가 죽어 가는 그 모습에서 자애롭고
부드러운 얼굴과 눈동자의 모습을 보
면서 나 여호와가 존재함을 너희들에
게 깨우쳐 주고자 하였으며,
18 나의 계명을 완성하기 위하여 나의 아
들이 왔으며, 너희들이 나의 계명대로
살아가 나에게 오를 수 있는 그 모두
를 너희들에게 가르치고자 그와 같은
일이 이루어졌음을 과연 생각하는 백
성들이 있으며 지도자가 있더냐?
19 그러나 너희들은 계속 범죄를 행하였
으며, 죄를 지으면서 죄가 죄인 줄을
모르고 너희가 어찌 살아가는지 모르
면서 인간의 삶을 살아가는 그것이 오
늘의 형국이요, 너희들이 오늘까지 겪
어 온 것이 아니던가?
20 너희들은 사랑을 말로써만 하며, 실천
의 행함이 없는 그와 같은 백성들이
되었음이니라.
21 이웃을 네 몸과 같이 사랑하며 형제와
서로 화합하라 하였으며,
22 반목하는 삶을 산다면 너희들이 나에
게 아무리 기도하고 경배를 드려도 화
목한 것만 못하다 하였음이니,
23 그와 같은 나의 가르침이요, 그 뜻을
너희들이 따르지 아니하며 행하지 않
고 살아 오늘의 이 험악한 세상이 되
었음이니라.
24 그리하여 내가 나의 아들 예수를 보내
어 너희들이 죄를 짓지 아니하고 범죄
치 않는 백성으로 만들고자 두 번째
그와 같은 기회를 주었으며 그 역사를
이룬 것을 너희들은 알아야 될 것이니
라.
25 너희들이 죄가 무엇이며, 죄가 얼마나
두렵고 무서운가를 모르고 살기에,
26 죄짓지 않는 백성이요, 죽음의 길에서
구원하고자 구약의 시대를 역사했으
며,
27 다시 한 번 내가 너희들을 죽음에서
구원하고자, 너희들을 거기에서 구제
하고자 두 번째 기회를 준 것이 나의

아들 예수가 세상에 온 것이며,
28 이제 마지막으로 나의 아들을 통하여
내리는 법전이 너희들에게 마지막 심
판의 기회요, 마지막으로 역사함이라
는 것을 알아야 될 것이니라.
29 성서에 기록한 내용을 읽어 보라.
30 나의 아들 예수는 중간에 역사하기 위
해 그가 세상에 나왔음을 알 수 있는
대목이 기록되어 있음을 너희들은 알
라.
31 나의 아들 예수가 무어라 말하였느냐?
32 중간의 역사이며, 그는 그것으로써 임
무가 끝났으며,
33 마지막 시대는 그 모든 역사를 이루는
자, 그가 원하고자 하는 그 뜻을 이루
는 자가 온다 하였음이니,
34 그게 바로 심판을 결정하는 나 여호와
요, 내가 나의 성령으로써 나를 대신
하여 모두를 다스리고 통제하는 시대
를 지금 열어 가며, 다시 한 번 너희들
에게 마지막 기회를 준 것이 제3의 시
대라는 것을 잊지 말라.

8,334 번째 하나님 말씀

2003년 11월 9일 0시 29분

1 사랑하는 나의 아들아!
2 "네, 아버님! 말씀하옵소서."
3 지금의 나의 피조물 만백성이 가는 길
이 무엇인 줄 알겠느냐?
4 너희들이 진정한 믿음이요, 그 몸체
요, 몸통을 보지 못하며, 작은 것에 매
여, 나무로 말하면 이파리요, 가지를
붙잡고 믿으며 하늘에 오르는 길이라
시시비비하며, 모든 시간을 낭비하고
있으며,
5 너희들이 거듭날 수 있는 육의 삶의
소중한 시간을 허비하고 있는 것이 오
늘의 믿음의 길을 가는 그 백성들이니,
6 그들이야말로 얼마나 가련하고 불쌍
한 백성들이더냐?
7 시간은 무엇이라 말하였느냐?
8 시간은 황금이라 말하기 전에, 너희들
이 거듭나는 삶을 얻고 못 얻는, 황금
보다도 더 귀하고 소중한 것이 오늘의
육의 삶이요, 너희들이 하루하루 소비
하고 있는 그 생명줄의 시간이라는 것
을 알아야 될 것이니라.
9 너희들은 몸통이요, 몸체의 믿음 그
자체를 보지 못하며, 성령으로써 임하
는 큰 틀을 위해 믿음의 길을 가는 것
이 아니라,
10 작은 것들에 모두 매달리고 모든 것을
소비하고 경쟁하며 시시비비하는 그
와 같은 어리석은 백성으로서 살아가
고 있음이니라.
11 이제 사랑하는 나의 아들을 따르는 제
자요, 나의 법전을 읽고 깨우친 만백
성, 너희들은 알아야 될 것이니라.
12 구원이요, 나로부터 버림을 받는 그
두 가지의 큰 틀 속에서 너희들이 어
떠한 길을 선택할 것인가, 그와 같은
깨우침을 위하여 바른 믿음으로 가며,
13 나의 성령으로써 너희들에게 임하는
그와 같은 역사의 길을 가도록 해야
될 것이니 그리 알라.
14 구원과 죽음이라는 그 둘 속에서 어떠
한 길을 선택할 것인가?
15 정녕 너희들이 나의 성경을 가지고도
그 길을 모르며 그를 깨우치지 못하기

에, 내가 나의 법전을 세상에 내려보
냄이니,
16 너희들은 나의 법전을 읽고 깨우쳐,
성서의 비유의 뜻이요, 내가 역사하고
자 하는 것을 깨우쳐야 될 것이니라.
17 믿음이라는 것이 무엇이던가?
18 너희들은 너희 얼굴에 칼을 들고 면도
를 하는 면도사에게 너 자신을 편안하
게 맡기는 그것만도 못한 마음으로 나
를 편안하게 믿고 경배하지도 못하는
것이라 내가 비유를 들어 그리 말함이
니라.
19 그러니 너희들이 얼마나 형식적이며
얼마나 나를 믿지 못하며,
20 나를 경배하는 마음이 너희들의 환경
과 기분이요, 주변의 여건에 따라서
뿌리도 없이 근거도 없이 흔들리는 그
와 같은 것이 오늘의 믿음이니라.
21 칼을 들고 네 얼굴을 다스리는 면도사
에게 네 얼굴을 편안히 맡기는 것만큼
도 편안한 마음을 못 갖는 것이 너희
들이 나를 믿고 경배하는 그와 같은
믿음이니라.
22 그러니 너희들이 버림을 받고 구원을
받는 큰 틀을 생각하고 역사할 수 있
는 원천적인 그 본체에는 접근도 하지
못하며,
23 작고 작은 것을 가지고 그저 지금 시
시비비하고, 모두를 낭비하고 사는 자
들이니라.
24 이제 너희들은 깨우쳐야 될 것이니라.
25 내가 너희들을 구원하기 위하여 160
권의 새로운 법전이요, 새로운 성경을
내려보냄이니,
26 이를 읽고 깨우치는 자, 구원의 길이
라는 큰 틀의 역사함을 알며 그 길을
보게 될 것이며,
27 이를 보지 않는 자, 정녕 너희들은 나
와는 관계없는 백성이 된다는 것을 명
심하고 또 명심하라.
28 얼마나 중하고 귀하면 내가 나의 법전
속에 이 말을 전하고 또 전해 너희들
에게 길을 열어 주고자 하는 것인가를
알아야 될 것이니라.

8,335 번째 하나님 말씀

2003년 11월 9일 0시 35분

1 사랑하는 나의 아들아!
2 "네, 아버님! 말씀하옵소서."
3 지금의 믿음의 길을 가는 그 모든 백
성들이 나 여호와의 계명에 따라 살아
가며 나의 뜻에 순종하는 믿음으로 가
는 것이 아니라, 그 모두를 거역하는
믿음으로 가고 있음이니, 그 믿음이
바로 무엇이더냐?
4 참진리요, 나의 성령이요, 나의 뜻대
로 가지 않는 백성의 믿음이라는 것은
곧 기복 신앙의 믿음이요, 너희들이
말하는 우상을 숭배하는 것이요, 미신
이라는 믿음과 무엇이 다르더냐?
5 오로지 참진리요, 하늘에 오르는 그
길은 한 길이니라.
6 그와 같은 길을 거역하는 자, 순종치
아니하는 자는 바로 나의 뜻을 거역함
이니,
7 너희들이 다 기복 신앙이요, 제 이해
관계를 위하여 신앙생활을 하며 믿음
의 길을 가는 백성임을 알아야 될 것
이니라.

8 나 여호와는 너희들에게 무어라 말하
였느냐?
9 이 세상에 내가 나의 아들을 통하여
내린 것은 하나의 종파요, 하나의 믿
음의 길이거늘,
10 너희들은 지금 수천수만 가지로 갈라
져 있으며, 오로지 그것이 나에게 오
르는 믿음이라며 역사하고 있음이니
라.
11 내가 너희들에게 묻고자 함이니라.
12 너희들이 2천 년 전에 나의 아들로부
터 듣고 배운 거기서부터 단추를 잘못
끼워 지금까지 잘못된 믿음의 역사가
흘러온 것이라 해도 내가 오늘의 너희
들의 그 사악한 행위를 이해할 수 있
을 것이니라.
13 그러나 너희들은 2천 년 전부터 흘러
온 그 믿음의 뿌리도 아님이니라.
14 그 뿌리 속에서 너희들이 변화되고 변
화되는 그와 같은 삶을 살았다 해도,
그 긴 세월 동안에 바로 살고 바로 깨
우치고자 노력한 백성들의 그 노고를
생각해서라도 내가 오늘 나의 법전을
세상에 내려보내어 너희들을 엄히 다
스리는 심판의 시대는 열지 아니하였
을 것이니라.
15 너희들은 몇십 년도 안 되는 너희들이
만든 신앙의 믿음을 가지고 구원을 받
았다며 하늘에 오른다 지금 아우성치
고 있는 자들이니, 내가 너희들에게
불쌍한 자들이라 그리 말함이니라.
16 너희들이 나의 교회라 하여 나의 성전
이라 하여 초창기에 이룬 것은 그래도
나눔이 있고 사랑이 있으며 인정이 있
었음이니라.
17 그러나 내가 무어라 말하였느냐?
18 너희들이 50년도 되지 않은 그 세월
속에서 오늘의 수많은 헌금을 거둬들
이며 십일조를 강조하며, 궁궐 같은
것을 짓기 위해 그 속에서만 구원을
받는다 하며,
19 그것이 나 여호와의 교회요, 나의 성
전이라 하여, 거기에 와서 울고불고하
는 자, 재물을 바치는 자만이 구원을
받는다는 것이니, 그것이 얼마나 짧은
세월 속에 이루어졌느냐?
20 지금 살아 있는 자, 너희들서부터 너
희들의 손으로 지은 교회요, 너희들의
재물로써 지은 교회요, 그와 같은 역
사가 흘렀음이니,
21 너희들이 오늘의 믿음이라 하여 가고
있는 것을 내가 말하는 것이 바로 무
엇인 줄 알겠느냐?
22 50년도 안 되는 너희들 인간의 그 얄
팍한 계산이요, 그 수법이요, 너희들
의 그 사악한 방법이요,
23 이제는 사탄의 자세로 굳고 굳어져 돌
이킬 수도 없는 그와 같은 형국인 그
것을 가지고 하늘에 오르는 길이라 하
며,
24 그리고 나의 아들 예수가 2천 년 전에
너에게 명했던 것을 지금 바로 역사하
며 그대로 지키고 가기에 너희들은 구
원을 받는 백성이요, 나에게 선택된
백성이요, 특권이요, 특혜를 가지고
있는 백성들이라 그리 말하느니라.
25 너희들은 나의 아들 예수의 시대를 입
에 담지도 말며, 감히 신약성서를 가
지고 너희들이 아는 체하며 강론하고
설교하지도 말라.

26 너희들은 그저 너희 공책에 기록하여,
너희들의 머릿속에 알고 있는 인간 세
상에 사는 것, 50년도 안 된 너희들의
얄팍한 그 지식과 상식이요,
27 오로지 재물을 거둬들이고 나의 피조
물 만백성들을 종이요, 노예처럼 부려
먹는 그와 같은 제왕적인 행위를 하는
그것으로써 그저 흘러가다 그 대가를
치르는 그와 같은 삶을 사는 것이니,
28 너희들은 모두 일찍이 포기하는 것이
행복함인 줄 알라.
29 너희들이 구원을 받았다 몸부림치고
아우성치며 지옥의 문 앞에 가 몸부림
치는 그 형국은 차마 나 여호와가 볼
수 없는 형국임을 알라.

8,336 번째 하나님 말씀

2003년 11월 9일 0시 40분

1 사랑하는 나의 아들아!
2 "네, 아버님! 말씀하옵소서."
3 사랑하는 나의 백성들에게 나 여호와
가 무엇 때문에 160권의 법전을 세상
에 내려보내며 오늘의 이 어렵고 힘든
길을 가는가?
4 이는 바로 무엇이라 너는 생각하느냐?
5 "네, 아버님!
6 이 모두는 아버님의 아들딸이요, 아버
님께서 사랑하는 그 백성들이 진정한
참진리의 길이요, 아버님의 뜻대로 살
아가는 삶이요,
7 아버님이 세상에 내보낸 천사와 같은
마음이요, 그 형태로 되돌릴 수 있는
그 길을 가게 하기 위하여, 그와 같은
영광을 얻게 하기 위하여 아버님께서
오늘의 이 어렵고 힘든 길을 가고 있
는 것을, 저는 그리 깨닫고 그리 알고
있사옵나이다."
8 그러하니라.
9 모두를 다 원상태로 원위치로 돌려놓
고자 하는 것이 나 여호와의 뜻이니라.
10 너희들의 영적 기반이 교회가 아닌 것
이니라.
11 너희들은 지금 손으로 지은 건축물 안
에 그곳에서만이 영적 기반이 이루어
지는 것이라 하며, 교회 속에서만 성
령이 임하는 것이라 그리 말하나,
12 너희들이 그와 같은 형국으로 흘러왔
고 흘러가기에 원상태로 되돌아갈 수
없으며 돌려놓을 수 없는 백성이 되어
있음이니라.
13 너희들이 원상태로 돌아올 수 있는 삶
은 성령의 기반이 사람으로부터 시작
되며, 사람으로부터 모든 게 다 이루
어지는 것이니라.
14 나 여호와의 성령이요, 내 뜻이 이루
어지는 그 기반은 너희들의 손으로 지
은 교회에 사람을 모아 놓고 강론하고
울고불고하는 그와 같은 형국에서가
아니라,
15 나의 사랑하는 인간, 나의 아들딸 한
사람 한 사람의 가슴속에서부터 모두
역사하고 이루어진다는 것을 너희들
은 깨우쳐 주어야만 될 것이니 그리
알라.
16 너희들은 사랑하는 나의 백성들에게
가르쳐야 될 것이니라.
17 너희들이 나에게 오는 역사를 하는
것, 그리고 내가 원모습이요, 원상태
로 너희들을 되돌려 놓고자 하는 것은,

18 지금 너희들의 이와 같은 믿음의 형국
으로써는 절대 되돌아올 수 없으며 돌
려놓을 수 없는 사악한 형태가 이루어
졌으니,
19 오로지 죄의 온상인 웅대한 건물을 짓
고 그 속에서 설교하며 강론하며, 나
여호와의 뜻이라 하여 성서를 가지고
울고불고하는 그와 같은 자들은 과연
무엇이던가?
20 너희들은 진정한 깨달음이요, 진리를
역사하는 것이 아니라,
21 웅장한 교회를 짓기 위하여 병들어 있
는 자들이니, 그 병들어 있는 자들을
무엇으로 수술하여 깨우칠 수 있겠는
가?
22 오로지 큰 건물이요, 웅대한 것을 지
음으로 남에게 과시하며, 그곳에 오는
자만이 구원을 받으며, 그곳에서 검은
성경책을 들고 울고불고 광란의 짓을
하는 자는 구원을 받는다 하니, 그들
은 중병에 걸린 자들이니라.
23 바로 그들을 수술하는 것은 나의 법전
이요,
24 너희들을 수술할 수 있는 그 모두는
다 나의 법전이 세상에 전해지는 그와
같은 역사가 아니면 그들을 수술할 수
없는 것이라는 것을 알라.
25 나의 법전이 세상에 내려가 그들을 수
술하여 병에서 구원하지 아니하면 그
들은 절대 원상태로 원모습으로써 내
가 너희들에게 내려보냈던 천사의 마
음 자세로 절대 돌아올 수 없으니,
26 돌아오지 못하는 자는 나에게 올 수
없다는 그것을 너희들은 알아야 될 것
이니라.
27 너희들의 교회요, 종교 집단이요, 그
리고 모든 지도자요, 너희들은 그것이
지금 얼마나 무가치한 짓을 하고 있는
것인가를 모르고 있음이니라.
28 흉물스러운 교회를 짓기 위한 것이 얼
마나 부질없는 것이며 무가치한 것인
가?
29 그 속에서 구원을 받고 역사한다는
것, 그리고 그곳에 오는 자만이 나에
게 오를 수 있다는 그와 같은 환상을
깨고 거듭나지 아니하면 나의 뜻을 결
코 알 수 없으며 나를 볼 수 없다는 것
을 그리 전하라, 사랑하는 나의 아들
딸들아!

8,337 번째 하나님 말씀

2003년 11월 9일 0시 42분

1 사랑하는 나의 아들아!
2 "네, 아버님! 말씀하옵소서."
3 꽃이란 생화만이 그 아름다운 향기를
전할 수 있으며, 또한 그들은 씨앗을
뿌려 다시 또 태어나는 그와 같은 모
습으로 가지 않더냐?
4 정녕 아름다운 꽃이란 무엇이더냐?
5 그 꽃이 피고 또 지며 거기서 향기를
발하는 그와 같은 꽃이니라.
6 그러니 오늘의 종교 집단이요, 지도자
들은 생화의 그 아름다운 꽃을 저희들
이 피우고 관리하기가 너무나 힘들고
어려운 것이라 생각하는 자들이니라.
7 그리하여 그들은 어렵고 힘든 속에서
아름답게 피는 그 꽃을 피우고자 하는
것이 아니요,
8 보관하기 쉬우며 만들기 쉬우며 관리

하기도 쉬운 조화를 가지고 생화인 것
처럼 둔갑하여 그것을 생화라 소리 지
르는 것이 종교 집단이요, 지도자들이
하는 행위라는 것을 너희들은 과연 아
느냐?
9 그와 같이 내가 비유하여 너희들에게
전하는 이 뜻이 나 여호와의 마음이
얼마나 아프고 고통스러운 것인가를
너희들은 알겠는가?
10 내가 천 가지 만 가지 하늘의 뜻을 다
비유를 들고 예를 들어 너희들을 가르
치는 오늘의 이 역사를 이룸이니,
11 모든 종교 집단이요, 지도자, 그와 같
은 백성들이 바로 무엇인지 알겠느냐?
12 씨를 뿌려 가꾸고 관리하여 아름답게
피는 꽃은 정성을 들여야 되며, 수고
로움이 있으며 노력의 대가가 있음이
니,
13 힘들고 어렵게 그 꽃을 가꾸어 정녕
향기롭고 아름다운 꽃으로서 모든 미
물들의 생명이 될 수 있는 그와 같은
생화를 가꾸기가 어렵고 고통스럽기
에 너희들은 그를 다 버린 자들이니라.
14 그리하여 너희들이 인간의 생각으로
써 만든 꽃이요, 인간이 만든 그 조화
요, 향기도 없는 꽃이요,
15 살아 있는 것도 아니요, 생명이 없으
며, 다시 봄에 피어나 새로운 꽃을 피
우는 꽃도 아니요, 벌과 나비들이 즐
겨 찾아오지도 아니하는 그와 같은 꽃
을 만들어 놓고,
16 그것을 생화요, 아름다운 꽃이요, 자
연의 꽃이라 말하는 것이 오늘의 종교
집단 지도자 너희들이 가고 있는 길이
라는 것을 알라.
17 너희들이 가는 길이 곧 죽음의 길이
요, 죽어 있는 자의 삶이라는 것을 절
대 잊어서는 아니 될 것이니라.

8,338 번째 하나님 말씀

2003년 11월 9일 0시 49분

1 사랑하는 나의 아들아!
2 "네, 아버님! 말씀하옵소서."
3 너희들과 나 여호와의 차이가 무엇이
라 내가 너에게 말하였더냐?
4 "네, 아버님!
5 아버님은 진리요, 모두의 정답이요,
그리고 사랑이요, 베푸는 것이 완벽하
게 모두를 다 역사하시는 아버님이요,
6 저희는 십 분의 일이요, 백 분의 일도
역사하지 못하며 그를 행하지 못하는
것이 저희들이라 그리 저는 알고 있으
며 그리 말씀을 주셨사옵나이다."
7 그리하여 너희들이 완벽하게 그를 채
우기 위하여 노력하고 변화되는 삶을
사는 것이 너희들의 자세라 그리하지
아니하였더냐?
8 사랑하는 나의 아들아, 지금의 종교
집단이요, 지도자들이 나의 피조물 만
백성에게 재물을 거둬들이며,
9 저희 손으로 지은 그 교회요, 그곳에
와 기도하고 경배하는 자, 천국의 문
에 들어설 수 있으며 영원히 사는 거
듭나는 그와 같은 은혜를 얻어 내 나
라 내 품에 와 살아가는 그와 같은 은
혜를 받은 자라 말하는 그 백성, 그들
에게 내가 무어라 말하였느냐?
10 저희들이 천국의 문을 열 수 있으며
특혜 받은 백성이라 하며 나로부터 선

택된 백성이라 그리 말하니, 감히 그
와 같은 말을 하지 말라 내가 함이니
라.
11 너희들이 하늘에 오르는 그 역사의 길
은 무엇이던가?
12 너희들이 이 세상에 존재하는 미물이
요, 자연이요, 내가 역사한 것도 가짓
수도 제대로 모르며 그 이름도 모르며
그 성능 하나도 제대로 알지 못하는
너희들이거늘,
13 어찌하여 하늘의 뜻을 알며 내가 역사
함을 알며, 그리하여 너희들의 지금의
믿음으로써 천국의 문을 들어설 수 있
으며, 너희들은 구원을 받은 백성이라
그리 함부로 말하는가?
14 그와 같은 말을 하지 말라 그리 전하
라.
15 너희들이 지금 가르치고 있는 것은 몇
천 년 동안에 흘러오는 속에서 나의
아들을 통하여 그 제자들이 또 그 제
자들이 기록한 성서를 가지고 너희들
이 하늘에 오르는 길이요, 역사하는
길이라 하나,
16 하늘에서 내리는 진리는 끝이 없으며
한이 없다는 나 여호와의 진리요, 그
뜻이 세상에 내려가는 그 역사 속에
과연 너희들이 내 160권 속에 기록된
나 여호와의 뜻이라도 과연 얼마나 알
며 그것을 얼마나 깨닫고 있는가?
17 그것도 제대로 깨닫지 못하며 알지 못
하는 백성들이,
18 이 자연에 돌아가는 그 모두요, 내가
역사한 것도 제대로 아는 것이 하나도
없는 것이 너희들이라 하였거늘, 어찌
하여 너희들이 그리 오만하고 방자한
행위를 하는가?
19 그와 같이 하는 자, 그 죄가 얼마나 두
려운지 모르고, 저 자신만 지옥으로
가는 것이 아니라 사랑하는 나의 피조
물 만백성까지도 지옥으로 이끌고 가
는 그 사악한 행위는 내가 용서할 수
없다 하였음이니라.
20 이제 너를 따르는 제자들이요, 나의
법전을 읽고 깨우친 만백성, 너희들은
들으라.
21 너희들은 나 여호와가 역사하고자 하
는 것, 내가 베푸는 사랑이요, 내가 용
서하는 것이요, 나눔의 내 뜻을 백 분
의 일도 따라오지 못하며 역사하지 못
하는 그와 같은 백성임을 알아야 될
것이며,
22 그리고 이 세상에 존재하는 모든 미물
이요, 자연의 역사함이요, 그들의 삶
이요, 습성이요, 성능이요, 그들이 가
지고 있는 그와 같은 것도 모두 알지
못하는 너희들이니,
23 너희들이 자연의 모든 생태계에 비추
어 보면 너 자신이 얼마나 초라하고
겸손하고 겸허한 마음으로써 살아가
야 되는 백성인가를 알게 될 것이니,
24 자연 속에서 너희들이 깨달음을 얻으
며 자연 속에서 너희들 자신을 돌아다
보는 그와 같은 현명한 삶을 살아가도
록, 너의 제자와 나의 법전을 읽는 만
백성 너희들은 그리해야 될 것이니라.
25 그리하면 너희들이 자연히 고개가 숙
여질 것이며, 너희들이 어떠한 존재라
는 것을 알 것이며, 너희들이 이 세상
에서 얼마나 미미한 백성이요, 미미한
존재인가를 알 것이니라.

26 그를 안다면, 너희들이 나의 피조물
만백성을 하늘에 오르는 길이요, 천국
에 오르는 길로 인도하는 선택된 목자
요, 지도자라 그리 말하지 말라.
27 너희들이 정녕 나로부터 선택된 백성
이요, 나의 목자라면, 선택된 목자요,
만백성을 인도하여 하늘로 오르는 안
내자라는 말을 할 수 있는 백성은,
28 이 세상에 자연의 미물이요, 내가 역
사하여 돌아가는 그 방대함과 위대함
을 알기 전에,
29 나의 법전이요, 글로 써 내린 160권의
간단하고 작은 이 뜻을 다 아는 자요,
이 진리를 아는 자여야 할 것이니라.
30 내가 글로 써 나의 아들을 통하여 내
리는, 너희 생활 속에서 역사하는 나
의 뜻이요, 160권 속에 들어 있는 그
진리도 알지 못한다면, 너희들은 나로
부터 선택된 지도자가 아니요, 나로부
터 명받은 자가 아니라는 것을 알라.
31 이제 사랑하는 나의 백성, 너희들은
알아야 될 것이니라.
32 160권에 기록되어 있는 그 내용대로
가르치지 아니하는 자, 그 내용을 모
르는 자는 진정한 나로부터 선택된 자
가 아니요, 만백성을 구하는 그와 같
은 지도자가 아님을 알라.
33 이제 나의 법전을 읽고 깨우친 백성이
요, 거듭난 그 백성들이야말로 160권
속에 있는 그 뜻이요, 의미를 알며 나
여호와의 뜻을 아는 백성들이니,
34 그들이 바로 너희들을 인도하는 지도
자요, 너희들을 거듭나게 할 수 있는
그 안내자라는 것을 알아야 될 것이니
그리 알라.

8,339 번째 하나님 말씀

2003년 11월 9일 06시 57분

1 사랑하는 나의 아들아!
2 "네, 아버님! 말씀하옵소서."
3 나 여호와의 이름에 망령된 행위를 하
지 말고 살라는 명이 있음이니라.
4 그것이 무엇인 줄 너희들은 알겠는가?
5 너희들이 살아가면서 한 점의 부끄럽
이 없는 삶을 살아야 되는 것이며,
6 한 점의 부끄럼이 있는 행위를 하는
것, 그 자체가 나 여호와의 이름을 욕
되게 하는 삶이라는 것을 알고 있는가?
7 너희들은 여기서 하나를 더 깨닫고 가
야 될 것이니 그리 알라.
8 너희들이 이 세상에 살아가면서 순리
대로 살지 아니하는 것, 자연의 순리
에 거역하고 사는 것, 그 모두가 나 여
호와의 뜻을 거역하는 것이며 내 이름
을 욕되게 하고 살아가는 삶이라는 것
을 알아야 될 것이니라.
9 이 세상의 모두는 다 어떠한 이치로
사는가?
10 서로 돕고 도와 가며 사는 것이 자연
의 순리이니라.
11 꽃을 따라 나는 벌과 나비 또한 어찌
하는가?
12 꽃에서 취하는 만큼 그들의 번식을 위
해 그들에게 나누어 줌이 있음이니라.
13 나무에 붙어서 사는 진드기요, 너희들
이 볼 수 없는 미물 같은 것도 다 제가
취하는 것만큼 돌려주는 그와 같은 삶
을 사는 것이 이 세상 모두의 삶의 형
태이니라.
14 그러니 그것이 바로 무엇이더냐?

15 그들은 내가 명한 것, 내가 준 그 한계
를 넘지 아니하고 살아가는 것이니,
16 그들이야말로 너희들보다 더 순종하
며 제자리를 지키고 사는 것이 아니던
가?
17 그 미물이요, 동식물이 보잘것없는 것
이라 하며, 너희들이 제왕이라 그들을
다스리고 살아가라 너희들에게 그리
명하였으나,
18 그들만큼도 나의 뜻을 순종하지 아니
하며 지키지 아니하고 사는 것이 너희
들이니라.
19 이 세상의 모든 자연 속에서 살아가는
순리를 거역하며, 그 모든 것을 파괴
하고 사는 것이 내가 가장 아름답게
만들고 높은 지혜를 준 백성, 너희들
임을 알아야 될 것이니라.
20 너희들은 이 세상에서 모든 독가스를
유발시키며, 또한 너희 입에서 나오는
사악한 말 또한 독가스로써 이 세상을
얼마나 덮어 가고 있는지 아는가?
21 이 자연의 아름다운 속에서 자연의 순
리를 가장 잘 지키고 통제하라는 나의
백성 너희들이 가장 그를 거역하며,
그를 욕되게 하며, 그 모두를 파괴하
는 행위로 살고 있음이니,
22 나의 백성 너희들이 가장 나 여호와의
뜻을 거역하는 자들임을 알아야 될 것
이니라.
23 내가 나 여호와의 이름을 망령되지 않
게 살라 하였음이니,
24 너희들이 내려 준 자연의 순리를 따라
사는 것이 나를 욕되게 하지 아니하는
것이거늘,
25 자연의 모두를 거역하는 것, 순리를
거역하고 사는 것, 그것 또한 너희들
이 다 나 여호와의 뜻을 거역함임을
알라.
26 말로써 하는 것뿐만 아니라, 너희들의
삶이요, 그 행동 자체가 나 여호와의
뜻을 거역하고 자연의 순리를 거역하
는 그와 같은 삶을 사는 것이 다 나의
이름을 욕되게 하는 백성들임을 알아
야 될 것이니라.
27 이 세상에 미물서부터 모두가 다 나로
부터 생명을 받아 나간 자들이니,
28 그들은 내가 내려 준 그 순리요, 질서
를 파괴하지 아니하기 때문에 이 지상
이 존재한다는 걸 너희들은 알아야 될
것이니라.
29 그 모든 동식물이 나의 뜻을 거역하며
순종하지 아니하고, 너희들처럼 파괴
하고 무너트리며 독가스를 세상에 유
발하는 그와 같은 생활을 한다면, 과
연 이 지상이 존재하겠는가?
30 그러니 너희들은 그들만도 못한 자들
로 지금 전락되어 있으며,
31 그들이 순리대로 살아가는 모습에 감
사하는 마음을 가지고 살아야 할 것이
너희들임을 알아야 될 것이니라.
32 이 지상은 나의 일부라 하였거늘, 지
금 나의 뜻을 따라 높은 지혜를 가지
고 있는 백성들, 모두의 머리가 되어
모두를 통제하라 하여 내가 지혜와 생
각할 수 있는 것이요, 협동하고 그 모
두를 베풀고 살아갈 수 있게 한 너희
들이 과연 내 뜻에 얼마나 부응하고
사는가?
33 이것을 너희들이 이제 생각할 때가 되
었음을 알라.

34 나를 따르는 모든 백성들이요, 그리고
나의 아들을 따르는 제자들이요, 나의
법전을 읽고 깨우친 백성, 너희들은
이 자연의 웅대함이요, 이 세상에 내
가 내려 준 것을 순리대로 사용하지
아니하는 것,
35 그것이 너희들이 나에게 죄를 짓는 것
이며, 나의 이름을 욕되게 하는 행위
로 사는 것이라는 걸 알아야 될 것이
니 그리 알라.
36 그러니 이 자연 세계의 형태요, 돌아
가는 그 모두를 관리하고 보존하며 사
는 것이 너희들이 나의 은혜에 감사하
는 것이거늘,
37 지금 모든 백성들이요, 구원을 받았다
하는 백성들, 믿음의 길을 가는 백성
들이 과연 무엇을 생각하느냐?
38 오로지 저희들의 작은 한 가지만을 생
각하느니라.
39 더 큰 교회를 짓고 아름다운 교회를
지으며, 나의 백성으로부터 재물을 갈
취하는 것, 그것 하나에만 연연하여
살아가니,
40 다 부질없는 것에 얽매어 살아가는 그
백성들 때문에 이 자연은 무너졌으며
모두가 훼손되었음을 너희들은 알라.
41 너희들이 나 여호와의 백성이요, 내
뜻을 알고자 하며 내가 역사하고자 하
는 걸 알고자 하며 나에게 감사하는
백성으로 산다는 믿음의 길을 가는 백
성들이 이 세상의 질서를 지키는 데
선봉장이 돼야 될 것이며,
42 자연을 무너트리고 파괴하는 것을 막
는 일을 나의 백성으로부터 재물을 거
둬들이는 그 사악한 행위보다도 먼저
했어야 될 것이며,
43 열과 성의를 다해서 지키도록 하는 그
와 같은 아름다운 마음의 자세가 너희
가슴에 있었어야 될 것이니라.
44 이는 '창조주 하나님이 만백성을 위하
여 역사한 이 지상이 존재할 수 있도
록 이를 아름답게 잘 보존하며 지키고
나가는 것이 이를 내린 이의 은혜의
감사함에 우리가 보답을 하는 것이며,
45 하나님의 아들딸로서 아버지가 만든
이 자연의 아름다운 성전이요, 이 위
대한 것을 함부로 파괴하여 영원히 볼
수 없으며 존재할 수 없게 하는 것은
우리가 아버님의 아들딸로서 지키고
갈 길이 아니라'는 그와 같은 생각을
하고,
46 너희들이 오늘의 이 지상을 지키고자,
돈을 거둬들이고 재물을 거둬들이는
것의 그 만 분의 일이라도 생각하고
살아가는 나의 아들딸이었더라면 오
늘의 이와 같이 험악한 꼴은 되지 아
니하였을 것이니라.
47 이와 같은 것을 보더라도 너희들이 과
연 나를 경배하며 나 여호와를 경외하
는 나 여호와의 백성이며, 나의 뜻에
의해 살아가는 백성이며, 나의 은혜에
범사에 감사하고 사는 백성들인가?
48 이 방대한 자연 속에 그 많은 그 틀 속
에서 그것 하나도 깨닫지 못하는 너희
들이 과연 나의 아들딸이라 말할 수
있겠는가?
49 지금 내가 나의 아들을 통하여 법전에
기록하여 내림이니,
50 그를 따르는 제자들이요, 나의 만백
성, 법전을 읽은 자들은 이 위대함을

알 것이며 깨닫게 됨이니,
51 과연 누가 더 하늘의 뜻에 의하여 사
는 자요, 나의 뜻에 의하여 사는 것이
며, 하늘의 이치를 알고 살아가는 백
성이란 말이더냐?
52 이와 같은 의미를 알아야 될 것이니라.

8,340 번째 하나님 말씀

2003년 11월 9일 07시 07분

1 사랑하는 나의 아들아!
2 "네, 아버님! 말씀하옵소서."
3 너희들의 욕심이요, 과욕이 화를 불러
스스로 자멸하는 것이 인간 세상에 살
아가는 것이라 하지 아니하였더냐?
4 너희들이 보잘 것 없는 것을 무너트리
기 위하여 더 큰 것이 무너지는 예가
있으며, 많이 가진 자가 적은 것을 빼
앗고자 하다 저 자신의 것마저도 다
잃는 것이 인간 세상에 살아가는 너희
들의 삶의 형태가 아니더냐?
5 지금 나의 법전이요, 진정한 나의 성
령을 모두 태워 세상에 내려보내는 새
로운 성경이요, 나의 법전이 세상에
나감이니,
6 오늘의 종교 집단이 물질적인 힘과 그
머릿수요, 그와 같은 것을 비교할 때,
지금 나의 법전이 세상에 내려가는 것
은 아무것도 아니요, 그저 어린아이
꿀밤 한 번 주면 아이를 울릴 수 있는
것으로 그와 같은 생각을 가지고 있을
것이니,
7 그들이 그와 같은 행위를 할 때까지
너희들은 기다리고 기다려야 됨을 알
라.
8 저희들 스스로 파멸의 길을 자초하는
그때까지 기다려야 됨을 알아야 될 것
이니라.
9 이는 나의 법전을 세상에 전하여 만백
성을 깨우치는 것도 방법 중의 하나이
나,
10 스스로 내부에서 썩어져 가는 자들이
그 썩음을 들여다보며 서로 반목하는
그와 같은 역사를 이룰 때, 그리고 나
의 법전을 핍박하고 공격하기 위해 수
단과 방법을 가리지 아니할 때,
11 그때 그것을 보고 깨닫는 자들이 있을
것이며 그를 들여다보는 자들이 있을
것이니라.
12 그러니 너희들이 핍박과 고통을 받는
것은 당연함을 알아야 될 것이니라.
13 그들이 핍박과 고통 속에서 과욕이요,
욕심을 부리기 시작할 때, 스스로 무
너짐을 자초하는 것이며, 자중지란이
일어나게 될 것이니라.
14 이것이 나의 법전이 세상을 덮는 그
역사의 기틀이니라.
15 너희들이 그 모두를 지고 이고 세상에
전하며 하얀 눈처럼 덮기는 너무나도
힘들고 어려운 길이니라.
16 너희들을 무너트리고자 공격하는 자,
너희들을 욕하는 자들이 너나 할 것
없이 스스로 나의 백성이 되어 나의
법전을 들고 지고 전하는 그와 같은
역사가 될 것이며,
17 그와 같은 것으로써 이 세상을 덮어
가는 것이 나 여호와의 일차적인 가장
큰 계획이요, 내가 이루고자 하는 뜻
이라는 것을 너희들은 알라.
18 그러니 그들이 공격하고 핍박할 때까

지 기다리리라.
19 그리하여 그들이 모두를 전할 것이며
그들이 다 역사할 것이니,
20 내가 그들을 이용하고 쓰고자 함이니
그리 알라, 사랑하는 나의 아들아!
21 내가 무어라 말하였느냐?
22 사탄이라는 것은 제가 나의 흉내를 낸
다고 하나, 그는 정녕 나 여호와의 역
사를 이룰 수 없으며,
23 너희들이 천국에 오르는 길이요, 죽고
사는 그 모든 역사를 이룰 수 없는 것
이 그들이니, 너희들은 그를 알아야
될 것이니라.
24 사탄과 사악한 자를 나의 백성 너희들
이 동등하게 싸워서 이길 수 있는 모
든 능력을 가지고 있는 것이 나의 백
성이거늘,
25 너희들이 용기와 자신이 없기에 그들
의 노예가 되고 그들의 종이 되어 지
금 흘러가는 그와 같은 형국이라 내가
그리하지 아니하였던가?
26 나의 법전을 읽고 깨우쳐 용기를 갖는
백성, 그리고 그 속에서 너희 자신을
지켜야 되겠다는 것, 그리고 나의 법
전을 만백성에게 전하겠다는 것, 제
목숨과도 바꿔서 이를 역사하겠다는
생각을 가지고 있는 백성들이 또한 서
서히 뿌리를 내리기 시작할 것이며,
27 또한 그 속에서 저희들끼리 역사하고
지나온 과거를 놓고 저희들이 서로 시
시비비하고 갑론을박하는 그 속에서
무너지고 쓰러지는 그와 같은 형국으
로써 모두는 역사하게 됨이니, 너희들
은 그리 알라.
28 그러니 그들이 너희들을 핍박하고 공
격할 때, 그것은 저희들이 나의 법전
을 전하고자 스스로 나오는 것임을 알
아야 될 것이니라.
29 그러니 사탄과 천사의 관계요, 그리고
사악한 자요, 그와 같은 자들이 움직
이고 행하는 것을 너희들이 눈을 똑바
로 뜨면 볼 수 있는 것이니라.
30 정녕 진짜는 아님이니라.
31 진짜 아름다운 보석은 햇빛에 비추어
봐도 너희들이 알듯이, 사탄이 아무리
나의 흉내를 내고 비슷하게 역사한다
하나,
32 거기에는 허점이 있으며 거기에는 진
실이 없으며 위대함이 없음을 알 수
있는 안목을 갖는 것이 나의 아들을
따르는 제자 너희들이니라.
33 그를 구분하는 자들이니, 모든 보석을
감정하듯이 그 모두를 밝혀 줄 자들이
며 감정해서 전해 줄 자들이 너희들이
니라.
34 그러니 모든 백성에게 전하라.
35 진실과 위선과 잘못된 것은 세월이 지
나면 알 것이니, 그를 알기 위해서는
많은 훈련이요, 많은 역사가 이루어져
야 된다는 것을 알라.
36 너희들이 진정한 보석이요, 가짜의 보
석을 구분할 수 있는 것은 많은 경험
과 많은 보석을 다뤄 보는 속에서 진
품과 가짜를 구분할 수 있듯이,
37 이 세상에 나의 뜻에 의해 전해지는
모든 것은 너희들이 많이 접하며 많이
들여다보며 많이 연구하며 같이 공부
하는 그 속에서 나 여호와의 뜻이 진
리요, 아님을 알게 된다는 것을 그들
에게 가르쳐 주라.

38 그러니 우물 안 개구리처럼 저희들 것
만이 위대한 것이요, 제가 가지고 있
는 것이 하늘에 오르는 길이요, 정답
이라며 그저 몸부림치는 그 불쌍한 백
성들에게 나의 법전을 전해 주어,
39 세상에 진리요, 하늘에 오르는 길이
한 길이요,
40 저희들이 가는 길만이 맞다 생각하는
자들의 그 마음 자세를 돌리며, 그 생
각이 벗겨지는 그와 같은 변화가 이루
어지도록 그리해야 될 것이니라.

8,341 번째 하나님 말씀

2003년 11월 9일 11시 48분

1 사랑하는 나의 아들아!
2 "네, 아버님! 말씀하옵소서."
3 나의 법전이요, 새로운 성경이 내 모
두를 태워서 세상에 내려보내는 것의
그 증거로써 나의 피조물 만백성들이
머지않아 크게 깨달을 것이 있음이니
그리 알라.
4 너희들의 손으로 지은 그 교회요, 성
전이요, 성막이요, 그곳이 다 불필요
한 것이며, 그와 같은 역사로써 거기
에서는 구원을 받을 수 없다는 그와
같은 것이 먼저 이루어질 것이며,
5 그가 이 세상을 덮는 바람처럼 전해지
는 역사가 이루어질 것이니라.
6 나 여호와의 법전이요, 내가 내린 것
이 마지막 시대에 모든 백성을 심판하
며 구원할 자와 버릴 자를 구분하는
그 증거로써,
7 오늘의 교회라는 것, 그리고 손으로
지은 그 건축물 안에서, 모든 성막이
요, 성전이요 회막 안에서는 거기에는
구원의 빛이 없으며 거기에서는 구원
의 영광이 없다는 것을 그들이 깨우치
고 알 수 있는 그와 같은 것이 먼저 역
사하게 될 것이니 그리 알라.
8 이제 너희들은 나의 법전을 만들어 세
상에 전하는 그 모든 준비가 되었음이
니라.
9 너희들이 출발하면 돌아올 수 없으며
중단할 수 없는 그와 같은 역사는 계
속 흘러갈 것이며,
10 너희들은 중단도 없으며 물러나는 것
도 없으며 돌아설 수 없는 것이 너희
들임을 알라.
11 공중에서 너희들이 몸에 줄을 묶어 뛰
어내릴 때, 뛰어내리는 그 순간은 오
로지 내려가는 것이요, 목적지까지 가
는 길밖에 없듯이,
12 그보다도 더 명확하고 정확한 것이 너
희들이 가는 길이니라.
13 너희들은 중단이 없으며 서는 것이 없
으며, 오로지 나의 법전을 만들어 세
상에 만들어 낸 그 길을 따라 너희들
이 밑으로 내려가는 것밖에 없음을 알
아야 될 것이니라.
14 이제 나 여호와가 너희들에게 나의 법
전을 만들어 세상에 전하라 하였음이
니,
15 진정한 나 여호와요, 진정한 나의 법
전이 아니라면 이가 세상에 나갈 길이
막힐 것이며, 그 역사가 이루어지지
아니할 것이니라.
16 이제 너희들은 여기서 깊이 깨우치라.
17 정녕 나의 법전의 160권이 사탄의 것
이요, 악마의 것이요, 나 여호와에게

거역하는 것이라면 절대 이 법전은 세
상에 나갈 수 없으며, 만백성이 접할
수 없을 것이니라.
18 여기에 많은 법전이 세상에 나갈 수
있도록 그 모두를 역사하는 것, 그 길
이 열리는 것은 바로 나의 뜻이라는
것을 너희들은 알아야 될 것이며,
19 내가 주관하고 역사하기 때문에 너희
들이 준비되는 그 모두는 다 세상에
비추어짐이니라.
20 나의 법전은 나의 아들이 지금 100권
을 넘어 달리고 있건만 너희들은 과연
어디까지 와 있는가?
21 너희들이 그를 따라가지 아니하면 아
니 될 것이니라.
22 너희 제자들이 그것 하나도 이루지 못
하면 나의 아들이 가는 길에 발목을
잡는 것이니,
23 내가 나의 아들을 통하여 내린 나의
법전이 100권을 지금 치닫고 그를 넘
고 있건만, 너희들이 아직 준비도 못
하는 그와 같은 상태에 있는 것은,
24 너희들이 가고자 하는 나의 아들을 붙
잡으며 나의 법전을 전하는 것을 너희
들이 막음이니,
25 물자요, 경제적인 것을 두려워하지 말
라.
26 그리고 너희들의 모든 머리를 다 동원
하여 나의 법전이 나의 아들 뒤를 따
라가도록 그리하라.
27 그리하여 빠른 시간 내에 세상에 나올
수 있도록 그리하라.
28 너희들이 이 세상에서 재물이 있으며
힘이 있을 때 못 이룰 것이 무엇이 있
는가?
29 모든 재물이요, 사람은 나 여호와가
보내 주며, 모두 주관하여 너희들에게
보내 주거늘,
30 어찌하여 너희들이 그리 게으르며 그
리 태만한 것으로써 나의 법전이 세상
에 전해지고 역사한다 그리 생각하는
가?
31 이제 너희들은 너희 자신을 다시 한
번 돌아다보며, 나의 법전을 만들어
세상에 전하는 데 모두를 다하라.
32 내가 이곳에 성전을 만들고 내가 작은
성전을 또 하나 만들어 주었거늘, 너
희들이 거기서 열 명, 스무 명, 백 명
이 모여서 나의 법전을 만들면 어떠한
가?
33 자금에 두려워하지 말며 경제적인 힘
에 두려워하지 말고, 너희들은 나의
아들이 가는 그 길을 바짝 따라붙도록
하여 그에게 힘을 줄 것이며,
34 나의 법전이 가장 빠른 시간 안에 세
상에 나올 수 있도록 그리하라.
35 내가 재물을 주고 사람을 보내 주고
장소를 주었거늘, 어찌하여 너희들이
그리 태만하고 그리도 게으른 백성이
란 말인가?
36 이를 내가 용서치 아니할 것이니 그리
알라.

8,342 번째 하나님 말씀

2003년 11월 10일 08시 47분

1 사랑하는 나의 아들아!
2 "네, 아버님! 말씀하옵소서."
3 앞의 길이요, 모두의 역사하는 것을
보고 가는 사람과 그걸 보지 못하는

사람의 차이가 무엇이더냐?
4 모두를 볼 수 있는 사람은 미래를 준
비하며 살아가며, 미래의 역사하는 것
을 다 알고 거기에 대한 대비를 하고
가는 사람이니, 그는 나로부터 은혜를
받은 자요, 그 삶에 얼마나 큰 보람을
알겠는가?
5 그러나 모르고 가는 자는 어떠하던가?
6 그는 미래에 어떠한 역사가 이루어질
것이며 어찌 변할 것인지를 모름이니,
그저 오늘의 삶 외에는 아무것도 보지
못하고 살아감이니, 내일에 이루어지
는 그 역사도 모르는 삶을 사는 것이
니라.
7 그것이 나로부터 선택된 백성과 선택
되지 아니한 백성의 차이점이니라.
8 그리고 나의 뜻을 따르며 나로부터 선
택된 자, 나 여호와의 뜻이요, 내 뜻대
로 순종하며 살아가는 그에게는 이 세
상의 모든 것이 다 그 사람 것이요, 또
그가 모두를 주관할 수 있는 것이며,
9 내가 선택한 백성이요, 그리고 내 뜻
에 의해 주관하여 살아가는 백성이 누
릴 수 있는 영광과 은혜임을 너희들은
알아야 될 것이니라.
10 내가 성서에 일찍이 기록하여 너희들
에게 전하기를, 나 여호와가 곧 예수
요, 예수가 나라 하였으며,
11 그리고 나의 백성들이 곧 나요, 또한
내가 너희들이라 한 그와 같은 깨우침
이 무엇인 줄 알겠는가?
12 나의 뜻을 따르며 나의 진리에 순종하
며 그대로 살아가는 자는 곧 너희들이
나이니, 나 여호와가 누릴 수 있는 그
모든 역사요, 내가 역사할 수 있는 그
모두를 너희들이 보고 그리 행할 수
있는 것이 너희들임을 알아야 될 것이
니라.
13 그러니 나의 뜻에 따라 역사하는 백성
과 내 뜻을 거역하고 나를 등지고 살
아가는 그 백성의 차이점은 과연 얼마
만큼 무서운 차이가 있다 생각하는가?
14 너희들이 나로부터 선택된 백성은 또
한 미래의 삶이요, 역사함을 다 알 수
있으며 볼 수 있으나,
15 선택되지 아니한 백성은 그를 알 수
없으며, 미래에 변화되는 그 모두도
생각조차 할 수 없으니,
16 그것이 내 뜻에 순종하는 백성이요,
나에게 오고자 하는 백성의 삶과의 차
이임을 여기서 너희들은 알아야 될 것
이니라.
17 그러니 너희들은 여기서 무엇을 느껴
야 될 것인가?
18 이 세상에 어떠한 것도 나의 뜻에 따
라 나를 닮고자 살아가는 자는 모두를
다 얻고 이룰 수 있는 것이니,
19 너희들이 천 가지, 만 가지 노력보다
도 너희 마음 하나 다스려 나와 같은
삶을 살 수 있는 백성으로 변하는 것,
20 곧 나를 닮는 그 길을 노력하는 것이
너희들이 모두를 다 얻는 것이며, 모
두를 다 역사할 수 있는 것이니, 그를
알아야 될 것이니라.
21 그리하여 모든 종교 집단이요, 지도자
들이 말하기를, 너희들이 인간으로써
는 역사할 수 없으며,
22 오로지 나만이 모두를 역사할 수 있으
며, 내가 너희들에게 모두를 다 이루
며, 너희들이 원하고 구원을 받고 못

받는 것도 오로지 나만이 역사할 수
있다 그리 가르치는 것이니,
23 이를 나의 피조물 만백성에게 잘 가르
쳐야 될 것이니라.
24 나만이 모두를 역사하는 것이 아니요,
나를 닮고 나와 같은 삶을 사는 자는
모두를 스스로 역사하고 이룰 수 있음
이니, 이 한계를 반드시 지금 가르쳐
주어야 될 것이니라.
25 그를 알지 못하는 백성들이 변화되어
천사와 같은 삶을 살아 나로부터 받을
수 있는 나의 능력이요, 모든 역사를
이룰 수 있는 것을 받아 너희들이 할
수 있는 것이며, 또 내가 내리는 모두
를 받을 수 있는 그와 같은 은혜가 있
는 것을,
26 너희들은 내가 너희들에게 주는 것이
며, 그것이 나의 아들을 찾으며 나를
찾는 것으로써 모두를 내가 명하는 것
처럼 그리 말하느니라.
27 그것이 아니고 너희들이 나를 닮아서
나와 같은 삶을 살고자 노력할 때, 스
스로 너희들이 내가 역사하는 것처럼
다 역사하고 얻을 수 있는 것이 바로
너희들이 구원의 길에 오르는 그 길이
니,
28 그 차이는 너희들이 생각하기에 따라
서는 같은 것 같으나, 그 차이는 이루
말할 수 없음을 알아야 될 것이니라.
29 내가 모두를 역사하는 것만으로 구원
을 받는 것이 아니라, 너희들이 나를
닮은 삶을 살아 변화되는 것으로써 모
두를 역사함이니,
30 그것은 하늘과 땅의 차이임을 너희들
은 알라 그리 전하라.

8,343 번째 하나님 말씀

2003년 11월 10월 08시 52분

1 사랑하는 나의 아들아!
2 "네, 아버님! 말씀하옵소서."
3 지금까지 너희들이 믿음의 길이요, 오
늘의 그 길이 잘못되었다면 과연 그것
은 무엇을 의미하는 것이더냐?
4 지금 너희들이 수천 년 동안 흘러오면
서 모두를 다 바쳐 교회라는 것을 성
장시켰으며, 성전이요, 그 모든 종파
요, 집단을 위하여 성장시키고 역사한
그 모든 것, 그리고 수많은 인간의 노
력 속에서 이루었던 그 모두를 다 아
낌없이 버리지 아니하면 아니 된다는
뜻임을 알아야 될 것이니라.
5 참진리요, 나의 뜻에 역사하지 아니하
였음이니,
6 지금까지 너희들은 나의 뜻을 거역하
는 삶에서 모두를 역사하고 이루었음
이니,
7 그 모두를 다 버리지 아니하면 거듭날
수 없다는 것이 그 의미임을 알라.
8 과연 너희들이 지금까지 너희 나름대
로 노력하여 모두를 다 바쳐 이루어
놓은 그 모두를 버릴 수 있는 것인가?
9 그를 버리며 거듭나는 그 길을 선택할
수 있는 백성이 과연 어디 있는가?
10 결론적으로 모든 종교 집단이요, 모든
백성들이 거듭나는 역사요, 새로 태어
나는 것이요, 영원히 사는 생명의 그
나라에 들어올 수 있는 것이 지금의
너희들이 가고 있는 것, 역사하고 이
루는 그 모든 것을 버려야 한다면,
11 너희들은 결국 그를 버리고 새로운 길

을 따를 백성이 없음을 알아야 될 것
이니라.
12 지금까지 너희들은 나 여호와의 뜻을
거역하며 내가 원하지 않는 행위를 뿌
리내림이 너무나 깊고 깊이 자리를 잡
고 있기 때문이니,
13 바로 내가 지금 모든 믿음의 길을 가
는 그 백성들을 구원할 길이 없으며,
그리하여 그들이 견딜 수 없는 충격을
주지 아니하면 그들이 제정신으로 돌
아올 수 없으며 깨어날 수 없기 때문
에,
14 지금 내가 나의 법전에 그들이 잘못되
는 것, 그들이 행해야 될 것, 그 모두
를 160권에 담는 대역사를 이루고자
하는 것이 나의 뜻임을 너희들은 알라
그리 전하라.

8,344 번째 하나님 말씀

2003년 11월 10일 08시 57분

1 사랑하는 나의 아들아!
2 "네, 아버님! 말씀하옵소서."
3 이제 너를 따르는 제자들이요, 나의
법전을 읽고 깨우친 만백성, 너희는
무엇보다도 나 여호와가 존재하며, 모
두는 나 여호와의 뜻에 의해 역사한다
는 것을 알아야 될 것이며,
4 그를 거역하고 그를 벗어나는 삶을 살
아서는 아니 된다는 것을 알아야 될
것이니라.
5 그러나 인간 너희들은 무엇으로써 모
두를 역사하는가?
6 너희들은 아름다운 참진리요, 하늘의
뜻을 거역하는 삶을 살지 않으려 깨닫
고 노력하는 것이 아니라,
7 육의 삶을 위하여 인간의 생각으로써
인간의 지혜로써 환경에 부닥칠 때마
다 마음이 변하는 그와 같은 삶으로써
오늘까지 역사하고 살아온 것이 너희
들이 아니더냐?
8 그러니 마음의 뿌리가 없으며, 이해관
계에 의해서 흔들리는 그와 같은 마음
이요,
9 그러하기에 너희들은 믿음도 또한 거
기에서 타성에 젖었으니, 이해관계로
써 나를 찾고 경배하는 것도 또한 너
희들이 버릴 수 없게 깊이 내려진 뿌
리가 되었음이니라.
10 그리하여 너희들은 진정한 믿음이요,
진리의 길을 원하지 아니하는 것이요,
11 넓고 편안한 그 모두를 찾아가고자 하
는 것이니라.
12 그러니 너희들은 이해관계에 따라서
넓고 편안한 길을 가면서 나에게 오르
고자 함이니,
13 너희들이 어렵고 힘든 그 내면에서 나
여호와의 아름다움을 볼 수 없는 것이
며, 내가 역사하는 것이 무엇인가를
알 수 없으며,
14 너희들이 나를 따라 역사하는 그 기쁨
이요, 행복이 과연 무엇인가 그를 느
끼고 살아가는 백성이 없음이니라.
15 너희들은 나를 사랑한다면서 내가 사
랑하는 내면의 내 마음이요, 그 모두
를 보려 하지 아니하려는 것이며,
16 그저 형식적인 것이요, 겉치레만으로
써 모두를 가고 있으며 나를 찾고 있
음이 오늘의 너희들의 그 믿음이요,
신앙생활의 근본이니라.

17 그러니 내가 내면에 역사하는 것, 내
가 사랑을 베푸는 것, 이 세상을 아름
답게 볼 수 있는 것, 그리고 이 세상에
내가 너희들을 위해 내려 준 그 위대
함을 알지 못하며,
18 그저 형식적인 것이요, 겉치레 속에서
살다가,
19 진실한 자신의 위대함이요, 자신의 소
중함이요, 그리고 너희들이 얼마나 아
름다운 심성을 가지고 세상에 나간 것
인가를 모르고,
20 오늘의 너희들의 모두가 다 가려져 진
정한 너희들의 모습을 보지 못하고 살
아가는 것이 나의 백성들이니라.
21 그러니 내가 법전을 만들며 오늘의 이
역사의 길을 가는 것은, 지금의 너희
들을 버리고 아름다운 본래의 모습을
찾도록 하기 위하여 나 여호와가 모두
를 다 역사하는 것이니라.
22 그러니 너희들이 본래의 그 마음을 찾
고 본래의 모습을 보는 것은 오늘의
너희들의 믿음이요, 그와 같은 것으로
써는 절대 찾을 수가 없으며 볼 수가
없기에,
23 누구나 다 읽고 깨우쳐 찾을 수 있는
그와 같은 간단한 나의 법전을 세상에
내려보내는 것이 나의 뜻이니라.
24 인간의 욕망을 위하여 살아가는 그 모
든 길에 젖어 있으며, 거기만이 하늘
에 오르는 길이요, 진정한 길이요, 인
간의 삶이라는 것을 너희들이 바꾸지
못하는 오늘의 그 삶에서는 어떠한 것
으로써도 너희들을 다스릴 수가 없기
때문이니라.
25 너희들은 인간의 욕망을 위한 그 길을
버리고, 나 여호와의 뜻에 순종하는
마음과 내 내면을 볼 수 있는 것, 내가
역사하고자 하는 그 방대한 의미를 들
여다볼 수 있는 그와 같은 마음의 변
화가 이루어지지 아니하면 아니 됨을
알아야 될 것이니라.
26 곧 나의 법전이 무엇인 줄 알겠느냐?
27 너희들이 나의 법전을 읽고 깨우치는
순간에 두려움을 알며, 삶이 무엇이
며, 내가 역사하는 것이 무엇인가를
알아 삶의 방향을 바꾸는 자, 그리고
삶을 고쳐 나가는 자, 그와 같은 백성
이 곧 나의 뜻을 순종하게 되는 것이
며,
28 나 여호와의 내면의 역사요, 내가 이
루고자 하는 그 모두를 들여다보는 마
음이 열리기 시작함이니 그리 알라.
29 그리하여 나의 법전을 가슴에 안고 정
독하라 함이니라.
30 정독하는 자만이 그 뜻을 알 수 있으
며 그 역사함을 들여다볼 수 있는 것
이요,
31 너희들이 겉치레요, 오늘의 그 믿음과
같은 마음으로 나의 법전을 볼 때, 이
는 사탄이요, 사악한 자요,
32 그저 도덕책에 지나지 않는 것을 만들
어 세상을 요란케 한다 그리하며,
33 성서와 관계없으며 성서의 뜻을 따라
갈 수 없으며, 감히 성서의 내용에 미
치지 못하는 책이라 하여 찢어 버리고
던지는 자, 그는 바로 무엇인 줄 알겠
느냐?
34 내 뜻의 깊이를 알지 못하는 자이니
그리 알라

8,345 번째 하나님 말씀

2003년 11월 10일 09시 02분

1 사랑하는 나의 아들아!
2 "네, 아버님! 말씀하옵소서."
3 길거리에 떨어지고 버려진 이삭 한 알
까지도 그 모두는 나의 것이요, 나의
주관하에 역사한다는 것을, 오늘의 모
든 종교 집단이요, 지도자들이 그리
가르치고 있으며 그 백성들 또한 그리
알고 있음이니라.
4 그러나 너희들은 그와 같이 듣고 또
가르치고 알면서도 과연 그와 같은 것
을 얼마나 믿고 얼마나 그를 실천하고
사는 백성이더냐?
5 너희들이 버려진 그 이삭 하나까지도
나로부터 모두 역사하는 것이라 그리
울고불고 강조하면서,
6 과연 너희들의 그 마음은 얼마나 믿고
살아가는지 너희들 자신을 한번 돌아
다보도록 그리하라.
7 너희들이 그와 같은 것을 믿고 역사하
고자 그를 실천하며 감사하는 마음으
로 살아가는 백성이라면, 정녕 이 세
상에 존재하는 것은 모두 다 누구 것
이더냐?
8 너희들 것이 아니라 나 여호와의 것이
거늘,
9 어찌하여 그와 같은 나의 것을 놓는
것을 두려워하며 그와 같은 것을 나눔
을 두려워하는 마음으로 사는가?
10 너희들은 이 지상에 역사하는 모든 것
을 너희들의 손으로부터 놓는 것, 그
것이 무엇이 두렵고 무엇이 겁이 난단
말이더냐?
11 그러니 그와 같은 것을 알면서도 그와
같이 행하지 아니하는 백성들이 바로
오늘의 믿음의 길을 가고 있는 백성
너희들이 대표적인 자들이니라.
12 너희들이 말하는 이방인이라는 백성
은 길거리에 떨어져 있는 이삭 하나까
지도 나 여호와의 것이요, 내가 역사
하는 것을 차라리 모른다 함이니,
13 그러나 너희들은 그와 같은 것을 수없
이 믿으며, 그와 같이 역사하는 것이
바로 나 여호와의 전지전능함이요, 위
대함이라 그리 말하면서, 너희들의 행
동은 과연 어찌하는가?
14 과연 너희들이 들고 있으며 가지고 있
는 것을 더 많이 가지고자 더 쌓아 놓
고자 하는 그와 같은 생각은 없는가?
15 너희들의 손에 들고 있는 것, 너희들
이 보유하고 있는 것은 나 여호와의
것이거늘,
16 그를 너희들이 나누어 주며 베풀며 네
손에서 놓는 그것을 너희들이 두려워
하지는 아니하는가?
17 미래를 위하여 너희들은 끝없이 쌓아
놓고자 하며, 천년만년 살 것같이 더
많이 쌓아 놓으며 더 많이 관리하고
네 앞에 놓고자 하는 그와 같은 마음
을 가지고 살아가는 백성은 없는가?
18 그렇다면 이것이 바로 너희들의 오늘
의 믿음이요, 이것이 너희들의 오늘의
신앙생활이요, 오늘 너희들이 서 있는
자리라는 것을 알아야 될 것이니라.
19 내가 일찍이 너희들에게 체험으로 가
르치지 아니하였는가?
20 내일 것을 쌓아 두는 자, 그것은 다 욕
심이요, 죄라 그리하여, 내일 것을 쌓

아 놓는 것 자체도 내가 용서하지 못
하는 그와 같은 훈련을 시켰으며, 그
와 같은 기적의 역사를 이룬 적이 있
었음이니,
21 너희들이 성서를 가지고 하늘에 오르
는 길을 가는 백성이라면, 그를 한번
들여다보고 깨우쳐 보라.
22 내가 너희들에게 그 체험을 시켰으며,
긴박한 그 순간에도 너희들이 내일 것
을 준비하지 못하도록, 사막의 그 뜨
거운 열기 속에서도 너희들이 내일 것
을 준비하지 못하도록, 그리고 내일은
내일 모두가 역사하는 것이 있음을 보
여 주었거늘,
23 과연 너희들이 그와 같은 것을 실천하
고 사는 백성이 있느냐?
24 없음이니, 너희들이 믿음의 길을 가는
것이 잘못된 백성이요, 깨달음이 잘못
되었다 함이 여기 있음이니라.

8,346 번째 하나님 말씀

2003년 11월 10일 11시 20분

1 사랑하는 나의 아들아!
2 "네, 아버님! 말씀하옵소서."
3 이 세상에 나의 피조물 만백성 너희들
이 살아가면서 육의 사업이요, 육의
역사함이요, 너희들이 하고자 하는 그
일에 투자하며 던지는 것은 감히 인간
으로서 할 수 없는 그와 같은 역사를
하며,
4 그는 또 신중히 생각하고 살아가기를
너희들이 얼마나 고려하고 또 고려하
여 모두를 투자하는 역사를 하느냐?
5 너희들이 인간의 사업에 대해서는 그
모두를 투자하는 것을 두려워하지 아
니하며, 거기에 모두를 역사하는 것을
너희들이 얼마나 신중에 신중을 기하
여 그와 같은 역사를 하느냐?
6 그러나 너희들이 나 여호와의 뜻이요,
내 역사를 이루는 데는 어찌하여 그리
주저함이 있는가?
7 너희들은 두려워하지 말라.
8 나 여호와가 역사하고자 하는 것, 내
뜻을 이루고자 하는 것에 투자함을 두
려워하지 말며, 겁먹지 말라.
9 어찌하여 너희들은 네 것을 가지고 투
자하는 것도 아니요, 나 여호와의 것
을 가지고 너희들이 쓰는 것이며, 나
여호와의 것을 가지고 너희들이 역사
하거늘,
10 내 것을 가지고 너희들 마음대로 생각
하며 너희 계획대로 그리하려 하며,
어찌하여 투자하기를 주저하는가?
11 이제 사랑하는 나의 아들아!
12 너를 따르는 그 제자 그들에게 전하라.
13 너희들이 모두의 투자하고 역사하는
것은 나 여호와의 뜻에 의해 역사함이
요,
14 내가 이루고자 하는 곳에 투자하고 너
희들이 모두를 던지며 희생하고자 하
는 것, 그것은 다 너희들 것이 아니요,
내 것을 가지고 너희들이 하는 것이거
늘,
15 내 것을 가지고 나 여호와의 뜻이요,
내 사업에 투자하는 것을 어찌하여 너
희들이 주저하며, 불안해하며, 그와
같은 계산된 마음을 갖는가?
16 그와 같이 하지 말라 그리 이르라.
17 너희들이 이 세상에 나 여호와의 역사

요, 내가 이루는 사업에 투자하는 것, 거기에 모두를 던지는 것보다 더 소중하고 귀한 것이 없거늘,
18 하물며 네 것도 아니요, 나의 것을 가
지고 너희들이 내 사업을 위하여 역사하는 것을 대신하는 너희들이 네 뜻과 네 생각으로써 모두를 역사하려 한다면, 이것이 어찌하여 잘못된 것이 아니던가?
19 네 뜻대로 하지 말며 너희들 생각대로
하지 말라.
20 오로지 주저 없이 투자하며, 쉬는 시
간 없이 투자할 것이며, 과감히 너희들이 모두를 투자하여 역사하도록 그리하라.
21 인간의 사업에 투자함은 너희들이 그
리도 용감하며, 그리도 모두를 아낌없이 던질 수 있는 그와 같은 역사를 하면서,
22 나 여호와의 역사함이요, 창조주 내가
만백성을 구하는 이것보다도 더 소중하고 귀한 역사가 없거늘, 거기에 내 것을 갖고 투자하는 것을 너희들이 시시비비하지 말며 두려워하지 말라.
23 모두는 나의 뜻에 의한 것이며 내가
역사함이니, 과감하게 투자하여 과감히 역사하도록 그리하라.
24 이제 나의 피조물 만백성을 구하기 위
하여 나의 법전이 하얀 눈이 세상을 덮는 것같이 덮고 또 덮음이니라.
25 눈이 쌓이는 것이 그저 너희들의 키보
다 높고 높을 만큼, 눈이 쌓이는 것보다도 더 높이 나의 법전이 세상에 쌓이고 또 쌓일 것이니라.
26 그리하여 그를 보지 아니하고는 거기
서 헤치고 나올 길이 없으며, 거기서 헤어 나올 수 있는 길이 없으며, 그 용기가 없으며 그 방법을 모르게 하고자 내가 함이니라.
27 눈이라는 그 가볍고 부드러운 것도 쌓
여 네 키를 넘을 때, 너희들은 거기에 거부하지 못하며 견디지 못하는 것이니,
28 더욱이 이 무겁고 단단한 나의 법전으
로써 너희들 키의 몇 배로 누르고 덮었을 때, 저희들이 그곳에 살아날 길은 이 법전을 읽는 것이요,
29 이 법전을 접하지 아니하면 살아날 길
이 없다는 것을 그들이 알 것이니라.
30 당연히 그 법전을 헤치고 나오는 길밖
에 없음이니,
31 그 법전을 헤치는 자는 그 법전의 내
용을 보지 아니하면 아니 될 것이니 그리 알라.
32 이것이 나 여호와의 뜻이니라.
33 그러니 나 여호와가 역사하는 것에 내
것을 가지고 투자함을 너희들이 주저하지 말며 두려워하지 말라.
34 과감히 모두를 역사하도록 그리하라.
35 그는 다 내가 너희들에게 내림이니라.
36 창조주 내 것을 가지고 너희들이 모두
를 역사하는 것만큼 나 여호와가 모두를 내릴 수 있도록 준비가 되어 있거늘,
37 너희들은 네 것도 아니요, 내 것을 가
지고 내 역사를 대행하는 자들로서 불안해하지 말며 주저하지 말라, 사랑하는 나의 아들딸들아!

8,347 번째 하나님 말씀

2003년 11월 10일 11시 25분

1 사랑하는 나의 아들아!
2 "네, 아버님! 말씀하옵소서."
3 너희들이 나에게 오르며 구원의 길을 올 수 있는 것은 나 여호와의 성령이 너희들의 마음에 얼마나 자리 잡으며 임하느냐 하는 것이 가장 중요한 것이니라.
4 그러니 너희들은 무엇보다도 개인이나 가정이요, 그와 같은 속에 살아가는 삶에서 어떠한 삶을 살아가느냐 하는 것이 더 중요하며 귀함을 알아야 될 것이니라.
5 조용히 마음을 다스리며 기도하고 살아가는 백성, 너희들의 개인이요, 가정의 그 위에 나의 성령이 임하는 역사가 이룬다는 것을 기억해야 할 것이며, 너의 제자들에게 그리 가르쳐야 됨을 알라.
6 나의 피조물 만백성이 수없이 특별한 행사를 이루며, 너희들이 감정에 북받쳐서 호소하는 눈물의 기도요, 콧물 눈물 흘리면서 울고불고하는 감정의 장 속에는 나 여호와의 성령이 임하지 아니하며,
7 거기에 절대 내가 같이하지 아니한다는 그 무서운 사실을 그들에게 전하도록 하라.
8 너희들이 연례 행사요, 그와 같이 계획된 것을 이루는 것은 나 여호와의 계획이 아니요, 인간인 너희들의 계획에 의하여 너희 자신의 감정에 의하여 북받치며, 너희 생각에 의해 몸부림치는 것이니,
9 너희 스스로 도취되어 구원을 받았다 생각하는 것, 그 길만이 나에게 오를 수 있다는 너희들의 환상이요, 착각 속에 몸부림치는 것이니,
10 그와 같은 광란의 짓을 하는 곳에, 너희들이 추한 모습으로써 몸부림치는 그곳에 나 여호와는 존재하지 아니함이니라.
11 너희들이 그와 같이 특별 행사요, 연례 행사요, 너희 자신의 감정에 북받쳐 울고불고 소리 지르고 하는 것이 무엇인 줄 알겠느냐?
12 미꾸라지라는 그 미물에 소금이라는 것을 한 주먹 집어넣어 그들이 모두를 토하게 하는 것보다도 더 추한 모습이요, 그보다 더 발광하며 몸부림치는 형국이라면 과연 너희들은 알겠느냐?
13 이제 나의 아들을 따르는 제자요, 만백성은 들으라.
14 너희들은 조용하고 진실된 삶 속에서 조용히 너 자신을 다스리고 임하는 자세에서 나를 찾고 경배할 때, 나 여호와가 너희들에게 임한다는 것을 명심하고 또 명심하도록 그리하라.
15 너희들이 부흥회요, 또는 특별한 행사라 하는 그와 같은 곳에 나는 임하지 아니한다는 것을 알아야 될 것이니,
16 오늘의 모든 신앙이요, 믿음이 너희 감정에 호소하는 그와 같은 믿음이요, 신앙으로 전락되어 있음이니, 너희들이 나와는 관계없는 행사를 역사하는 것이니,
17 그 행사는 인간 너희 자신의 계획이지, 나 여호와의 계획이 아니며, 너희

들의 잔치일 뿐이며 너희들의 흥겨운
놀이터일 뿐이니라.
18 나는 거기에 관계하지 아니하며, 나의
잔치가 아니며, 내가 너희들과 더불어
같이 흥을 돋우는 장소가 아님을 너희
들은 알라.
19 정녕 내가 가르치는 것이 사탄이요,
이단이요, 잘못되었다 한다면, 너희들
은 들어야 될 것이니라.
20 나 여호와는 숫자요, 그 머릿수를 가
지고 모두를 역사하는 것이 아니요,
단 한 사람을 가지고 역사할 수 있으
며,
21 진정한 깨달은 자 한 사람이면 이 세
상의 모두를 다 돌려놓을 수 있는 것
이 나 여호와이니라.
22 죽은 나무요, 돌로써도 모든 걸 역사
하는 것이 나 여호와의 뜻이라 하였음
이니,
23 너희들 스스로 그와 같이 특별한 행사
요, 특별한 부흥회요, 특별한 행동으
로써 감정에 호소하며 나의 피조물 만
백성을 흥분의 도가니로 몰아 그들에
게 분별할 수 없도록 하여,
24 그들로부터 내가 내린 소중한 재물을
거둬들이며 그들에게 구원을 받았다,
은혜를 받았다 하여 그들이 바로 사는
삶이요, 진정한 삶을 바라보지 못하며,
25 오로지 나의 아들 예수의 보혈이요,
그 이름을 찾기만 하면 구원을 받는다
는 것, 공로가 없으며 역사한 것이 없
으며 변화된 깨달음이 없으며, 천사들
만이 사는 그 세상에 천사와 같이 변
하지 아니한 자들이 올 수 있다 말하
는 그들에게 현혹되지 말라.
26 그는 내 뜻이 아니기에 나는 거기에
임하지 아니한다는 것이 나 여호와의
뜻이며, 내가 오늘 나의 아들을 통하
여 너희들에게 내림이니,
27 이를 너희들이 가슴 깊이 새겨 조용히
다스려 보도록 그리하면 깨달음을 얻
을 것이니라.

8,348 번째 하나님 말씀

2003년 11월 10일 11시 32분

1 사랑하는 나의 아들아!
2 "네, 아버님! 말씀하옵소서."
3 나의 법전을 만들어 역사하고자 하는
너를 따르는 그 제자들이요, 그들의
손끝 하나하나에서 나의 성령인 나의
뜻이요, 창조주 내 뜻을 기록하고 그
를 만드는 것이 얼마나 소중한 것이며
얼마나 은혜를 입은 자들인가, 먼저
그들의 가슴에 그를 깨우치도록 그리
전하라.
4 나 여호와 창조주가 내리는 내 뜻을
가지고 내 것을 가지고 내 말을 가지
고 한 자 한 자 다듬어 나가면서 그를
만들어 만백성을 구하는 그 역사를 이
루는 나의 아들딸들이 얼마나 선택된
자들이며, 얼마나 저희들이 귀중한 자
인가를 알라 그리 말하라.
5 나 여호와가 너를 통하여 그 아들딸들
이 소중하며 귀한 자라면 그들은 모를
것이니라.
6 그러니 그들에게 깨우쳐 주고, 나의
성령이 진정한 나 여호와의 뜻이라 함
을 전하도록 그리하라.
7 너희들이 나의 법전을 한 권을 만들어

세상에 전함이니라.
8 그러나 너희들은 그 법전이 흘러가면
서 어떠한 역사를 하는 것인지 모름이
니라.
9 그 법전은 한 사람의 생명을 구원하
며, 하나의 나 여호와의 뜻을 심어 그
가 새싹이 되어 무럭무럭 자라게 하는
그와 같은 역사를 하는 것이 나의 법
전임을 너희들은 알라.
10 너희들은 눈으로 보고 들어서 산 자라
말하나, 나의 법전은 너희들이 보기에
듣지 못하며 걷지 못하며 말하지 못하
니 죽은 것이라 생각하나, 그건 정녕
산 생명이요, 산 자이니라.
11 이는 곧 나 여호와가 존재하는 것이며
내 법전이기 때문이니 그러하니라.
12 돌이요, 나무로써 생명이 없는 것을
가지고도 내가 모두를 다 역사한다 하
였음이니,
13 나 여호와가 직접 만든 나의 법전이
얼마나 생명력 있고 살아 있는지 알겠
느냐?
14 저 시골에 있는 촌부요, 들에서 일하
는 사람이요, 그리고 너희들이 말하는
권위 있는 자요, 재물이 있는 자든 누
구든 간에 나의 법전 한 구절을 읽고
깨달아, 그가 '아! 하나님이 존재하며,
이것이 하나님의 뜻이구나.' 하며 내
가 살아 있다는 것을 깨닫는다면,
15 나이가 먹은 할머니요, 할아버지요,
너희들이 말하는 손자요, 아들이요,
며느리요, 그 모두가 그를 읽고서 '이
것이 하나님의 뜻이다.' 그리 생각하
며 그 가슴속에 그가 변화를 이루면
그것이 무엇인 줄 알겠느냐?
16 너희들이 나의 피를 한 방울 던져 그
피가 싹이 되어 성장하도록 그와 같은
역할을 함이니라.
17 나 여호와의 씨앗을 그 가슴에 너희들
이 심은 것이 아니더냐?
18 그러니 나의 법전이 살아 있으며 살아
서 움직인다는 그 의미를 알겠느냐,
사랑하는 나의 아들딸들아!
19 너희들이 한 권의 법전을 만들어 세상
에 전함이니, 그것이 너희들이 생각할
때는 말을 못 하며 듣지 못하며 움직
이지 못하는 바보요, 오로지 책으로
볼 것이니라.
20 여기는 내가 역사하기 때문에 모두가
살아 있음이니, 그가 바다를 건너 산
을 넘어 어떠한 사람에게, 산속에서
화전을 일구어 사는 자요, 남의 밑에
서 종 노릇을 하는 자요, 노예와 같이
사는 자요, 가장 비참하고 처참하게
사는 자, 그리고 부귀영화를 누리는
자, 어떠한 백성이든 그를 보고 이것
이 나 여호와의 뜻이요, 하나님의 말
씀이요, 진정한 믿음이라 그리 깨닫고
그 책대로 나의 법전대로 살아가고자
그가 생각을 돌려 갖는다면,
21 너희들은 나의 씨앗이요, 내가 여는
피 한 방울을 심으니, 내 피가 성장하
도록 역사하는 것이 너희들이라는 것
을 이제 알겠느냐?
22 그 피 한 방울의 역사는 절대 변하지
아니하며 그는 넘어지지 아니할 것이
니라.
23 그가 가장 소중한 것은 너희들의 종교
집단이요, 지도자가 그 누가 무어라
현혹하고 유혹하려 해도 그는 절대로

넘어지지 아니하며 그 소리가 들리지 아니함이니라.
24 내가 너희들에게 경지에 오른 자의 삶이 무엇이라 말하였느냐?
25 너희들은 이 세상에 살면서 눈으로 보지 않을 수 없으며 귀로 듣지 않을 수 없는 것이 너희들이라 하였음이니라.
26 귀로 듣고 너희들이 눈으로 봐도 그것을 머릿속에 기억하지 아니하는 것이 듣지 아니하는 것이요, 보지 아니한 것이라 내가 너희들에게 그리 가르치고 전하지 아니하였더냐?
27 그러니 그 백성들이요, 나의 법전을 읽어 내 피로써 다시 새로운 새싹을 심어 싹이 트는 그 백성은 절대로 어떠한 것에도 넘어가지 아니하며 듣지 아니하며 보지 아니하며 그와 같이 스스로 변하게 됨이니, 그것이 바로 무엇이더냐?
28 너희들의 어린 손으로, 그 고운 손으로 나의 법전을 만들며 나의 성령의 한 자 한 자를 고쳐 만들어 세상에 전함이니, 그것이 모두를 역사함이니라.
29 나의 아들딸 너희들은 이제 알아야 될 것이니라.
30 첫째는, 나의 법전을 만들어 전하기 위하여 역사하는 자, 그를 한 자 한 자 다루는 너희들의 그 곱고 예쁜 손끝에 나 여호와의 말이요, 나의 뜻이요, 나를 대신하여 역사하는 가장 귀하고 소중한 네 몸이요, 네 손이요, 네 생각이라는 것을 절대 잊지 말라.
31 그리하여 이루어지는 것이 나의 피가 되어 한 방울이 떨어졌을 때 그가 새싹이 됨이니,
32 한 백성이 그를 보고 깨우치는 것이 바로 새싹이 무럭무럭 자라나는 것이니,
33 너희들은 보지 아니하고 듣지 아니해도 이 세상에 나의 피요, 나의 씨앗이, 새싹이 무럭무럭 자란다면 이 세상의 그늘이 될 것이며, 태양빛을 가려 모두가 쉬어 갈 수 있는 그 아름다운 세상이 됨이니,
34 그 모두는 지금의 나의 법전을 만들고 다듬고 역사하는 나의 아들딸 너희들의 고운 마음이요, 고운 눈동자요, 고운 손끝에서 모두가 이루어짐이니,
35 너희들의 손을 다시 한 번 들여다보며, 나의 뜻이요, 나의 말을 만지고 다루는 얼마나 귀하고 소중한 너희들의 손인가를 다시 한 번 보도록 그리하라, 사랑하는 나의 아들딸들아!

8,349 번째 하나님 말씀

2003년 11월 10일 11시 36분

1 사랑하는 나의 아들아!
2 "네, 아버님! 말씀하옵소서."
3 나의 성전에 와 너를 통하여 내리는 나의 강론을 듣는 그 제자들에게 전하라.
4 나의 법전을 만들기 위하여 역사하는 백성, 그리고 너를 따르는 제자들, 그리고 어린 손으로써 모두를 만드는 나의 아들딸들의 수고로운 손끝을 너희들은 인간의 눈으로 보지 말며 인간의 생각으로써 보지 말라 그리 전하라.
5 나의 법전이요, 나의 성령을 한 자 한 자 기록하여 만들어 나가는 그 손길을

나 여호와가 바라다보는 눈으로써 너
희들이 그를 바라보도록 그리하라.
6 나 여호와가 만백성을 구하기 위하여
마지막으로 나의 성령을 모두 태워 세
상에 내려보냄이니, 내 뜻이요, 내 글
을 다듬어 만드는 나의 어린 딸들이
요, 아들들의 그 손을 너희 인간의 손
이요, 인간의 자식이요, 인간의 후배
요, 선배요, 그와 같은 손으로써 나의
뜻을 역사한다 그리 보지 말며,
7 그들이 나 여호와의 뜻을 역사하는 것
을 지금 내려다보는 내 마음이 얼마나
자애로우며 부드러운가, 그를 보는 내
눈빛이 얼마나 기쁨인가를,
8 너희들은 내가 바라보는 그와 같은 심
정으로써, 나의 법전을 만드는 너희들
의 형제요, 그 어린 아들딸들이요, 그
들의 손을 그와 같은 마음으로 보라
그리 전하라.
9 나의 성전에 오는 그 모든 백성이 나
의 법전을 만드는 백성들을 볼 때, 나
여호와의 자애로운 모습으로, 내가 바
라보며 나 여호와가 기뻐하는 것을 너
희들이 생각한다면, 그보다 너희들이
더 애절한 마음으로써 그들의 손끝을
바라보도록 하라.
10 그들의 손끝을 너희들이 보며 그를 소
중하고 귀한 줄 안다면 그 자신을 또
한 귀하고 소중하게 보지 아니하겠느
냐?
11 그러니 너희들이 하나가 될 수 있음이
니라.
12 나 여호와의 뜻이요, 네가 하지 못하
는 것을 너희 아들딸들이요, 너희 후
배요, 선배요, 그분들이 하고 있음이
니,
13 그들을 보기를 내가 내려다보는 마음
으로써 너희들이 한번 내가 되어 그들
을 바라보도록 그리하라.
14 그러면 너희들이 밉고 고운 것, 시시
비비할 시간이 없으며, 그들을 사랑하
고 소중히 생각하기도 바쁠 것이니라.
15 네가 하지 못하는 것을 대신하는 그
아들딸들을, 그를 내가 바라보는 그
사랑하는 마음으로 네가 그리 바라보
도록 그리 전하라, 사랑하는 나의 아
들딸들아!
16 나의 법전을 만들기 위해서 역사하는
백성, 나의 법전을 다듬고 만들어 엮
어 가는 그 아들딸들의 손을 나 여호
와가 되어 그 마음으로 바라보도록 그
리하면 모두를 다 사랑할 것이니라.
17 그것이 너희들이 하나가 되는 마음이
요, 그 속에서 진정한 사랑이 내려질
것이니,
18 이제는 나 여호와가 되어 나의 법전을
만드는 만백성을 들여다보도록 그리
하라 전하라.
19 그리고 그리 꼭 행하도록 하라, 사랑
하는 나의 아들아!

8,350 번째 하나님 말씀

2003년 11월 10일 11시 47분

1 사랑하는 나의 아들아!
2 "네, 아버님! 말씀하옵소서."
3 나 여호와의 아픈 마음을 내가 한마디
로 표현하여 전한다면 무어라 말할 수
있겠느냐?
4 그리고 나 여호와의 가슴 아파하는 것

을 너는 무엇이라 알겠느냐?
5 "네, 아버님! 저는 이와 같이 느껴지
고 깨닫고 있사옵나이다.
6 지금 아버님의 마음에 가장 깊은 상
처는, 자식이 부모를 찾는 데 세금을
내야 되며 통행세를 내야 되며 그 대
가를 지불해야 된다는 오늘의 종교 집
단이요, 믿음이요,
7 모든 백성들이 그리 사악하게 변한
것을 아버님은 가장 가슴 아파하며 애
절하게 생각하고 계시옵나이다.
8 아버님께서는 생각을 하고 계시옵나
이다.
9 주름진 노인이 자식을 길러 객지에 내
보냈음이니, 그 자식이 돌아오기를 학
수고대하며, 언제 죽을지 모르며 언제
나약해질지 모르는 그 부모가 자식을
기다리는 마음이요,
10 그 부모 또한 40이요, 50대는 다리 힘
이 없어 자식들로부터 천대받는 그와
같은 짐이 되는 자신의 한계를 모르
고 살다,
11 그가 나이가 들어 다리 힘이 없으며
제 마음대로 움직이지 못할 때, 자기
는 이미 자식에게 짐만 됨이니 스스로
목숨을 끊어서라도 자식을 편하게 하
고자 하는 것이 부모의 마음이나,
12 그 마음이 기다리는 것은 그래도 길러
놓은 그 자식이 와서 제 병을 고쳐 주
며 저를 다스려 주며 저를 사랑한다
는 말 한마디를 듣고 싶어 하는 것이
그 부모의 애절한 마음이라 그리 생각
되옵나이다.
13 부모가 자식을 애절하게 기다리는 것,
그리고 부모가 그리워 보고 싶어 오는
그 자식들 앞에 길을 막아 놓고,
14 '너희들이 네 부모를 만나려면 세금을
내놓고 통행세를 내고 가라.' 하며 그
와 같이 행패를 부린다면, 그를 보는
그 부모의 가슴이 얼마나 아프며,
15 또한 그것은 있을 수 없는 일이며, 그
죄를 다 어찌할까 하는 생각을 저는
하고 있사옵나이다.
16 그러니 아버님께서 수천 년 동안 그
자식들을 거두기 위하여 수많은 생명
을 세상에 내려보내어 저희들이 바로
서 아버님께 오기를 바라고 계시나,
17 오늘의 잘못된 종교 집단이요, 그 지
도자들이 아버님을 만나는 데 수천수
만 가지의 헌금이요, 세금이요, 모두
를 다 바치지 아니하면 만날 수 없다
하며, 그들이 죄의 온상인 두꺼비집
같은 집을 지어 놓고 그와 같은 행패
를 부리고 있음이니,
18 그걸 바라보는 아버님의 마음이 천 갈
래 만 갈래 찢어지고 아프시며, 그것
이 가장 먼저 거두고자 하는 아버님의
뜻이라 이 아들은 그리 느끼고 그리
생각하고 있사옵나이다, 아버님!
19 그러면서도 그들이 무서운 죄를 저지
르고 있는 것을 그들을 또 용서하며,
그들이 깨우쳐서 아버님께 돌아오기
를 애절하게 바라시는 아버님의 그
마음이니,
20 아버님은 저에게 법전을 내려 이리 다
스려 이리 가라 말씀을 하시면서도,
한쪽의 마음에는 사악한 자들 또한 사
랑하시며, 제가 법전을 그들에게 전해
주며 그들도 제가 사랑할 수 있는 마
음을 아버님께서는 바라고 고대하시

는 그 깊은 마음을 저는 알고 있사옵
나이다.
21 그리하여 제가 모두를 사랑하는 마음
이요, 모두에게 법전을 전하는 그 길
을 선택하고 그리 가야 된다 생각하며,
22 제 사랑하는 제자들이요, 법전을 읽고
깨우친 아버님의 그 아들딸들에게도
그와 같은 뜻을 전하고 행하고자 하는
것이 제 생각인 줄 아옵나이다.
23 아버님! 저의 죄를 용서하여 주옵소
서. 아버님! 저의 죄를 용서하여 주옵
소서."
24 사랑하는 나의 아들아! 그러하니라.
25 늙어 가는 그 부모는 다리 힘이 없어
제가 마음대로 수족을 움직이지 못한
다 할 때,
26 그는 이미 자식에게 짐이 되며 자식에
게 무엇인가를 줄 수 없는 자신을 한
탄하며,
27 제가 일찍 스스로 목숨을 끊어 그 자
식에게 짐이 되지 아니하고자 하는 것
이 부모의 마음이니라.
28 그러면서도 그 자식이 돌아와 제 병을
고쳐 주며 저를 다스려 주며 자식이
부모 앞에 도리를 할 수 있기를 바라
며, 자식에게 짐이 되지 않는 모습으
로 살다 죽고자 하는 그 마음이니,
29 그 자식을 기다리는 것이 마지막 희망
이요, 애절한 마음이 아니던가?
30 그리하여 그 자식이 와서 따뜻한 말이
요, 어머니 아버지를 사랑한다는 그
말 한마디로 그가 일어설 수 있는 특
효약도 되건만,
31 그를 만나러 오는 자식들을 만나지 못
하게 세금을 내야 되며 통행세를 내야
된다고 행패를 부리는 그 사악한 자
들, 그를 보는 마음이 어떠하겠는가?
32 나 여호와가 그와 같은 심정임을 네가
알고 있음이니, 너는 나의 아들이요,
정녕 내 뜻을 알아 역사하는 사랑하는
나의 아들이니라.
33 그 뜻을 너의 제자들에게 모두 전해
주도록 그리하라.
34 그를 안다면 너의 제자들과 네가 힘을
합하여 그 모두를 중단시키는 것이 나
여호와의 뜻이지 않겠는가?
35 "네, 아버님! 그리하고자 노력하고 있
사옵나이다.
36 모든 백성들이 구원의 길을 볼 수 있
도록, 그리고 통행세를 내지 아니하고
가야 된다는 것, 그리고 저희 자신의
향락을 위하여 통행세를 받아들이는
그들이 정녕 부끄러운 줄 알며, 그들
에게 호령할 수 있는 제가 될 수 있도
록 저는 그리 노력하고 가겠사옵나이
다, 아버님!"
37 이제는 네가 무엇을 해야 되겠느냐?
38 "네, 아버님! 저는 그것을 알고 있사
옵나이다.
39 저의 제자들과 법전을 읽고 있는 그
백성들이 어찌 가야 되는가를, 아버님
께서 한 점의 부끄럼이 없는 바른 자
세로 살라 하심이 무엇인 줄 알겠사옵
나이다.
40 그저 통행세를 내고 가라고 시비하는
자들이요, '내가 내 부모를 만나고자
지나가는데 왜 막느냐!' 하며 싸움을
하고 시비하는 그 사람들 앞에 당당히
나서서,
41 '너희들이 어찌하여 그와 같은 싸움을

하는가? 통행세를 받는 자가 잘못이
며, 부모를 찾아오는 자의 사랑이 기
특함이니 그리 싸우며 그를 막아서는
안 된다.' 하며 호통칠 수 있는 사람이
되는 것이 바로 저희들이 가야 하는
길이며,
42 저희들이 아름답게 서야 되는 아버님
의 그 깊은 사랑을 이제야 깨닫고 있
사옵나이다, 아버님!
43 아버님! 저희들이 싸우는 자를 호통
칠 수 없는 자가 되었을 때,
44 제가 가서 호통쳤을 때, '네가 무엇이
냐!' 하며 동네 사람이 멱살을 잡고 패
대기를 친다면,
45 제가 어찌 아버님의 아들이요, 아버님
의 뜻에 살아가는 사람이라 하겠사옵
나이까?
46 세금을 받고자 통행세를 내라고 소리
지르는 사악한 자들이, 저희들이 갔을
때, 제 제자들이 가서 그를 호통치고
다스릴 때,
47 고개 숙이고 '잘못했습니다.' 하고 돌
아설 수 있는 인격을 갖춘 자요, 믿음
의 길을 가는 자요, 선망을 받는 사람
이 되어야 된다는 것,
48 그리하여 호통을 쳐서 그 동네 사람들
이 그 길을 막는 사악한 자들이 잘못
되었다며 수긍할 수 있도록 제가 변
해야 되며,
49 저의 제자들이 그와 같은 인격을 갖춘
자요, 삶을 갖춘 자요, 세상에 누가 봐
도 한 점의 부끄럼이 없는 사람들이
되어 그리 호통 쳤을 때 그들이 고개
숙일 수 있는 저희들의 모습이 되어
야 되기 때문에,
50 깨끗하게 수정보다도 맑게 살라 하는
아버님의 그 가르침이요, 그 비유의
뜻을 오늘에야 이 죄 많은 아들은 알
고 깨달았사옵나이다, 아버님!
51 저의 죄를 용서하여 주옵소서."
52 사랑하는 나의 아들아!
53 "네, 아버님! 말씀하옵소서."
54 교회가 없다 해서 지금의 나의 뜻이
요, 복음이 전해지지 아니할 것 같더
냐?
55 지금의 종교 지도자가 없다 해서 나의
진리요, 나의 참뜻이 전해지지 아니할
것이라 생각하지 말라 그리 전하라.
56 교회가 없어도, 성전이 없어도, 종교
지도자가 없어도, 나의 성령이요, 나
의 뜻은 물이 위에서 아래로 흐르듯이
서서히 흘러나갈 것이며, 그 줄기가
마르지 아니하는 것이 나의 성령이요,
나의 뜻임을 알라.
57 너의 제자들에게 그리 가르치느니라.
58 흐르는 물은 그저 낮은 곳을 찾아가며
흐르듯이 너희들은 그저 바라보면 될
것이며,
59 그 물줄기를 너희들이 마음대로 틀어
서 너희가 필요한 곳으로 이끌어 가려
그리하지 말라 그리 전하라.
60 너희들이 필요한 곳으로 그 물줄기를
잡아 간다면, 많은 식물이요, 동물을
살리고자 하는 그 물줄기를 너희들이
틀어 놓음이니, 그를 기다리는 자들은
다 말라 죽는 것이 아니더냐?
61 네가 물줄기를 틀어서 네 것을 하나
살리기 위하여 몸부림칠 때, 나 여호
와를 기다리며 내가 살리고자 하는 많
은 생명들이 죽어 감이니,

62 오늘의 종교 집단이요, 지도자들이 가
는 것이 그러하니라.
63 물줄기를 틀어서 제 앞에 쌓아 놓으며
제 창고에 쌓아 놓음이니,
64 그 생명줄의 생수가 세상에 내려가 많
은 작고 큰 미생물이요, 자연의 생물
들을 살리지 못함이니라.
65 그들이 살아나서 또 세상에 내놓으며
환원시키며 다시 돌아가는 그 역사가
있을 때 큰 역사를 이룰 것이거늘,
66 어찌하여 너희들이 순리대로 가는 물
줄기마저도 네 창고요, 호수에 담아
놓고 그저 너만이 즐기며 너만이 거기
에서 모든 즐거움을 얻으려 하는가?
67 그와 같이 사악한 자와 틀림이 없음이
니라.
68 그러니 너희들은 흘러가는 물줄기가
그대로 흘러가도록 살라.
69 그것이 순리이니라, 그리고 그것이 내
마음이니라.
70 내 마음이요, 내 방향대로 흘러가는
물줄기를 놔둔다면 수천수만의 생명
을 구할 수 있을 것이거늘,
71 오늘 저희들이 잘못 가르치고 잘못 막
기 때문이니 그리 알라, 사랑하는 나
의 아들아!
72 이 의미와 이 이치를 너의 제자들에게
네가 느끼고 깨닫는 것만큼 깊이 심어
주도록 하라, 사랑하는 나의 아들아!

8,351 번째 하나님 말씀

2003년 11월 10일 11시 55분

1 사랑하는 나의 아들아!
2 "네, 아버님! 말씀하옵소서."
3 너는 나로부터 직접 들으며 모두를 봄
이니라.
4 그리하여 네가 깨닫고 느끼며 행하고
자 하는 그 마음을 너의 제자들은 따
라오지 못하며 그를 보지 못함이니,
5 너의 제자들에게 변함을 너무 독촉하
지 말며, 빨리 오라고 너무 밀지 말라.
6 네가 항상 단상에 서서 그들에게 말하
느니라, 이번에 너희들은 무엇이 얼마
나 변했으며 얼마나 깨우쳤느냐 하니,
그리 묻지 말라.
7 그리 묻지 아니하여도 그들이 다 변해
가고 역사함이니라.
8 그를 듣고 대답하지 못하는 그 제자들
의 아픈 마음을 네가 생각할 줄 알아
야 될 것이니,
9 네가 깨우치고 변하는 그 속도를 너의
제자들이 맞춰 오기를 바라는 것은 너
의 어리석음임을 알아야 될 것이니라.
10 매를 맞은 자는 그 아픔을 아나, 맞지
않고 옆에서 보면서 그 맞음을 느낀다
해도 아픔을 얼마나 느끼겠느냐, 사랑
하는 나의 아들아!
11 그와 같은 모두를 네가 느끼고 가야
될 것이며, 거기에 맞추어서 가도록
그리하라.
12 나 여호와가 보는 너희들의 변하는 역
사함은 그 누구도 따라갈 수 없는 오
늘의 형국이니, 나 여호와가 기뻐함을
너는 알라.
13 사랑하는 나의 아들아!
14 "네, 아버님! 말씀하옵소서."
15 그러나 네 뜻을 따르지 못하며 네가
변하는 길을 따라오지 못하는 너의 제
자들이라 해도, 그들의 마음의 각오는

네가 다스려 주어야 될 것이며, 그들
의 마음을 굳게 가지라 해야 될 것이
니라.
16 너희들이 지금 믿음의 길이요, 나에게
올 수 있는 역사함의 그 모두는 단단
한 마음의 각오요, 준비를 하지 아니
하면 아니 됨을 너희들은 알라.
17 죽음의 사형선고를 받은 환자가 죽음
직전에 죽음을 기다리면서 의사가 그
를 진단하며 다스릴 때 의사를 바라보
는 눈빛이 얼마나 강렬하며 애절하겠
는가?
18 그가 바라보는 그것보다도 더 진한 마
음으로써 너희들이 나의 가슴속에 살
고자 노력하는 백성이 되어야만 모두
를 얻을 수 있으며 구할 수 있다는 것
을 너희들은 알아야 될 것이니라.
19 그와 같은 애절한 마음으로써 믿음의
길을 가지 못하며 행하지 못하면 아무
것도 얻을 수 없으며 구할 수 없으며
볼 수 없음을 너희들이 알려 주어야
될 것이니라.
20 사랑하는 나의 아들아, 너희들 말속에
그런 말이 있지 않더냐?
21 물에 빠져 허덕이는 사람은 작은 지푸
라기라도 잡고 싶어 몸부림치는 자들
이라 그리하지 아니하였던가?
22 물에 빠져 몸부림치는 자가 죽음 직전
에 지푸라기라도 잡고 살고자 하는 그
애절한 마음보다 열배 백배 더 강한
마음으로써 너희들이 나의 사랑 속에
살고자, 나의 뜻에 순종하고자 하며
나를 믿는 마음을 갖고 사는 백성만이
모두를 얻을 수 있으며, 구할 것이며,
나를 볼 수 있음이니,
23 그보다 더 강한 마음으로써 나의 법전
을 믿으며, 나의 아들의 강론을 들으
며, 그리 강한 마음으로 살아가도록
그리 전하라.
24 그리하지 아니하면 너희들이 무너지
고 넘어짐이니라.
25 다만 너는 나로부터 직접 나의 음성을
들으며 내가 보여 주는 그 모두를 보
고 역사함이니,
26 비록 네가 느끼는 것만큼 그들이 따라
올 수 없으나, 그들이 강한 마음이요,
강한 믿음이요, 강한 의지를 가지고
나를 향하여 달려오지 아니하면 구원
하고 얻을 수 없다는 것을 그들의 마
음속에 심어 주라.
27 그 정도는 갈 수 있으며 그와 같은 역
사는 할 수 있는 것이 모든 나의 백성
들임을 그리 알라, 사랑하는 나의 아
들아!

8,352 번째 하나님 말씀

2003년 11월 10일 12시

1 사랑하는 나의 아들아!
2 "네, 아버님! 말씀하옵소서."
3 너희들이 살아가면서 이 모든 세상 것
을 사랑하며 용서할 수 있는 마음을
갖고 살 수 없거든,
4 추한 것, 더러운 것, 네 마음속에 추한
생각이요, 악습이요, 그 모두를 정녕
벗어 버리고 던져 버리기 그리 어렵고
힘들거든,
5 너희들은 나 여호와의 마음으로 돌아
오도록 하라 그리 전하라.
6 너희들이 나 여호와의 마음과 내 눈으

로써 세상을 보고 듣는다면, 너희들이
모두를 다 용서하고 덮을 수 있는 것
이니라.
7 그러니 나 여호와의 큰 사랑이요, 나
의 자애로운 마음과 나의 눈빛을 너희
들이 생각해 보라.
8 나의 눈빛으로써 세상을 보며 나 여호
와의 큰 사랑이요, 자애로운 마음으로
써 너희들이 내가 되어 세상을 내려다
보며 모두를 듣고 본다면,
9 너희들이 나 여호와처럼 자애로운 마
음으로써 모두를 용서할 수 있을 것이
니라.
10 그렇게 되면 바로 무엇이 역사하는 줄
알겠는가?
11 너희들의 마음속에 나의 성령이 임하
게 됨이니라.
12 그러니 나의 성령이 너희들에게 임하
였을 때, 그 어떠한 역사를 해도 너희
들은 흔들리지 아니함이니라.
13 오로지 나의 성령이 너희들에게 임하
여 가슴속 깊이 나의 성령이 그득히
채워졌을 때,
14 너희들은 어떠한 사탄의 유혹도 너희
들을 무너트릴 수 없으며, 어떠한 것
도 너희들이 좌절하도록 하지 아니할
것이며, 너희들을 부서지도록 만들지
는 절대 못할 것이니라.
15 어떠한 사악한 자도 너희들을 놓고 장
난치지 못하며, 너희들을 무너트리지
못하는 것이 성령으로 가득히 임한 백
성들이 역사하는 길이니라.
16 그러니 바로 너희들이 나의 자애로운
마음이요, 나의 자애로운 눈빛으로써
내가 되어 세상을 바라보는 그와 같은
경지에 오르도록 그리하라.
17 그와 같은 삶을 살고자 노력할 때 나
의 성령은 너희들에게 그득히 임할 것
이며,
18 나의 성령이 너희들에게 그득하게 임
했을 때, 어떠한 것도 이 세상에서 너
희들을 유혹하지 못하며 너희들을 놓
고 장난치지 못할 것이며, 너희들을
무너트리지 못한다는 그 사실을 알라.
19 나의 뜻에 의해 역사하여 나의 뜻에
의해 살고자 하는 그와 같은 마음으로
변하게 될 것이니라.
20 그러니 너희들이 이 세상에 살면서 나
여호와의 뜻대로 모두를 역사하며 내
뜻에 순종하며 경배하고 사는 것보다
더 귀하고 소중함이 없는 것을 너희들
은 다 알고 있음이니라.
21 그러면서 그대로 행해지지 아니하며
그대로 역사하지 못하기에 너희들이
고통스러워 발버둥치는 그 모두를 나
는 아느니라.
22 그러니 너희들이 성령으로 임한 백성
만이 나 여호와의 뜻이요 내가 역사하
는 것을 알고 살아가며,
23 그 길을 가는 것보다 더 큰 축복이요,
영광이 없다는 것을 깨달은 것을 그대
로 행하고 그 모두를 얻으며 살아갈
수 있는 것이 사랑하는 나의 아들 너
희들이 가지고 있는 특혜요, 영광이라
는 것을 깨닫도록 그리 전하라, 사랑
하는 나의 아들아!

8,353 번째 하나님 말씀

2003년 11월 10일 12시 05분

1 사랑하는 나의 아들아!
2 "네, 아버님! 말씀하옵소서."
3 너는 내 마음을 알 것이니라.
4 나 여호와의 뜻을 너는 알고 있을 것이니라.
5 나 여호와의 아픈 마음의 그 모두를 알고 있다면, 그 모두를 하나하나 이 지상에서 변화시키며 다스려 가는 것 또한 네가 해야 할 일이며,
6 너를 따르는 제자들, 그리고 나의 법전을 읽고 깨우친 그 백성들만이 역사할 수 있으며, 그 누구도 역사할 수 없음을 알아야 될 것이니라.
7 "아버님! 저는 그를 알고 있사옵나이다.
8 제가 한두 가지의 그것을 알며 그것은 꼭 지키고 역사하고자 하고 있사옵나이다."
9 네가 가지고 있는 그 마음을 나는 아느니, 너는 그것을 너의 제자들에게 깨우치고 전해야 됨을 잊지 말라.
10 "네, 아버님! 그리 역사하겠사옵나이다.
11 모든 종교 집단이요, 지도자들이 이대로는 아니 되며, 이대로 가서는 구원을 받을 수 없으며, 하늘에 오를 수 없다는 것을 많이 알고 있사옵나이다.
12 그러나 그들은 용기가 없으며, 대안이 없으며, 그를 바꿀 힘이 없사옵나이다.
13 너무나 많은 종교 집단이요, 지도자들이 잘못되며 잘못 역사하는 것을 알고 있사옵나이다.
14 그 마음을 바로잡지 못하고 그들이 용기 없는 것을 바라보면서 아버님께서 마음 아파하심을 알고 있사옵나이다.
15 그들을 구원하는 데 저의 제자들과 저희들이 최선을 다할 것이며,
16 그와 같은 자를 저희들이 앉아서 기다리는 것이 아니요, 찾아 나서는 그와 같은 역사를 하겠사옵나이다."
17 그저 신도라는 자들이 끌어오는 자를 저희들이 맞이하며, 그들에게 성령이요, 예수의 보혈로써 구원을 받으며, 저희들 앞에 와야 축복을 받으며 구원을 받는다고 앉아서 하는 그 나태하고 게으른 자들의 형국으로 네가 가서는 아니 됨이니라.
18 네가 정녕 지금의 모두를 깨우치고 있는 종교 집단이요, 지도자들이 변하고자 하면서 그 길을 모르며 자신이 없고 용기 없는 자가 오기를 바라지 말라.
19 자신이 없고 용기가 없어서 변하지 못하며 개혁을 하지 못하는 그들이 어찌 너희들에게 찾아올 용기가 있겠느냐?
20 그들이 찾아올 용기가 있다면 스스로 개혁을 할 것이며, 오늘에 내가 법전을 세상에 내림을 그대로 받아 전하는 너와 같은 역사를 할 수 있을 것이니라.
21 그러나 그들은 그와 같은 역사를 할 용기가 없기에 너희들을 찾아올 용기도 없으며 너희들을 찾아볼 자신도 없음이니라.
22 정녕 찾아오지 못한다면 너희들이 어찌해야 되느냐?

23 찾아가는 것이 당연하지 않더냐?
24 그러니 정녕 종교 지도자요, 믿음의 길을 가는 자가 오늘의 이것으로써는 역사할 수 없으며, 모두를 다 놓아야 되며 새로운 변화를 이루지 아니하면 구원을 받을 수 없다며 안타까워 몸부림치면서도,
25 그 틀 속에서 벗어나는 것이 제가 이단이라며 배척되고 설 자리가 없을까 봐 두려워 몸부림치는 그 백성들에게,
26 너의 제자들이요, 나의 법전을 읽고 깨우친 만백성 너희들이 찾아가 그들을 깨우치며 길을 열어 주어야 되는 것이니라.
27 이제 내가 너희들에게 무어라 말하였더냐?
28 엉터리 의사가 환자를 긁어모으도록 사람을 내보내서 환자를 모아 놓고, 치료하지도 못하면서 재물만 긁어모으는 그와 같은 사기꾼 짓을 하는 자가 아니라,
29 네 제자들을 의술이 특출한 사람으로, 모든 것을 다스릴 수 있는 전문가로 만들어서 그들을 내보내,
30 그들이 환자의 집이요, 환자가 있는 곳에 찾아가서 그 자리에서 치료해 주고 고쳐 주는 그것이 나 여호와의 뜻이니,
31 그리 역사하는 것이 내 뜻이라 함을 알았으면, 앞으로 너는 그리 행해야 될 것이니 그리 알라.
32 너희들이 그들을 찾아 용기를 주며, 그들이 정녕 나의 법전을 읽고 이 길을 갈 수 있으며 모두가 변화하는 대개혁을 이루도록 그리하라.
33 그들만이 저희들이 같이 간 집단이요, 같이 소속했던 곳의 제 이웃의 동료요, 같이 가는 신도들이요, 그 모두의 어렵고 슬프고 고통스럽고 기쁘고 기쁘지 않은 것, 그 희비애락을 잘 알고 있음이니,
34 바로 그들만이 그 모두를 다 다시 세울 수 있으며 변화시킬 수 있으며 충격을 줄 수 있는 것이니,
35 그들을 찾아가 모두를 다스리도록 그리하라, 사랑하는 나의 아들딸들아!
36 이 의미를 너희들이 깊이 깨우쳐 행하도록 그리해야 될 것이니라.

8,354 번째 하나님 말씀

2003년 11월 11일 06시 19분

1 사랑하는 나의 아들아!
2 "네, 아버님! 말씀하옵소서."
3 이 세상의 그 모두를 역사하는 것은 나의 주관이요, 내가 너희들에게 모두를 역사할 수 있도록 내려 주었다 하였음이니라.
4 다만 너희들이 20퍼센트라는 노력할 부분이 거기에 있다 하였음이니라.
5 그러니 모두를 대비하고 모두를 준비하는 그와 같은 삶을 살라는 것이 바로 20퍼센트의 너희들의 모두를 역사하라는 것이니라.
6 너희들이 모두를 준비하고 대비하지 아니하면 너희들은 그 모두를 역사하여 승자가 될 수 없는 것이니라.
7 그러니 20퍼센트라는 것이 너희들의 노력의 몫이라는 것은, 미리 너희들이 대비하고 계획하고 준비하는 그와 같

은 삶을 살아가지 아니하면 아니 되는
것이기 때문이니라.
8 그러니 인간의 노력이요, 인간의 그
생각도 너희들이 항시 쉬지 말며 아름
다운 것, 선한 것, 그리고 남을 위해
사랑할 수 있는 이와 같은 마음의 자
세로써 너희들이 생각하고 살며,
9 그리고 너 자신들의 육을 돌보는 것,
육신의 그 모두를 다 관리하는 것, 그
와 같은 것을 너희들이 할 수 있는 것
이 그 20퍼센트 속에 속한 것이니라.
10 그러니 너희들이 죽고 사는 것, 또한
인간 세상에 살면서 불행한 일, 기쁜
일, 그 모두는 다 20퍼센트의 한계를
벗어나지 못함이니,
11 그 속에서 역사하는 것은 너희가 최선
을 다해야 함을 알아야 될 것이니라.
12 이 세상에 아름다운 자연 속이요, 너
희들이 모두를 취하며 살아가는 것은
모두 100이라는 그 숫자에서 나 여호
와가 80이라는 것을 너희들에게 내려
주었음이니,
13 20이라는 것을 너희 자신을 다스리고
살아가야 한다 하지 아니하였던가?
14 너희에게 구슬 열 개를 꿰라 하여 내
가 여덟 개는 완전한 구슬을 주었으
며, 두 개의 구슬은 너희들이 만들어
서 꿰어야 한다 하였음이니,
15 거기에 너희들이 유리나 진정한 구슬
이 아닌 것을 갖다 맞추려 한다면, 그
열 개의 구슬은 결코 제 몫을 할 수 없
다 하였으며 제자리를 지킬 수 없다
하였음이니라.
16 그러니 이 모두는 미리 준비하고 계획
하고 너희들이 최선의 노력을 다하여
살아가고자 할 때, 내가 내려 준 여덟
개의 진주요, 두 개의 진주를 너희들
이 만들어 꿸 수 있음이니,
17 그와 같은 의미를 다시 한 번 생각하
고 가야 될 것이니라.
18 나의 아들 너는 내가 너에게 내리는
그 의미를 알고 있을 것이니라.
19 "네, 아버님! 알고 있사옵나이다.
20 사람이 죽고 사는 것, 그리고 희비애
락에 얽히는 것, 그 모두는 20퍼센트
속에서 준비하고 예비하는 노력의 결
과에 따라서 모두가 역사한다는 것,
21 이는 너무도 무섭고 무서운 것이옵나
이다.
22 완벽하게 아버님께서 다 주관하신다
면 어떠한 것도 역사할 수 없으나,
23 20퍼센트는 인간의 노력으로 인간이
만들어야 된다는 것은,
24 인간이 무섭도록 노력하지 아니하면
아무것도 얻을 수 없으며, 예방할 수
없으며, 사전에 대처할 수 없고, 모든
불행이요, 그 역사하는 것을 막을 수
도 없는 것이라 생각되옵나이다.
25 비바람이 불어서 하나의 가옥이 무너
지는 것도 아버님의 뜻에 의해 역사하
는 것은 80퍼센트요,
26 20퍼센트는 미리 대비하고 준비된 그
와 같은 집을 지으며 모든 것을 다 예
상하여 행동하는 것, 그 20퍼센트의
노력은 인간이 이루어야 되며 인간의
몫이니,
27 그 의미를 깊이 저는 알고 있사옵나이
다.
28 아버님! 사람이 죽고 사는 것, 저희들
이 병마에 시달리는 것, 그와 같은 것

도 저희들이 얼마나 노력하고 얼마나
다스리느냐에 따라서 지탱할 수 있으
며,
29 스스로 자살하는 것, 스스로 죽음을
선택하는 것, 그것은 20퍼센트의 그
한도 내에서 무서운 결과를 역사할 수
있다는 것을 또한 알고 깨달았사옵나
이다.

8,355 번째 하나님 말씀

2003년 11월 11일 06시 49분

1 사랑하는 나의 아들아!
2 "네, 아버님! 말씀하옵소서."
3 인간의 마음이요, 너희들이 무너지고
자 하여 무너지는 것이 아니며, 악해
지고자 하여 악해지는 것이 아니니라.
4 너희들 스스로 자신도 모르게 무너지
며 쓰러지는 것이 인간의 마음이요,
저 자신도 감당 못 하는 속에서 무너
지는 것이 인간 너희들의 마음임을
알아야 될 것이니라.
5 더욱이 인간들이 살아가면서 자기의
목표요, 목적을 위해서 그걸 보고 달
려가며 그것만을 역사하기 위해 가는
사람, 그와 같은 사람이 더 무너지고
실패하기 쉬움을 너희들은 알아야 될
것이니라.
6 그러니 한 가지 목표를 세우고 오로지
그것만을 위해 매진하는 백성은 인간
성이요, 인간미를 찾을 수도 없으며,
7 그리하여 그것이 잘못되었을 때, 자신
도 모르게 무너지는 것이 인간 너희들
임을 알아야 될 것이니라.
8 믿음 또한 그러하니라.
9 너희들이 구원을 받겠다는 것, 그리고
나에게 오르겠다는 것, 그와 같은 일
념만 가지고 믿음의 길을 가는 백성은
스스로 무너질 수가 있으며, 자신도
모르게 무너져 가는 것을 그들에게 깨
우쳐 주어야 될 것이니라.
10 저희들이 구원을 받겠다는 것, 나에게
오르겠다는 그 목표요, 그 일념만을
가지고 달려온다면, 너희들은 거기에
서 좌절될 수 있으며, 또한 무너질 수
있으며, 스스로 자신도 모르게 무너지
는 그와 같은 역사를 살아감이니,
11 인간이 세상사 자연 속에서 아름다움
이요, 더불어 살아가는 그 속에서 유
하고 부드럽고 여유 있는 삶을 살아
가는 그것이 소중함을 너의 제자들에
게 일깨워 주어야 됨을 알아야 될 것
이니라.
12 오늘의 너의 제자에게 이르기를, 사람
은 무너지고자 하는 자 없으며 잘못되
고자 하는 자 없으며 쓰러지고자 하는
자가 없음이니라.
13 그러나 인간은 스스로 저희도 모르게
무너지고 쓰러져 가는 것이니,
14 흐르는 세월 속에 하루하루 사는 삶
그 모두를 바로 정립하지 못하며, 세
상의 너그러움이요, 세상의 아름다움
이요, 여유 있는 마음을 갖지 못하고
사는 백성은 절대 그 어떠한 것도 역
사하고 이룰 수 없는 것이니라.
15 그러니 너희들의 믿음 또한 구원을 받
는다는 그 목적을 세워 놓고 그것만을
위해 발버둥치는 백성, 그들이 스스로
무너질 수 있는 자들이라는 것을 절대
잊지 말라.

8,356 번째 하나님 말씀

2003년 11월 11일 11시 38분

1 사랑하는 나의 아들아!
2 "네, 아버님! 말씀하옵소서."
3 너를 따르는 제자들과 그리고 나의 법
전을 읽고 깨우친 만백성 너희들은 알
아야 될 것이니라.
4 사람이 어찌 태어났느냐 하는 것이 중
요함이 아님을 알라.
5 너희들은 사람이 어찌 태어났느냐보
다 어찌 살았느냐 하는 것이 얼마나
귀하고 소중한 것인가를 알아야 될 것
이니라.
6 너희들 인간 세상에 살아가면서 자식
을 위하여 온갖 고생을 마다하지 아니
하며,
7 제 고통을 말하기 전에, 자식이 살아
가는 데 어렵고 힘듦을 가엽게 여겨
눈물 흘리며 살아가는 것이 너희 육의
부모이니,
8 그리하여 어려서부터 성장하는 과정
에서 부모의 가슴을 아프게 하지 말며
부모를 울리지 않는 삶을 사는 것이
자식의 도리요, 너희들이 살아가는 길
이라 수없이 가르치고 그리 들어 온
것이 나의 사랑하는 백성 너희들이 아
니더냐?
9 그것은 단순히 너희를 위하여 모든 고
통을 다 저버리며, 못살고 고통스러운
것을 가슴 아파하면서도,
10 자신의 고통스러운 것을 잊어버리고
살아가는 너희 부모의 마음을 아프게
하지 말며 가슴 아프게 하지 않는 삶
을 살라 가르치는 그것이 무엇인 줄
알겠느냐?
11 그것이 인간의 본성이요, 인간이 지켜
야 할 도리이며, 그를 지키는 자는 모
두를 볼 수 있는 그와 같은 삶의 기본
이 다져지기 때문이니,
12 너희들은 그것이 작은 가르침이지만
큰 가르침이요, 큰 뜻임을 알아야 될
것이니라.
13 그러나 너희들은 어찌 살아가느냐?
14 너희들이 젊었을 때의 삶은 무엇이던
가?
15 제가 무엇을 이루고자 더 역사하고자
이리 핑계 저리 핑계 대며 살아가는
삶이 바쁘다 하여, 늙어 가며 가면 다
시 보지 못하는 너희들의 부모를 과연
얼마나 생각하는가?
16 너희들이 평생 듣고 가르치기를, 부모
에게 가슴 아프게 하지 말며 부모를
슬프게 하지 말라 하였거늘,
17 그 부모가 쇠진하여 슬프며 너희 손발
이 필요할 때, 과연 너희들은 얼마만
큼 그를 돕는가?
18 이것이 너희들이 평생을 배운 교육의
한계며, 너희들이 평생을 듣고 배운
교육도 그와 같이 흘러감이니,
19 오늘의 삶에서 제 자식이요, 저 자신
을 위해 이리 핑계 저리 핑계 대면서
저를 위해 모두를 다 바친 그 부모는
들여다보지도 아니함이니,
20 그러니 너희들이 평생을 살아가며 그
부모에게 너희들 인간 자신이 배우고
들어 온 효도라는 것을 정녕 제대로
한 번이나 해 보고 제대로 역사한 사
람이 있느냐?
21 인간의 삶의 근본이 지금 더 무너지고

있으며 다 흩어지고 있는 것이, 나 여
호와를 믿지 않고 따르지 않는 것보다
내 마음이 더 아픔을 알라.
22 너희들이 부모에게 효도하는 것, 공경
하는 그 마음이 바로 거기서부터 아름
다운 싹이 틈이니,
23 그 마음을 가진 자, 나를 공경하며 나
를 따를 수 있는 백성임을 너희들은
알아야 될 것이니라.
24 그러니 내가 너희들에게 무엇이라 말
하였느냐?
25 이와 같이 너희들이 나의 뜻을 지키고
사느냐 살지 않느냐 그것이 중요한 것
이요,
26 너희들이 어떻게 태어났느냐 하는 것
은 결코 중요한 것이 아니라는 뜻을
여기서 깊이 깨우쳐야 될 것이니라.
27 너희들이 이리 핑계 저리 핑계 대는
삶을 살다가 육의 세상에서 부모에게
생전에 효도 한 번 하지 못한 자,
28 부모가 죽어 간 뒤에 너희 살 속을 파
고드는 슬픔과 아픔을 가지고 눈물을
흘리고 통곡하며 후회하고 몸부림 칠
수 있는 그와 같은 기회라도 가질 수
있으나, 너희들은 여기서 알아야 될
것이니라.
29 너희들이 정녕 수천 년 동안, 또 평생
을 살아가면서 창조주 나 여호와가 있
으며, 보낸 이가 있으며, 너희들의 어
버이가 존재하며, 모든 역사는 나 여
호와에 의해 존재함이니,
30 내가 너희들에게 내린 그 계명이요,
율법을 지키고 살아 너희들이 나에게
오르는 것이 가장 큰 영광이요, 축복
이라는 것을 수없이 평생 동안 들으면
서도 진정한 믿음이요, 진정한 그 진
리의 길을 가지 아니하니,
31 너희들이 이 핑계 저 핑계를 대어 너
희 부모에게 효도를 다하지 아니하고
살아와 그 부모가 죽은 다음에 효도
한 번 못한 것을 통곡하는 그 백성처
럼,
32 너희들이 더 이 핑계 저 핑계를 대면
서 참진리요, 어렵고 힘든 길을 가지
아니함이니라.
33 너희들이 나의 율법을 지킬 수 없다며
나의 십계명을 지킬 수 없다 하며,
34 지금 내가 나의 아들을 통하여 마지막
내리는 나의 법전을 지킬 수 없다, 인
간이기에 할 수 없다, 너희들이 이리
핑계 저리 이유를 달며 그리 살아가니,
35 부모가 돌아가신 다음에 너희들이 살
속에 스며드는 그리움이요, 아픔이요,
불효한 것을 통곡할 수 있으나,
36 나에게 와 심판을 받는 그 순간에는
그와 같은 기회도 없는 것이 하늘에
오르는 길이요, 심판대에 서는 것이라
는 걸 너희들은 알아야 될 것이니라.
37 너희들이 인간 세상에 백 년도 안 되
는 그 삶에서 부모의 뜻을 따르지 아
니하고 부모에게 불효한 자, 그 아파
오는 가슴을 달래지 못하여 통곡하며
후회하는 삶이 있다 하였음이니라.
38 그러나 육의 세상에는 그와 같은 기회
라도 있으며 반성의 여지라도 있으나,
39 너희들이 정녕 죽어 와 나에게 심판대
에 섰을 때는 단 1초도 그 생각을 할
수 없으며 돌이킬 수 없으며, 나에게
잘못됨을 용서 빌 수 있는 어떠한 것
도 용납되지 아니함을 너희들은 알아

야 될 것이니라.
40 너희들이 육의 세상에서 후회하는 삶을 사는 백성이 되지 않는 것이 아름다운 육의 삶을 살았다 하지 않겠느냐?
41 그러니 인생의 삶의 성공이요, 최종의 승자는 무엇인 줄 알겠느냐?
42 나 여호와에게 너희들이 와서 한 점의 부끄럼이 없이 고개 들 수 있는 그와 같은 삶을 사는 것이니라.
43 너희들은 죽음 직전에 단 1초를 위해서 아름답게 살라 하였음이니라.
44 너희들이 숨을 거두는 그 순간은 1초의 순간에 모두 끝남이니, 그때 너희들이 당당하게 올 수 있으며 공포에 떨지 않고 두려워하지 않는 삶을 살라.
45 내가 나의 아들을 통하여 법전에 그리 기록하고 전한 것을 읽고 깨우친 그 제자들이요, 그리고 만백성 너희들은 그와 같은 삶을 살도록 그리하라.
46 너희들은 육의 세상에서 잘못된 것은 후회하고 또 통곡하고 고칠 수 있으며 눈물 흘릴 기회도 있으며 말로라도 용서를 빌 수 있으나,
47 너희 자신이 잘못 산 것은, 마지막 죽음의 심판대에 서는 그 순간에는 어떠한 것도 후회해도 늦고 소용없다는 그 무서운 사실을 알도록 그리 전하라, 사랑하는 나의 아들아!

8,357 번째 하나님 말씀

2003년 11월 11일 11시 44분

1 사랑하는 나의 아들아!
2 "네, 아버님! 말씀하옵소서."
3 나의 피조물 만백성, 그리고 종교 지도자요, 구원을 받았다 하는 백성, 그리고 너를 따르는 제자들이요, 또한 나의 법전을 읽고 깨우친 만백성 너희들은 들어야 될 것이니라.
4 너희들이 나를 보지 못하며 나의 음성을 듣지 못함은 무엇인 줄 알겠는가?
5 너희들의 삶이 잘못되었기 때문이니라.
6 너희들이 나 여호와의 뜻대로 살며 참 진리를 찾아 행하는 삶을 산다면 결코 나를 보지 못하며 내 음성을 듣지 못할 이유가 하나도 없음을 너희들은 알라.
7 알이 생명으로 태어나지 아니하면 세상을 볼 수 없으며 그 어미가 부르는 소리를 들을 수 없으며 자연의 아름다움을 볼 수 없는 이치라는 것을 너희들은 알아야 될 것이니라, 사랑하는 나의 아들딸들아!
8 알의 상태로써 세상 것 무엇을 볼 수 있겠느냐?
9 아무것도 볼 수 없고 들을 수 없음이니라.
10 그러나 그 알이 하나의 생명체가 되어 세상에 나왔을 때, 그는 어미의 소리를 들을 수 있으며 자연의 소리를 들을 수 있으며, 그 삶이 지속되며 변화가 되지 아니하더냐?
11 그러니 바로 그러한 것이니라.
12 너희들이 진정한 믿음이요, 참진리의 길을 가며, 성령으로써 임한 아름다운 삶을 산다면 너희들은 나의 음성을 들을 것이니라.
13 나의 음성을 듣지 못하는 자, 나를 보지 못하는 자, 너희들은 정녕 나의 뜻

이요, 믿음이 잘못된 자요, 성령으로
임하지 못한 백성이라는 것을 알라 그
리 전하라, 사랑하는 나의 아들아!
14 성령이 너희들에게 임하지 못하는 삶
을 살고 있기 때문에 너희들이 모든
것을 얻을 수 없으며 볼 수 없다는 것
을 알라.
15 너희가 나의 뜻에 의해 살며 나의 뜻
에 따라 진리의 길이요, 신앙의 길을
가게 된다면, 너희들은 나를 보게 될
것이며 나의 음성을 듣게 될 것이니라.
16 너희들이 처음에 나의 음성을 들으며
나를 볼 수 있는 그 길에 진입만 하기
시작한다면, 너희들은 나에게 가까이
올 수 있는 변화가 되고 역사하게 되
는 것이니,
17 나로부터 받을 수 있는 은혜요, 모든
능력을 너희들이 얻고 받게 되는 그
큰 은혜는 점점 더 큰 은혜로써 너희
들에게 내려진다는 것을 알지 않느냐?
18 너희들이 좁은 길을 가다가 넓은 길을
만나 평탄하게 갈 수 있는 것, 너희들
이 타고 다니는 그 기계 또한 그렇지
않더냐?
19 너희들이 넓은 길이요, 편안한 길이
요, 고속도로라는 좋은 길에 들어서면
작은 길의 협착한 골목길을 들어섰을
때보다 좀 더 편안한 길을 가지 않더
냐?
20 그리고 목적지에 쉽게 갈 수 있지 않
으냐?
21 그와 같은 이치임을 알라, 사랑하는
나의 아들딸들아!
22 너희들이 기계를 타고 고속도로라는
길에 들어설 때 편안한 길을 갈 수 있
는 것처럼,
23 그와 같이 입구에 들어서기만 한다면
나 여호와의 뜻이요, 나의 삶이요, 내
가슴에 너희들이 진입하기만 시작한
다면, 그때부터 너희들은 영광된 길이
요, 축복의 길만이 역사함이니, 거기
까지 너희들에게 오라 함이니라.
24 거기까지 오는 백성이 없음이니 그리
알라, 사랑하는 나의 아들딸들아!
25 그리하여 나의 법전을 내려보내 너희
들을 깨우치며, 좁고 어렵고 힘든 길
을 통과하여 넓은 길을 달려갈 수 있
는 거기까지 인도하고 안내하는 것이
구약이요, 신약이요, 나의 아들 예수
가 세상에 온 것이요, 지금 나의 법전
이 세상에 내려오는 그 역사함임을 너
희들은 알라.
26 그다음서부터 너희들은 하늘에 오르
는 길을 봄이니, 그때는 행함의 삶이
나에게 오르는 길이니 그리 알며,
27 모두는 하늘에 오르는 그 길을 안내하
는 것이요, 너희들을 구원하는 것이
아니라는 그 무서운 사실을 깊이 깨우
쳐야 될 것이니라.
28 성서를 찾고 울고불고하며 나의 법전
을 붙들고 울고불고한다 해서, 너희들
이 나의 아들의 강론을 들으면서 울고
불고한다 해서 구원의 길에 오는 것이
아니요,
29 구원에 들어올 수 있는 그 반석 위에
올라오는 데까지만 그 모두는 역사하
고 존재함이니라.
30 그리하여 반석 위에 까지 온 자는 그
때서부터 어찌 행하며 어찌 가느냐,
그 빛을 따르느냐, 안 따르느냐 하는

것은 너희들의 삶에 달려 있음이니라.
31 이와 같은 이치를 안다면, 아무것도
너희들을 구원할 수 없으며 너희 죄를
대신할 수 없으며, 잘못된 것을 대신
살아 그 대가를 치를 수 있는 어떤 변
화도 없음이니라.
32 구약이요, 신약이요, 나의 아들 예수
요, 그리고 모두의 역사한 그것이요,
그리고 지금 법전이 내려오는 것이요,
나의 아들이 너희들에게 직접 전해 주
는 나의 뜻의 강론을 듣는 것, 그것도
너희들이 반석 위에 오르는 데까지 그
안내자의 임무요,
33 하늘에 오르는 것, 구원하고 못 하는
것은 절대 그들이 할 수 없으며,
34 오로지 보이지 아니하며 만질 수 없다
는 창조주 전지전능한 아버지라는 나
여호와만이 오로지 그를 역사함이요,
그를 허가하며 인정할 수 있다는 것을
알아야만
35 오늘의 삶을 너희들이 어찌 살아야 될
것인가를 스스로 깨닫게 될 것이니 그
리 알라.

8,358 번째 하나님 말씀

2003년 11월 11일 11시 47분

1 사랑하는 나의 아들아!
2 "네, 아버님! 말씀하옵소서."
3 이제 너로부터 배워 나가는 만백성이
나의 전사요, 그 제자들 그들에게 전
하며, 또한 네가 먼저 그와 같이 행하
고 실천해야 됨을 절대 잊지 말라, 사
랑하는 나의 아들아!
4 너희들은 '나는 이러한 사람이 되겠습
니다. 이러한 길을 가겠습니다.' 그리
먼저 말하지 말라.
5 너희들이 그와 같은 말을 하기 전에,
6 너희 제자들로부터 이러한 사람이 되
어 주십사 하는 그 제자들의 뜻과 그
음성에, 그 목소리에 귀를 기울이는
네가 되어야 될 것이며, 너의 제자들
이 그와 같이 되어야 됨을 그들에게
전하도록 그리하라.
7 너의 제자들이 만백성을 구하는 지도
자로서 역사할 날이 머지않았음이니,
8 그들이 말하기를, '나는 이러이러한
사람이 되겠습니다, 그리고 나는 이러
이러한 길을 가겠습니다, 나는 이러이
러한 사람이 될 것입니다.' 그리 말하
는 데 역점을 두지 말라 전하라.
9 다만 그 제자들이요, 따르는 백성들이
그들에게 선생이 이리 되어 주시기를
바라며 선생이 이와 같은 길을 가 주
기를 바란다는 그 뜻을 듣는 것이 더
중요함을 너희들은 알라.
10 너의 제자들과 또한 너도 그러니라.
11 하나님의 아들이요, 선지자로서 이러
이러한 길을 가 주시기를 바라며 이와
같은 삶을 살아 주기를 바란다는, 너
의 제자들의 그 소리에 귀를 기울이며
그를 듣는 것만으로써 네가 다 할 것
이지,
12 '내가 이와 같은 역사를 하고 있으며
이와 같은 사람이 되겠다.'는 그와 같
은 말은 절대 해서는 아니 되는 것이
니라.
13 너는 죽은 자 가운데 내가 생명을 연
장해 주었으며, 내가 무어라 말하였더
냐?

14 두 번이나 은혜를 입은 너는 네가 아
니며, 돌이 되며, 죽은 자라 내가 그리
하였으니,
15 너는 아무것도 역사할 수 없으며 네
능력으로써 무엇도 가르치고 네가 인
도할 수 없는 자라는 것, 능력이 없다
는 것을 알라.
16 또한 너의 제자들도 그와 같은 마음을
갖고 살도록 그리하라.
17 다만 너는 내가 나의 성령을 내려보내
는 것을 기록하여 그를 전하며 네가
책으로 만들어 만백성을 구하는 그 역
사,
18 나의 성령으로써 기록된 것, 내가 내
린 그 내용이요, 그 뜻 안에서, 그 범
주 안에서 생활하는 것이며 역사하는
것이지, 너는 아무것도 역사할 수 없
으니,
19 너의 제자들이 이러한 선지자요, 이러
한 아들이 되어 달라는 거기에만 귀를
기울이고 너의 제자들 또한 그와 같은
삶을 살라 그리 전하라.
20 너희는 아무것도 역사할 수 없음을 알
아야 될 것이니라.
21 모두는 다 이러한 그 뜻 속에서 살아
가야 됨을 절대 잊지 말라.
22 너희들이 그와 같은 마음을 가지고 살
아갈 때, 자신을 다스릴 수 있을 것이
며, 많은 것을 너희들 것으로 만들 수
있음을 잊지 말라.
23 내가 80퍼센트는 모두를 다 주었으
나, 20퍼센트는 너희들이 모두를 역사
해 만들어 가는 그 노력이 있어야 됨
이니라.
24 그 20퍼센트는 내가 여덟 개를 준 진
주에 두 개를 만들어 열 개로써 목걸
이를 아름답게 만드는 두 개의 진주는
너희들이 깎음이니,
25 그 진주를 만드는 길은 모든 사람에게
이러한 사람이 되어 주기 바란다는 그
문을 열어 놓아야 되며, 그 목소리를
듣기를 즐겨해야 되며,
26 그들이 마음 놓고 너희들에게 전할 수
있는 그와 같은 삶을 살도록 너와 너
의 제자들은 그리 가야 함을 잊지 말
라. 내가 너희들을 사랑함이니라.

8,359 번째 하나님 말씀

2003년 11월 11일 11시 52분

1 사랑하는 나의 아들아!
2 "네, 아버님! 말씀하옵소서."
3 지금 나의 뜻을 거역하며 가장 나에게
무서운 죄를 짓는 그 백성이 누군 줄
알겠느냐?
4 종교 지도자요, 그들보다도 더한 죄를
짓는 것이 오늘 교회 안에서 몇십 년
을 다닌 자, 그리고 평생을 다녔다는
자, 그리고 그 교회 안에서 인간이 내
려 주는 직함의 높은 자리를 가지고
있는 자,
5 그와 같은 자들이 더 사악한 자들이
며, 욕심이 그득 찬 자들이요, 도둑과
같은 자들이 그들이 먼저임을 알라.
6 종교 지도자요, 목자보다도 너희들이
더 나쁜 자들이니라.
7 몇십 년 동안 성서를 공부하며 설교를
들었으며 높은 직함을 가지고 있는 장
로요, 또는 권사요, 각종 이름을 가지
고 있는 자, 너희들은 가르치는 종교

지도자보다 더 아는 것이 많으며 깨달
음이 높은 자들이 수없이 있음이니라.
8 그러면서도 반복되는 교육 앞에 고개
를 숙이며 '아멘, 할렐루야!'를 찾는
것이 바로 무엇이더냐?
9 저 하나만 구원을 받고자, 제가 나에
게 오르고자 하는 욕심이요, 그 심보
요, 그 마음으로써 그와 같은 속에서
그저 흘러가는 대로 따라가는 그와 같
은 자들이 아니던가?
10 그러니 너희들은 알아야 될 것이니라.
11 몇십 년 동안 같은 공부를 했으며 같
은 설교를 들은 자, 그 앞에서 설교하
는 자보다 나은 실력이요, 나은 깨달
음을 가지고 있는 자들이 정녕 나로부
터 그와 같은 것을 배웠으며 깨달았다
면,
12 너희들이 나가 모든 봉사와 희생을 다
하여 만백성을 구하는 데 전념하는 것
이 아니라,
13 그저 한 교회, 한 장소에서 평생 동안
배운 것을 또 배우고 또 들으며, 가르
치는 자보다도 더 잘 알고 더 깨달음
이 높으면서도 그것을 듣고 앉아 있는
것은,
14 너희들이 저 하나만 구원하고자 하며
저만 구원받으면 된다는 그와 같은 욕
심에서 그리하지 않는가?
15 그러니 봉사와 희생을 모르는 자들이
니라.
16 이제 내가 나의 아들을 통하여 역사하
고자 하는 것은 무엇이던가?
17 너의 제자들을 가르쳐 세상에 내보냄
이니, 그들로 하여금 많은 선생이 쉽
게 다스려 이끌어 가듯이,
18 나로부터 배움이 있으며 설교를 들어
깨달음이 있으며 성서를 많이 읽어 깨
달은 자, 그리고 성서에 검고 붉게 그
저 줄을 쳐 놓으면서 읽고 또 암송하
여 종교 지도자보다 그 의미요, 깊이
를 더 많이 아는 자들이 밖에 나가 만
백성을 구하는 데 저 자신을 던지지
아니하며 저를 태우지 아니하고,
19 오로지 저만 구원을 받겠다며 평생 한
곳에 나와 듣고 들은 것을 또 듣고 '아
멘, 할렐루야!' 소리 지르는, 교회에서
높은 직함을 가지고 있는 자들이 더
사악한 자들이며, 더 용서받지 못할
자들이니,
20 그들은 바로 욕심의 한계를 넘어 도둑
과 같은 자라는 것을 그들에게 전해
주도록 그리하라.
21 교회라는 곳이요, 또한 어떠한 종파
요, 거기에서 배우고 듣고 깨달은 것
이 있다면,
22 너희들은 그를 가지고 나가 만백성을
구하는 데 희생과 봉사를 다하며, 그
들을 위하여 자기를 던지고 자기를 태
울 수 있는 자가 정녕 나의 백성이요,
나의 뜻을 거역하지 아니하며 역사하
는 자요,
23 알고 있으며 모두를 통달한 자가 저보
다도 못한 자 밑에 가서 '아멘, 할렐루
야!' 하며 박수 치고 악기에 맞춰 소리
지르는 것,
24 그것이 다 저 자신만을 위하여 저만
보호하고자 하는 것이니, 너희들보다
더 사악하고 추한 자가 없음이니,
25 권사요, 집사요, 기타 등등 돈을 주고
산 명칭을 가진 자, 그들이 가장 사악

한 자들이라는 것을 내가 나의 법전을
통하여 전함이니,
26 잘못 가르치는 목자보다도 너희들이
더 제 욕심에 차 있는 자들이니라.
27 욕심에 차 있는 것은 죄요, 죄를 범하
는 것은 멸망이요, 멸망은 지옥으로
간다는 순리의 성서의 뜻을 깨우치도
록 그리하라.

8,360 번째 하나님 말씀

2003년 11월 11일 11시 57분

1 사랑하는 나의 아들아!
2 "네, 아버님! 말씀하옵소서."
3 성서에 기록하여 너희들에게 전하기
를, 나의 아들 예수는 그리 말하였느
니라.
4 예수의 시대는 지나갈 것이며, 예수의
가르침은 모두 비사로써 너희들에게
전해지는 그와 같은 역사를 이룬다 하
였음이니라.
5 그러면서 나의 아들 예수가 뭐라 너희
들에게 전하였느냐?
6 지금은 비사로써 모든 것을 전하지만,
너희들에게 직접 가르치고 전하는 시
대가 올 것이며,
7 그때가 이르면 비사로써 이르는 것이
아니요, 나 여호와 아버지의 뜻을 그
대로 전하며 깨우치는 그와 같은 시대
가 올 것이라는 것이 성서에 기록되었
음을 알라.
8 내가 너희들에게 무어라 말하였느냐?
9 구약의 시대는 출발선이요, 그 출발선
에서 모세가 이끌고 왔음이니,
10 나의 아들 예수가 중간에서 그 배턴을
받아 마지막 주자에게 전해 주는 것으
로써 믿음의 역사가 이루어진다 내가
너희들에게 그리 말하였음이니,
11 나의 아들 예수가 성서에 기록한 대목
을 너희들이 한번 찾아보라.
12 예수는 그리 말하였느니라.
13 '지금의 내가 가르치는 것은 모두가
비사로써 전한다.' 함이니, 비사는 무
엇이더냐?
14 정상적인 말이 아니며, 비유요, 수수
께끼와 같은 것이니라.
15 정상적으로 알아들을 수 없는 말이요,
그 수수께끼와 같은 속에서 가르치니,
16 이는 중간 주자로서 나의 아들 예수는
그와 같은 것으로써 성서에 전하며 역
사하였음이니라.
17 그리하여 너희들에게 가르치고 전하
였고 또 예수는 그리 흘러왔으며 그
직분을 다하였음이니라.
18 그리하여 예수가 남긴 뜻이 성서에 기
록되어 있음이니라.
19 '때가 이르면 다시는 비사로써 너희들
에게 이르지 아니할 것이며, 아버지에
대한 것을 밝게 가르치며 직접 역사하
는 때가 올 것이라' 그리 전하였음이
니,
20 너희들은 그를 읽고 깨우친다면, 새로
운 시대가 열리는 것이요, 새로운 말
씀이 내려온다는 것이 여기에 있지 않
더냐?
21 이는 너희들이 이를 읽고 깨우치는 것
을, 너희들은 구약의 시대가 지나며
신약의 시대가 지남이니, 신약은 비유
의 시대였음이니라.
22 그 비유의 시대라는 것은 무엇이더냐?

23 바로 너희들이 알 수 없으며 직접 깨
달을 수 없으며, 수수께끼와 같은 아
리송한 가르침의 시대를 열어 나 여호
와가 존재함을 알리는 그 중간 역할의
시대였음이니라.
24 그리하여 예수는 기록하였느니라.
25 때가 되면 비사로써 절대로 너희들에
게 이르지 아니하며, 아버지에 대한
것을 밝게 밝히며, 그 뜻을 알을 수 있
도록 한다 했으니, 오늘 이 시대가 온
다는 것을 미리 기록하여 전함을 너희
들은 알라.
26 그와 같은 대목을 너희들이 읽고 찾으
면서도 과연 그를 몰라서 그리하는가?
27 수천 번 수만 번 읽었어도 너희들은
이를 덮어 둠이니라.
28 오로지 너희들이 재물을 거둬들이며,
제왕적인 역할을 하는 데 장애가 되는
요소이기에, 이와 같은 뜻을 전하지
아니하며,
29 그와 같이 기록되어 있으며 새로운 역
사가 온다는 것, 비사로써 기록된 그
시대가 지나며, 아버님의 가장 낮은
진리로써 누구나 다 읽고 깨우치며 쉬
운 방법으로써,
30 너희들이 수수께끼와 같은 것, 정상적
인 말인지 아닌지 구분 못 하는 것 모
두를 비유해서 역사하는 것이 아니라,
31 직접 너희들의 가슴에 심어 주는 그와
같은 시대가 온다 하였음이니라.
32 그러니 새로운 성경이 가장 기초적인
역사가 와 누구나 읽으면 깨우칠 수
있는 그와 같은 성경이 새로 내려온다
는 그 말의 뜻이 여기 있으며,
33 또한 너희들은 여기서 깊이 깨우쳐야
될 것이 있음이니라.
34 예수는 '지금은 내가 내려와 비사로써
너희들에게 가르쳤으나' 그와 같이 전
했으니,
35 나의 예수는 다시 내려오지 아니하며
새로운 시대가 역사한다는 것을 너희
들에게 가르쳐 준 것이거늘, 어찌하여
너희들은 이대로 가르치고 그대로 역
사하지 아니하는가?
36 이는 곧 예수의 시대가 다시 오지 않
는다는 그 의미를 알면서도 너희들이
장사하기 위하여 거짓된 행위로써 가
르치고 있음이니,
37 그 모두를 중단해야 될 것이니 그리
알라.
38 나의 아들 예수는 중간 주자로서 그
직분을 다했으며 중간 주자라는 것을
엄히 밝혔음을 너희들은 알라.
39 예수가 전하는 것은 너희들에게 비사
로써 전하는 것이며,
40 때가 되어 비사가 아닌 직접 나 여호
와의 간편하고 너희들에게 직접 심어
주는 그 시대가 온다 함을 기록한 성
서를 찾아보라.
41 이것이 바로 나의 법전이요, 새로운
성경이니, 그리 알도록 전하라.

8,361 번째 하나님 말씀

2003년 11월 11일 12시 02분

1 사랑하는 나의 아들아!
2 "네, 아버님! 말씀하옵소서."
3 성서에 기록되어 너희들에게 전하기
를, 나의 아들 예수가 그리 전하였느
니라.

4 '심판의 그날이 오면 너희가 내 이름
으로써 구할 것이요, 내가 너희를 위
하여 아버지께 구하겠다는 말이 아니
라는 것, 예수가 역사하는 것은 아버
지께 너희들을 구하겠다는 말이 아니
라'는 것이 성서에 기록되어 있음을
너희들은 알라.
5 다만 너희들이 나 여호와를 사랑하고
나의 아들 예수를 사랑하며, 나의 아
들을 세상에 내가 보낸 것이라는 것을
알며,
6 위로는 나 여호와가 존재하며 아래로
는 나의 아들이 세상에 보내진 자라는
것을 믿고, 그와 같이 따르며, 그 행한
그대로 너희들이 행하는 것만이 나에
게 오르는 길이요, 하늘에 오르는 그
길의 역사라는 것을 내가 성서에 기록
하여 너희들에게 전하였음을 알라.
7 나의 아들은 말하였느니라.
8 '내 이름으로 너희들을 구할 것이 아
니요, 내가 너희들을 위하여 아버지께
구하겠다 하는 말이 아니라' 함이니라.
9 예수가 나의 뜻에 따라 모두를 역사하
고 행한 것을, 예수가 역사한 것을 따
라서 행하는 것,
10 그것이 나 여호와의 뜻이요, 보낸 이
의 뜻이기에, 그러한 자만 구원을 받
는 길이라 그리 나의 아들 예수는 전
하였으며 기록하고자 하였으나,
11 그 제자들이요, 또 그 제자들이 또 받
고 받아 기록함이니, 앞에는 기록하였
으나 뒤에는 저희 임의대로 생활이요,
삶에 편리한 대로 변질시켰다는 것을
너희들은 이제 알아야 될 것이니라.
12 지금이라도 내가 나의 아들을 통하여
전하는 그 의미를 알라.
13 나의 아들이 성서에 기록하여 너희들
이 그리 배우고 읽었을 것이니라.
14 '내 이름으로 구할 것이요, 내가 너희
들을 위하여 아버님께 구하겠다 하는
말이 아니라'는 것,
15 그러니 이 뜻을 알면 그다음에 나의
아들에게 무엇을 역사하며 무엇을 전
하고자 했는지 그것을 너희들이 스스
로 찾아야 될 것이며, 거기서 너희들
이 스스로 깨달음을 얻어야 될 것이니
라.
16 이는 성령으로써 마음이 그득히 채워
진 자, 나의 법전을 읽고 또 읽는 자만
이 그 의미요, 그 뜻을 알아들을 수 있
음을 알아야 될 것이니라.
17 나 여호와를 너희들이 사랑하며, 내가
너희들을 사랑하는 만큼 너희들의 선
과 악을 구분하여 살아온 그 삶에 대
하여 나 여호와가 친히 구별한다는 그
의미가 여기 있음이니라.
18 나의 아들 예수가 감히 아버님께 구하
겠다 말하는 것이 아니요, 주청하는
것도 아니요, 그리할 수도 없는 것이
며,
19 나 여호와가 직접 나로부터 사랑을 받
는 삶을 산 자, 사랑을 받지 못할 삶을
사는 자, 그와 같은 것을 구분하니, 그
것은 나 여호와만이 역사하며, 그러한
시대는 반드시 온다는 것,
20 감히 거기에 너희들의 이름을 올리지
도 못하며 너희들을 추천할 수 없는
것이 나의 아들 예수라는 그 뜻이 거
기에 들어 있음이니라.
21 '아버지께 구하겠다 하는 말이 아니

라'는 그 의미를 깊이 깨우치도록 그
리하라, 사랑하는 나의 아들딸들아!

8,362 번째 하나님 말씀

2003년 11월 11일 12시 07분

1 사랑하는 나의 아들아!
2 "네, 아버님! 말씀하옵소서."
3 너희들이 한 획도 고쳐서는 안 된다는
그 성서에 기록되어 전한 대목이 있느
니라.
4 나의 아들 예수는 나로부터 보내진 자
라는 것을 밝혔으며, 그리하여 그는
세상에 왔고, 나 여호와가 보냈기에
세상에 와 만백성을 구하는 그 역사를
했으며,
5 다시 나 여호와가 부르기 때문에 그는
나에게 간다 제자들에게 그리 말했으
며 그리 전하였을 것이니라.
6 나의 아들 예수는 보낸 이가 있기에,
세상에 만백성을 구하라는 대명을 받
아 보냈기에 그가 왔으며,
7 그 모든 역사를 죽음으로써 만백성을
구하고자 하는 그 길을 마다하지 아니
하고 역사했기에, 나 여호와가 부르기
에 그는 불려서 간다 제자들에게 그리
가르쳐 주고 깨우쳐 준 대목이 성서에
있을 것이니라.
8 너희들이 이걸 과연 모르는가?
9 수없이 가르치는 종교 지도자들이 이
내용을 몰라서 삼위일체라 말하며,
10 감히 내가 듣기도 곤혹스러운, 예수가
나며 내가 예수며 다 동등한 자라 그
리 말하며,
11 또 나 여호와가 예수의 형체로써 한
여인의 몸을 빌려 세상에 나간 것이라
는 망발을 하고 있더냐?
12 그와 같은 말을 감히 하는 것이 무엇
이더냐?
13 내가 일찍이 말했듯이 너희들은 장사
하는 자들이니라.
14 장사하기 위해 그와 같은 것을 알면서
덮어 두며,
15 그와 같이 가르쳐야 된다는 것을 알면
서 육의 삶을 위하여 장사의 수입을
위하여, 너희들이 위험하고 그 험악한
짓을 하고 있다는 것을 알라.
16 성서에 그와 같이 보내져 있는 대목을
알면서도, 어찌하여 내가 나의 아들이
요, 나의 아들이 나요,
17 더욱이 내가 한 여인의 몸을 빌려 세
상에 나갔으니, 전지전능한 창조주 나
여호와가 예수의 형체를 가지고 역사
하다 왔다 그리 말하는가?
18 너희들은 성서를 뒤져 보고 그를 읽어
보라.
19 나의 아들은 말하였느니라.
20 나의 아들 예수는 '그분이 보냈기에
세상에 왔으며, 그분이 다시 부르기에
나는 가는 것뿐이라'는 그 내용이 있
음이니, 이는 나와 아들과 구분되어
있음을 알거늘,
21 너희들이 그저 하나로 섞어, 물과 콩
을 넣고 갈아서 다 범벅이 되어 하나
로 이루어지는 그와 같은 형국으로써
모두를 가르치며 깨우치고 있음이니
라.
22 그를 '맞소, 옳소!' 하고 부르짖으며
재물을 바치고 광란을 하는 자, 너희
들이 사탄의 장삿속에 팔리고 팔리는

그와 같은 역사를 함을 알라.
23 너희들이 장삿속이 아니라 말할 수 있
는가?
24 너희들이 손으로 지어 역사한 그 교회
를 팔고 살 때 무엇으로써 계산하더냐?
25 나의 사랑하는 백성들의 머릿수를 가
지고 계산하며, 들어오는 헌금을 가지
고 계산하고 사고 팖이니, 장사꾼들이
하는 짓이요, 장사를 하는 것이며,
26 거기에 너희들은 물건으로써 팔리고
팔려 가는 그와 같은 것도 모르고 오
늘 구원을 받는다 그리 부르짖으며 삼
위일체라 함이니,
27 삼위일체요, 나와 예수와 똑같다는
자, 그 사기꾼이요, 장삿꾼들의 말에
더 이상 현혹되지 말아야 될 것이니라.
28 내가 너희들에게 명함이니라.
29 너희들은 마지막에 내가 직접 내리는
나의 성령이 가장 위대한 것임을 알라.
30 율법보다도 더 위대한 것이 내가 예수
에게 직접 내려 역사한 것이요,
31 그 예수의 시대를 지나 내가 또 직접
지금 새로운 나의 뜻을 전함이니, 이
것이 더 위대함을 너희들은 알아야 될
것이니라.
32 인간 세상에 사람이 살아갔으니, 너희
들의 부모가 젊어 40대요, 그때는 힘
이 있음이니, 너희들 자식을 가르치는
방법이 달랐을 것이며,
33 그리고 7~80이 되어 다리 힘이 없으
며 제가 지탱할 수 없는 그 능력이 됨
이니, 그때 인생을 보고 세상을 보는
것이 다름이니,
34 6~70이요, 나이가 먹어 산전수전을
다 겪은 부모가 또 가르치는 것이 있
다면, 같은 내용이라도 그가 행하는
것도 역사하는 방법이 다를 것이니,
35 마지막에 내리는 그 뜻이 가장 소중함
이니라.
36 그러니 구약이요, 신약이요, 그보다
내가 마지막으로 나의 아들을 통하여
내리는 나의 법전이요, 직접 이와 같
이 강론을 내리는 것이 산 교육이요,
산 음성이요,
37 마지막에 역사하는 것이 가장 위대하
고 소중하며, 지금의 시대에 너희들이
행해야 될 것이라는 것을 먼저 가슴
깊이 새기는 자, 내 뜻을 들어 알 것이
니라.

8,363 번째 하나님 말씀

2003년 11월 12일 07시 18분

1 사랑하는 나의 아들아!
2 "네, 아버님! 말씀하옵소서."
3 내가 내린 그 십계명이 무엇이던가?
4 너희들이 그를 지키고 사는 것이 영혼
의 양식이요, 구원의 길에 기초요, 근
본이라 내가 하였음이니,
5 네가 나의 법전을 기록하여 만백성에
게 전하는 것이 나 여호와의 뜻이라는
그 증거로 네가 십계명을 암송하지 아
니하고는 나로부터 성령의 메시지를
받을 수 없으며 듣지 못함이니,
6 그러고도 이것이 나 여호와의 뜻이요,
하늘의 뜻이 아니라 생각하는 백성이
있다 하면, 너는 그들이 시시비비하는
것에 대하여 관여하지 말라.
7 오늘에 내가 나의 법전을 세상에 내려
보내는 것은, 너의 제자들이요, 나의

법전을 읽고 깨우친 만백성 너희들에
게 외형을 보고 장맛을 결정하지 아니
하며,
8 그릇보다도 들어 있는 장의 맛이 어떠
하냐가 중요한 그 이치 하나를 깨우치
고자 함이니라.
9 지금 모든 나의 백성들이 살아가며 오
늘까지 온 믿음의 그 길이 무엇이더냐?
10 외형의 그릇이 어떠하냐 그것을 따지
는 것이지, 실질적으로 그 속에 있는
장의 맛이 어떠한가는 알지 못하며,
그를 보려 하지 아니하는 것이 오늘의
믿음이요,
11 그와 같이 나의 피조물 만백성들의 습
성이 그리되어 있기에, 오늘에 너희들
이 참진리와 비진리를 구분하지 못하
며, 참진리의 위대함이 무엇인가를 모
르는 백성으로 지금 전락되었음이니
라.
12 그것을 모르는 자가 가르치며, 또한
모르는 자가 가르치는 것을 듣고 그들
의 말의 옳고 그름을 구분하지 못하는
나의 피조물 만백성이 되어, 오늘에
이와 같은 혼란한 시대가 되었음을 너
는 알아야 될 것이니라.
13 나의 참진리요, 나의 성령을 너희들이
알고 깨우치는 것은 나로부터 구원을
받을 수 있는 자, 그 영광의 길에 선택
되지 아니하면 절대 이를 볼 수 없으
며, 읽어도 깨닫지 못하는 것이니라.
14 인간 세상에 너희들이 살아가면서 이
곳에 와 나의 법전을 보며 너를 통하
여 내리는 강론을 듣고도 떠나는 자,
그가 가고 싶어서 가든 말든 그에 대
해 관심을 갖지 말라.
15 제 복을 제 스스로 터는 것이요, 제 앞
길을 제가 막는 것이거늘, 왔다 가는
자를 가슴 아파하지 말라, 사랑하는
나의 아들아!
16 사람이 왔다 가고 헤어지는 것은 얼마
든지 세상사에 있을 수 있으며 엮어질
수 있는 것이니라.
17 인간 세상에 말하듯이, 너희들이 하던
짓도 더 재미있게 잘해 보고 편안하게
하라 하여 멍석을 깔아 주면 하지 않
는 백성이 있다 하지 아니하였던가?
18 너희들 백성의 심성이 그러하니라.
19 제 복을 제 스스로 버리고 떠나는 자
에 대해 너희들이 가슴 아파하며 괴로
워하지 말라.
20 그들이 어떠한 것이든 간에 나로부터
선택된 백성이요, 제 복을 제가 차지
않는 하나의 은혜를 입을 수 있는 자,
21 그리고 저 자신이 버리지 아니하는 그
와 같은 지혜도 없는 백성들이 왔다
가고 또 갔다 오는 이와 같은 것에 신
경 쓰지 말라, 사랑하는 나의 아들아!
22 모두는 다 제 복이며 제 운명이니라.
23 장이 담겨 있는 그릇을 보고 장을 선
택하는 자는 실패하는 자요,
24 그 안에 있는 맛을 보고 선택하는 자
만이 정녕 진정한 진리를 선택하는 자
이니,
25 너의 제자들이야말로 가장 소중하고
귀한 것을 바라보고 얻는 현명한 사람
이라는 것을 잊지 말라.

8,364 번째 하나님 말씀

2003년 11월 12일 07시 29분

1 사랑하는 나의 아들아!
2 "네, 아버님! 말씀하옵소서."
3 내가 너에게 무어라 가르쳤던가?
4 네가 정녕 조용히 모두를 역사하지 아
니하며, 나로부터 내리며 모두의 이루
어지는 역사를 네가 알고 있거늘,
5 어찌하여 그 세월을 기다리지 못하며
그를 네가 엮어 가지 못하고, 너 스스
로 인간의 생각에 그를 맞춰 가려 그
리 조바심을 하는가?
6 그러기에 내가 너에게 여행을 가라,
그저 눈을 감고 잠을 자라 함을 너는
어찌 그리 모르는가?
7 내가 너에게 잠을 자라 함은 무엇이던
가?
8 네가 지금까지 살아온 인간의 그 습성
을 완벽하게 버리지 못하며, 미래에
그려져 있는 그림을 하나하나 네가 그
려 가면 되는 것을, 어찌하여 그리 불
안해하며 성급하게 그리 생각하는가?
9 그러니 내가 너보고 여행을 가라 하며
너를 잠을 자라 함이니, 네 마음의 성
격을 내가 다스리고자 함이니,
10 네가 정녕 잠을 자는 세월 속에서 너
자신을 다스리는 길을 가고자 하는가?
11 조용히 그대로 내가 역사한 대로 행하
라.
12 내가 너에게 내리지 아니한 것이 없거
늘,
13 나의 법전이 세상에 나오면 내가 금화
와 은화를 네 손에 쥐여 주었으며 모
두를 다 역사하였거늘, 어찌하여 네가
지금 마음을 그리 조급히 생각하는가?
14 사람이 오고 가는 것도 모두 다 정해
져 있음이니라.
15 내가 나의 법전을 만들고 선택된 그
백성들이 얼마나 귀하고 소중한 자라
하였느냐?
16 그렇다면 나의 법전을 만들고 따르는
너의 제자들이 소중하다면, 나의 법전
은 아무나 만들 수 없으며 아무나 역
사할 수 없는 것이니라.
17 그것이 하늘의 뜻이니라.
18 머릿수를 채우기 위하여 머릿수로써
모두를 이루고자 하는 사탄이요, 사악
한 자라 하면, 너희들은 자격의 기준
이 없으며, 자격을 갖춘 자나 준비되
지 아니한 자나 그저 긁어모아 사탄의
종이요, 노예로 삼는 것이 당연하나,
19 창조주 나 여호와는 그리 갈 수 없으
며 그리 역사할 수 없는 것이 나의 뜻
이니라.
20 나의 법전을 만드는 그 뿌리도 정해져
있으며, 그를 다루고 만들 사람들이
다 정해져 있거늘, 네가 어찌하여 그
뜻을 거역하며 그 뜻을 그대로 행하지
아니하는가?
21 내가 금화와 은화를 다 너에게 주었으
며 모두를 충분히 주었거늘, 그를 가
지고 네가 어찌하여 내가 명한 사람들
을 불러 쓰지 아니하며 그를 행하지
아니하고, 네 뜻대로 그리 임하고자
하는가?
22 이것이 네가 모르는 실수이니라, 나의
아들아!
23 내가 이를 역사할 사람들을 명해 주었
으며, 와서 일할 사람을 다 정해 주었

거늘, 어찌하여 네가 그를 거역하며
그를 쓰지 아니하며 네 생각대로 사람
을 쓰고자 하는가?
24 너는 모두가 그것이 너 자신의 실수이
니라.
25 오늘에 어렵고 힘든 고비라 해도 그가
할 자리에 제자리로 와야 됨이니, 어
찌하여 네가 그를 모른단 말이더냐?
26 나의 자리에 와서 선택된 백성이 앉을
자리의 그릇이 사람마다 다름이니라.
27 한 끼에 한 말의 쌀로 음식으로 먹는
자와 그저 한 됫박으로 먹는 자와 그
그릇이 다르거늘, 그와 같은 큰 그릇
과 작은 그릇이 자리에 앉는 것이 있
거늘,
28 내가 너에게 금화를 주지 아니하였던
가?
29 내가 이를 만들 수 있는 내 모든 재물
을 내가 너에게 주지 아니하였던가?
30 내 재물로써 네가 역사하도록 네 손에
재물을 가지고 있으며 네가 그득히 쌓
아 놓고 있으면서, 어찌하여 네가 사
람을 부리는 데 인색하게 그리 생각하
느냐?
31 나의 아들아, 그리하지 말라.
32 네가 불안해하고 초조해하는 그 마음
이 무엇이던가?
33 오늘의 아무것도 모르는 자들이 그저
믿음의 길을 가는 자들과 무엇이 다르
더냐?
34 네가 내 것을 가지고 나의 법전을 만
듦이니, 주저하지 말고 투자하며 그를
역사하도록 그리하라, 사랑하는 나의
아들아!
35 이 세상에 네가 역사하며 너의 제자들
이 역사하는 것이 무엇이더냐?
36 만백성을 구하기 위하여 내가 내린 나
의 성령이요, 이를 가지고 법전을 만
들어 만백성을 구하는 것에 내가 내려
준 재물을 투자하고 쓰기를 두려워하
며, 그를 아끼고 그리 쪼개 쓰려 하지
말라.
37 그게 너의 어리석은 생각인 것이니라.
38 절대 그리해서는 모두가 역사하지 아
니함이니, 이제 사람을 내가 명한 자
는 반드시 그 자리를 지키도록 그리해
야 될 것이니라.
39 그리하지 아니하면 모두가 이루어지
지 아니함이니,
40 그것은 네가 빨리 가는 것이 아니요,
네가 모두의 가는 길을 막는 그와 같
은 형국이 됨이니라.
41 네가 나의 법전을 만드는 데 내가 너
에게 금화와 은화를 주지 아니하였던
가?
42 네 손에 들고 있는 것을 네가 집행하
고 내려 주면 될 것을,
43 내 것을 가지고 그와 같이 네 생각으
로써 하고자 하는 마음을 버리도록 하
라, 사랑하는 나의 아들아!
44 그렇지 아니하면 절대 가지 못함이니
라.
45 네가 생각해 보라.
46 기계를 조작하는 사람이 아무리 못생
겼든 잘생겼든, 혹은 부족한 것 같다
해도, 그 기계를 조작할 수 있는 사람
에게 기계를 맡겨야 하거늘,
47 아무리 풍채가 좋고 경력이 화려한 사
람이라 해도 그 기계를 다뤄 보지 아
니한 자에게 그 기계를 다루라 네가

준들, 과연 그가 다루겠느냐?
48 부족한 자요, 육신이 편안하지 아니한 자요, 모든 것이 너희들이 볼 때 남들보다 뒤지는 사람이라도,
49 그가 그 기술을 가지고 배우고 익혔다면 그는 그 기계를 무난히 이끌어 갈 것이며, 너를 태우고 갈 수 있는 자이거늘,
50 네가 어찌 그와 같은 현명함을 갖지 못하고 외형만 보고 가느냐?
51 그러니 내가 너희들에게 담겨 있는 그릇에 내용물이 얼마나 소중한 것인가를 보지 못하며, 겉에 담고 있는 그릇만을 가지고 너희들이 취한다 그리하였으니,
52 썩은 곡식이 있는 것인지 알곡식이 있는 것인지 그걸 모르고 그를 알려 하지 아니하며 그를 연구하지 아니하며,
53 겉모양만 보고 그릇을 챙기는 그와 같은 어리석음을 너는 두 번 다시 하지 말라, 사랑하는 나의 아들아!
54 나 여호와가 내려 준 내 것을 가지고 내가 명하는 대로 그리 불러 쓰도록 하라.
55 그리하면 무난히 이 배가 갈 것이니라.

8,365 번째 하나님 말씀

2003년 11월 12일 08시 12분

1 사랑하는 나의 아들아!
2 "네, 아버님! 말씀하옵소서."
3 몸이 저려 오며 상처가 아프며 너 자신이 견딜 수 없으며 죽음 직전이라 해도,
4 너는 이 세상의 만백성을 구하는 나의 성령의 뜻을 받아 만백성에게 전하는 그 일을 게을리해서도 아니 되며, 중단해서도 아니 되며, 네가 이 모두를 포기해서도 아니 됨을 알라.
5 나의 아들 예수는 일찍이 어떠한 역사를 겪었더냐?
6 그는 세례를 받으며 사탄과 싸우는 죽음의 직전까지 가는 그 고통에서 그 모두를 이기고 역사함으로써 나의 아들 예수가 거듭 태어나 오늘의 이 역사가 이루어지지 아니하였던가?
7 나의 성령을 받아 160권으로써 증거하여 만드는 나의 아들 너 또한 그보다 더한 고통과 시련이 너에게 있다 해도 이를 중단해서는 아니 될 것이니라.
8 예수가 사탄과 싸워 졌으며 그를 이기지 못하였으며 그 유혹에 넘어졌다면 과연 지금은 어찌 되었겠는가?
9 이보다 더 험악한 세상이 되었을 것이니라.
10 그리고 너희들이 상상할 수 없는 일이 역사되었으며, 오늘의 네가 세상에 나가 나의 성령을 받아 만백성을 깨우치는 그와 같은 변화도 이루지 못하였을 것이니,
11 너는 어떠한 형태요, 어떠한 시련과 고통이 있다 해도 중단해서는 아니 되며 포기해서도 아니 됨을 너는 알아야 될 것이니라.
12 그리하여 예수는 거듭남으로 인하여 무엇을 위하여 이루었더냐?
13 나 여호와가 이루기를 바랐으며, 나 여호와가 역사하기를 바랐으며, 나 여호와가 영화롭기를 바란 것이 나의 아

들 예수가 역사한 것이 아니더냐?
14 그러니 예수는 말하였음이니라.
15 '아버지여! 때가 이르렀으니, 아버지
는 아들을 어찌하든 영화롭게 아버지
의 그 뜻을 이루도록 하여 주옵소서.'
하는 것이 예수의 기도요, 그가 바랐
던 것이니라.
16 나의 아들 예수가 거듭나는 그 삶을 3
년 반의 역사를 이루면서 어떠한 형태
든 나 여호와의 뜻을 이루고자 하는
것은,
17 예수에게 어떤 희생과 고통이 역사하
더라도 그를 이룰 수 있도록 아버지께
영광을 돌리며,
18 아버지의 영광이 만백성에게 내리는
그 길을 갈 수 있도록 예수를 그리 쓰
고 활용해 달라 그는 그와 같은 애절
한 기도를 드렸음이니라.
19 또한 오늘의 너도 그와 같은 기도요,
그와 같은 마음으로 가지 아니하면 아
니 될 것이니라.
20 네가 어떠한 시련과 고통이 역사한다
해도 160권은 세상에 나와야 되며, 그
를 보고 나의 피조물 만백성들을 구원
할 수 있는 그 대명을 맡은 너는,
21 네가 어떠한 희생을 치른다 해도 그를
역사하도록 나에게 기도하는 것이 네
도리요, 네가 해야 할 길이라는 것을
너 또한 깊이 알아야 될 것이며,
22 너를 따르는 제자들은 예수가 선택한
예수의 열 두 제자보다도, 내가 직접
선택하며 내가 역사한 대로 내가 부른
제자들이기에,
23 그들의 각오 또한 예수의 제자들보다
도 더 굳건히 하지 아니하면 아니 되
는 것이 오늘의 마음 자세라는 것을
그들에게 전해 주고 깨우쳐 주도록 그
리하라.
24 예수는 그리 말하였느니라.
25 만백성을 구하고자 하는 나의 뜻을 위
하여, 내가 역사하는 것을 위하여, 예
수가 어떠한 고통을 역사한다 해도 만
백성을 깨우치고 이루는 것을 이루어
달라, 이룰 수 있도록 그리해 달라 기
도하였으며,
26 예수는 지금 내가 모든 권세와 권능을
준 것을, 만백성을 구하고 깨우치기
위하여 내가 주었음을 그는 잘 알고
있으며 그 뜻을 알고 있었음이니라.
27 그리하여 나의 아들 예수는 어찌했는
지 아는가?
28 모두를 다 바친다 해도 나 여호와요,
아버지께서 이루고자 하는 그 모두를
이루도록 해 달라,
29 그리고 오로지 아버지께서 이루는 그
뜻을 이루어 영화롭게 되는 것이 그
근본이요, 기본이요, 만세에 역사하는
것이라는 걸 그는 알았기에 그리해 달
라는 그 기도를 하였음이니라.
30 그러나 그와 같은 후세들이 지금 어떠
한 형국을 이루었느냐?
31 나의 아들 예수의 그와 같은 기도의
내용을 따르던 제자들이 기록하여 만
든 것이 아니요,
32 나의 아들 예수를 따랐던 제자들의 그
제자들의 제자들이 이와 같이 나의 성
서를 만들어 세상에 냈음이니,
33 예수가 기록하고자 하는, 또 예수가
역사하고자 하는 것을 바로 전하지 아
니하였으며,

34 또 너희들이 가감하는 역사 속에서 너
희들의 권세요, 능력이요, 그리고 너
희들 자신을 지키기 위하여,
35 아니 너희들이 떡을 거둬들이는 데 편
한 방법으로써 변질되고 변화되는 부
분들이 수없이 있음이니, 이를 너희들
은 알아야 될 것이라 함이니라.
36 그리하여 그와 같은 모든 것을 내가
바로잡기 위하여 지금 나의 아들을 통
하여 법전을 세상에 내려보냄이니라.
37 지금 모든 기독교요, 종교요, 믿음의
길을 가는 자들이 50년도 안 된 그 역
사의 변화 속에서 가고 있는 것처럼,
38 너희들이 수천 년 동안 그 전통에 의
한 믿음이 아니라,
39 재물을 거둬들이며 큰 교회요, 아름다
운 교회를 짓기 위하여 죽기 아니면
살기로 경쟁이 붙어 교회라는 건물의
우상을 섬기기 시작한 것이 바로 50
년 전서부터 그와 같은 역사가 되었음
이니,
40 오늘의 믿음이 50년도 안 된 너희들
이 교회의 건물을 우상화하여 지금 가
고 있는 그 형국이 되어 있음을 너희
들은 알아야 될 것이니라.
41 그와 같이 너희들이 변질되고 변질된
것이 50년도 안 되어 변질되었듯이,
42 그 당시에 믿음의 길을 가는 백성들이
요, 나의 아들 예수를 따랐던 제자들
이 기록한 것도 아니요, 그 제자의 제
자들이 기록한 것이요,
43 또 그를 가지고 먼저 믿음의 길을 간
그들이 저희들이 떡을 거둬들이며 생
선을 거둬들이며 권세를 누리는 방법
으로 손을 보았음이니,
44 그리하여 변하고 변화되어 앞으로 가
라는 것을 그저 옆으로 가라 기록되어
있는 그와 같은 내용들이 있음이니라.
45 노력하며, 죄를 짓지 아니하며, 십계
명대로 살면서 구원을 받는 것이 아니
요,
46 재물을 바치고 그저 나의 아들을 찾기
만 하면 구원을 받는다는 지금의 가르
침, 이것이 50년도 안 된 그 역사의 뿌
리이니라.
47 그러니 너희들은 50년도 안 된 교회
를 우상화하며 교회를 믿고 가며,
48 너희들은 나 여호와의 진리요, 나 여
호와를 믿는 것이 아니라, 인간 지도
자를 믿는 것으로 변질된 것이 50년
전에 변화되었듯이,
49 그 당시도 이와 같이 변질되고 변질되
었음을 너희들은 알아야 될 것이니라.
50 오늘의 믿음이 인간의 믿음이 아니라
고 너희들은 말하지 못할 것이니라.
51 너희들이 그것을 거부하려 해도 거부
할 수 없는 것은,
52 종교 지도자요, 나 여호와의 종을 하
늘처럼 받들며, 그가 잘못하고 잘하는
것도 시시비비를 하지 못하도록 입을
막아 놓고 가르치는 것이 바로 무엇이
더냐?
53 저희들이 작은 신이 되고자 하며, 저
희들을 우상화하는 역사로 변질된 것
이니라.
54 그러니 이것이 나와는 관계도 없다는
것이 바로 내가 전하는 뜻임을 알라.
55 교회라는 그 건물을 우상으로 시작하
였으니 너희들이 타락할 데까지 타락
하였으며,

56 그리하여 타락된 그 속에서 인간적인
사업으로써 장사꾼들이 모여 장사하
고 거래하는 그와 같은 방법으로써 너
희들이 지은 교회라는 곳이 전락되었
고 타락되었음을 알아야 될 것이니라.
57 그러니 교회의 문을 찾아 너희들이 더
이상 그곳에 들어가 너희 자신이 지옥
불로 가는 그와 같은 역사를 이루지
말라 하는 것이 나 여호와의 뜻임을
너희들은 알아야 될 것이니라.
58 그곳에 들어가는 자, 그곳에 가 그들
의 세 치 혓바닥에 현혹되어, 재물을
바쳐 바로 구원의 길을 얻을 수 있으
며 하늘에 오르는 황금의 열쇠를 받는
것처럼 착각하는 교리의 가르침으로
변질된 것은 50년도 안 된 변질의 역
사요,
59 교회의 건물이라는 것을 앞으로 놓고
사람을 중요시하는 우상의 시대로 전
락된 것이 오늘의 너희들이 가고 있는
길이라는 것을 알라.
60 50년 전의 믿음의 길을 간 그와 같은
백성이요, 그와 같은 믿음으로 갔다
해도 오늘과 같이 사악한 것은 되지
아니하였을 것이니라.
61 이 의미를 깊이 깨우치는 자는 구원을
받을 것이며, 나의 법전의 소중함을
알 것이요,
62 그를 깨닫지 못하는 백성은 알지 못함
이니, 저희들이 결국 가는 곳은 한 곳
밖에 없다는 것을 그들에게 깊이 심어
주도록 그리하라.

8,366 번째 하나님 말씀

2003년 11월 12일 08시 18분

1 사랑하는 나의 아들아!
2 "네, 아버님! 말씀하옵소서."
3 나의 성서가 변질되어 있으며 토막 나
너희들이 인간의 교리를 갖다 그곳에
채웠다 내가 그와 같이 말함이니, 너
희들은 절대 아니라 말할 것이니라.
4 그러나 너희들은 지금 내가 내린 성서
의 그 뜻대로 가르치지 아니하며 그를
행하지 않는 것이 오늘의 믿음이요,
오늘의 신앙이니,
5 과연 너희들이 변질된 그 길을 가지
아니하였다 할 수 있겠는가?
6 내가 교회를 짓지 말라 한 것을, 그저
교회를 수없이 지어 그 죄의 온상을
만드는 것도 너희들이 지금 잘못된 것
이요,
7 그것 하나만 보더라도 너희들이 성서
를 마음대로 변질시킨 자들임을 알아
야 될 것이니라.
8 그리고 높은 자가 없으며 낮은 자가
없다 내가 가르침이니, 그리고 불쌍하
고 어렵고 가난한 자, 그와 같은 자를
도우며 그와 같은 자를 변호하는 것이
너희들이 가는 길이라 하였으나,
9 정녕 너희들이 그와 같이 살지 않는
것은 내 뜻을 거역함이니, 내 뜻을 거
역하고 사는 자, 곧 무엇이더냐?
10 너희들이 성서를 마음대로 변질되도
록 제 것으로 만들어 가르친다는 것을
변명할 여지가 없음을 너희들은 알아
야 될 것이니라.
11 나의 아들이 성서에 기록하여 그 제자

들에게 무어라 가르쳤느냐?
12 그는 기도하였느니라.
13 '나의 아버지께 비옵나이다.' 하고 비
는 기도 속에서 예수가 역사하는 것은
그 당시 존재하는 백성들만을 위하여
가르치고 역사하는 것이 아니라,
14 후세의 모든 백성들에게, 그리고 예수
가 나의 뜻에 따라 전하는 그 성령의
뜻을, 참진리의 말을 듣고 깨우치는
백성들, 그 모두를 위하여 역사하는
것이라 나의 아들 예수는 그리 전하였
으며,
15 만백성이요, 그 제자들에게 그리 가르
쳤음이니라.
16 그리고 그는 또 말하였느니라.
17 '아버지께서 내 안에 내가 아버지 안
에 있는 것같이 저희도 다 하나가 되
게 우리 안에 있게 하옵소서.' 하여 예
수는 그와 같은 기도를 드리지 아니하
였던가?
18 그러면서 예수는 또한 이와 같은 기도
를 했느니라.
19 '세상으로 아버지께서 나를 보내신 것
을 믿게 하옵소서.' 하며, 저를 믿게
하여 그 모든 참진리요, 나의 뜻이 하
늘에 있으며, 내가 존재하는 것을 깨
우치도록 그리 가르치고 또 그리 전했
느니라.
20 '아버지께서 나를 보내신 것을 만백성
들이 믿게 하여 주옵소서.' 예수는 그
와 같이 애절한 기도를 하였음이니,
21 그것이 어떠한 의미를 상징하는가 잘
깨우쳐 한번 분석해 보라.
22 '아버지여! 세상에 아버지가 나를 보
내신 것을 만백성이 믿게 하여 주옵소
서.' 예수가 그리 기도한 것은 거기에
수십 가지의 그 의미가 있음이니,
23 그를 파고들고 읽고 또 읽어 생각해
보면 거기서 깨닫는 것이 수없이 있으
며, 무엇을 의미하는 것인가를 알게
될 것이니라.
24 너희들이 과연 나의 아들 예수를 지금
나 여호와요, 창조주처럼 신격화하며,
구세주요, 구원의 길을 이루는 모두를
역사하며, 모두를 심판하며,
25 오로지 예수를 찾기만 하면 너희들이
구원을 받는다는 말을 할 수 있을 것
인가 한번 들어 보라.
26 '아버지께서 나를 보내신 것을 세상에
있는 모든 백성들이 믿게 하여 주옵소
서.' 한 그 기도,
27 그리고 '후세의 백성들이 아버님의 말
을 듣고 그를 깨우치고 행하는 자들을
구하기 위하여 제가 아버님의 명을 받
고 보내심을 알고 있사옵나이다.' 하
고 기도한 나의 아들의 그 뜻을,
28 이 기도의 내용을 수없이 공부하고 또
가르치고 깨우친 너희들이 과연 이 뜻
을 몰라서 지금 그리 간다 말하는가?
29 나의 아들 예수는 나와 같이 모든 것
을 역사하는 자, 그리고 내 뜻에 의하
여 사는 자, 그리고 내 뜻에 의하여 행
하는 자만이 구원의 길을 볼 수 있으
며 구원을 받을 수 있으며, 내 모두를
대신하여 역사한다는 것을 알고 있었
음이니라.
30 그러나 너희들은 지금 무어라 가르치
느냐?
31 예수가 나요, 곧 나의 아들 예수가 나
와 같다는 그와 같은 것으로써 지금

가르치고 있음이니라.
32 그러니 창조주가 누구며 보낸 이가 누구며, 구원할 자가 누구며 구원하지 못할 자가 누구인지를 모르고 있는 것이 너희들이니라.
33 너희들이 창조주 나 여호와가 나의 아들을 보내어 예수는 나를 대신하여 육으로 세상에 나와, 모든 욕심에 찬 그 백성들을 구하고자 했던 그 의미를 깊이 생각해 본다면,
34 너희들이 삼위일체요, 나의 아들 예수가 나요, 내가 예수라는 그와 같은 망발을 할 수 없거늘,
35 그와 같은 내용을 다 알며 그와 같이 해서는 아니 되는 것을 알면서 종교 집단이요, 지도자들이 그리 가르치지 아니하고 있기 때문에 사악한 자들이니라.
36 다 알고 있으며 그 의미를 아나, 저희 자신의 안락한 생활이요, 육의 향락을 위하여 인간의 욕심이요, 인간의 삶을 저버리지 못하며,
37 참진리요, 그리고 어렵고 힘든 하늘에 오르는 길을 갈 수 없기에 저희들은 그 길을 거부한 자들이니라.
38 그러니 거부하는 순간에 나의 백성이 아니요, 나의 지도자가 아니요, 나의 목자가 아니라,
39 사탄의 백성이 되어 사탄의 종으로 전락된 자들이 나의 피조물 만백성을 지금 지옥으로 이끌어 가는 그와 같은 행위를 하고 있음이니,
40 이를 단죄하고자 하는 것이 나 여호와의 뜻임을 너희들은 알라.
41 '아버지여! 나를 보내신 것을 만백성들이 믿게 할 수 있도록 역사하여 주옵소서.' 그 애절한 기도의 의미를 다시 한 번 깊이 새겨 보도록 그리하라.

8,367 번째 하나님 말씀

2003년 11월 12일 08시 25분

1 사랑하는 나의 아들아!
2 "네, 아버님! 말씀하옵소서."
3 정녕 하늘에 오르는 길이요, 나의 뜻에 의해 역사한다는 종교 집단이요, 지도자들이 성서에 기록되어 있는 나의 아들 예수의 그 슬픈 기도를 과연 얼마나 생각하며, 그 기도의 의미를 그들이 알고 있는가?
4 정녕 이를 그들에게 묻고자 함이니라.
5 나의 아들의 슬픈 기도의 한 대목이 무어라 이루어졌느냐?
6 '아버지께서 내려 주신 영광을 내가 모든 백성 저희들에게 주었사오니,
7 이는 우리가 하나가 되는 것같이 저희도 하나가 되게 하려 함이니, 이는 아버님의 뜻이요, 아버님이 역사하는 뜻이라' 나의 아들 예수는 그리 전하고 가르쳤음이니라.
8 그러나 나의 아들 예수가 나로부터 받은 모든 영광이요, 그 권세요, 능력을 다 모든 백성에게 내린 것은,
9 그들이 다 하나가 되어 하나의 뜻으로써 모두를 역사하기 위하여, 나의 뜻을 시행하고 역사하고자 하는 그 뜻을 예수가 그리 기도하였으며,
10 그와 같은 말로써 예수는 그 제자들에게 가르쳤음이니라.
11 나 여호와가 원하는 것이 모두가 하나

가 되는 것이며, 하나가 되기를 바란
다는 것,
12 그리하여 하나로 만들기 위하여, 하나
로 역사하기 위하여 나의 아들 예수에
게 영광과 그 모든 권세와 능력을 주
어 내려보낸 것을 그 백성들에게 전하
였으며,
13 그들이 하나가 되게 하고자 하는 나의
뜻에 따라 역사하였다는 예수의 그 애
절한 기도를 너희들은 과연 어찌 생각
하는가?
14 예수가 나의 뜻대로 하나로써 모두를
역사하고자 했다는 그 기도의 내용처
럼,
15 과연 모든 백성들이 지금 하나가 되어
나의 아들 예수를 통하여 가르치고자
하는 그 뜻과 그가 이루고자 했던 것
을 지금 따라가는 백성이라 말할 수
있는가?
16 과연 너희들이 나 여호와가 예수를 통
하여 모든 백성을 하나로 만들고자 하
여 모든 권세와 능력을 그에게 주어
너희들에게 기적을 이루었다는 예수
의 그 기도요,
17 그것을 만백성에게 깨우치고 전하고
자 해도 전할 길이 없어 나에게 능력
과 힘을 달라고 한 예수의 그 기도를
듣고 과연 너희들은 어찌 생각하는가?
18 너희들의 오늘의 삶이 과연 나의 아들
예수의 뜻이요, 곧 나 여호와의 뜻에
의하여 역사했다 생각하는가?
19 내가 바라보는 이 세상은 한 백성도
그와 같이 간 적이 없음이니라.
20 셀 수 없는 모든 종파요, 종교 집단이
이 세상을 지금 다스리며 저희들이 지
배자가 되고자 악전고투 속에서 서로
가 물고 물리는 그와 같은 싸움만이
계속되고 있으며,
21 셀 수 없는 그 종파 속에서 과연 너희
들이 어떠한 역사가 이루어질 수 있던
가?
22 내가 이루고자 하는 그 뜻을 너희들이
따라온 자던가, 아니면 나의 역사하고
자 하는 것을 거부한 백성들이었던가?
23 나와는 아무런 관계도 없는, 셀 수 없
이 갈라지고 또 갈라지는 그 길만을
위하여 오늘까지 살아왔음을 너희들
은 알아야 될 것이니라.
24 나의 아들 예수는 곧 '아버지께서 내
안에 계시는 것처럼' 내가 너희들 안
에 있어 너희들도 온전함을 이루게 하
고자 하는 것이 그의 뜻이며, 예수가
역사한 것이라는 것을 그들에게 가르
치며 제자들에게 알려 주었음이니라.
25 하나가 되려 하는 것이 나 여호와의
뜻이라는 것을,
26 '아버지께서 나를 보내신 것도 또한
나를 사랑하심과 같이 너희들을 사랑
하고자, 이 세상을 하나로 만들며 한
백성으로 역사하며, 하나의 진리를 깨
우쳐 너희들이 하나가 되어 하늘에 오
르는 길만을 오는 그 백성들로 역사하
기 위함이라' 한 나의 아들 예수의 가
르침이요, 애절한 그 기도의 내용이
성서에 기록되어 있음이니,
27 과연 이를 보고 읽는 백성 너희들이
부끄러움을 아는가?
28 너희들이 하나가 되어 역사해야 되거
늘, 지금 그를 빙자하여 무어라 하는
가?

29 셀 수 없는 모든 종교 집단이요, 지도
자들이 그저 저만이 선택된 자요, 저
만이 사랑을 실천하는 자요, 저만이
나에게 영광을 드리는 자요,
30 나의 아들 예수가 하나로 이루기 위하
여 모두를 역사했듯이 제가 하나로 이
룬다 하고 있음이니,
31 그저 다섯 명을 놓고도 그리 말하며,
열 명을 놓고도 그리 말하며, 저희 가
족들만 모아 놓고도 그리 말하며,
32 또한 이 세상의 자연의 위대함에 비추
어 볼 때 아무것도 아닌 것을, 저희들
이 좀 더 성장했다 하여 저만 바로 가
는 길이라며 서로 치고받고 싸우는 그
와 같은 형국이 되어 있음이니,
33 과연 그 백성들이 나의 백성이요, 나
의 뜻에 의해 역사하는 백성이라 말하
느냐?
34 그러니 그 모두를 다스려 하나로 만들
고자 하는 것이 나 여호와의 뜻임을
알라.
35 이제는 너희들이 성서를 보고 깨우치
라.
36 나의 아들 예수가 기도를 드렸던 것을
너희들은 과연 얼마나 행하고 실천하
는가?
37 나의 아들 예수가 간곡히 기도로 전했
던 그 내용들이니라.
38 가르침으로써 전한 것도 아니요, 예수
의 생각으로 전한 것도 아니요,
39 예수가 나에게 기도를 드리니, 내가
내린 내용을 예수가 전하였으며, 곧
이는 나의 뜻이며 내가 원하는 것이니
라.
40 그러니 너희들이 얼마나 이를 행하고
지금 지키고 가는가?
41 예수가 드린 그 기도의 애절한 마음을
너희들은 생각해 보라.
42 나의 뜻을 너희들에게 전하고자 하여,
그 역사를 하지 못할 때 나에게 기도
를 드려, 그 애절한 기도 속에서 만백
성에게 능력을 주며 그들이 변할 수
있는 그 역사를 이루도록 해 달라는
기도를 드림을 보면,
43 그 속에서 너희들이 많은 것을 알게
될 것이며, 진실로 많은 것을 깨달을
수 있거늘,
44 이와 같은 부분을 너희들이 제대로 가
르치지도 아니하며, 알면서도 거역하
는 길만을 가는 것이 오늘의 종교 집
단이요, 지도자니,
45 얼마나 이것이 잘못되었는가를 스스
로 너희들이 깨닫고, 이를 바로잡는
데 나의 아들을 따르는 제자요, 나의
법전을 읽고 깨우친 만백성 너희들이
모두를 다 바쳐 역사하는 그와 같은
일을 할 때,
46 나에게 기쁨이요, 나의 사랑을 너희들
이 받을 수 있을 것이며,
47 나 여호와의 뜻에 따라 살아가는 나의
아들딸로서 거듭나는 백성이 됨을 잊
지 말라.

8,368 번째 하나님 말씀

2003년 11월 12일 08시 31분

1 사랑하는 나의 아들아!
2 "네, 아버님! 말씀하옵소서."
3 내가 예수를 세상에 보내어 모두를 역
사한 것은 결국 무엇이더냐?

4 위로는 나 여호와가 존재하며, 이 세
상의 모두를 창조한 것은 나 여호와
며, 오로지 유일신이요, 창조주 전지
전능한 아버지가 이 세상을 지배하며,
그분은 단 한 분이 존재하며,
5 너희들은 모두가 그분으로부터 생명
을 받아 세상에 나왔음이니, 너희들이
살다 그분의 뜻을 거역하고 산다면,
곧 그에 대한 대가를 치르는 것이 너
희들이라는 것을 깨우쳐 주고자 하였
음이니라.
6 그리고 아래로는 또 무엇을 가르치고
자 했느냐?
7 그들이 나 여호와의 뜻을 듣지 못하며
내가 역사하는 것을 보지 못하기에,
8 예수가 나를 대신하여 세상에 내려와
모든 백성들에게 내 뜻을 가르치며 내
뜻에 의해 살아가는 그 길을 안내하고
깨우쳐 주고자, 나의 아들이 세상에
보내진 자라는 것을 믿게 하고자 하였
으며, 만백성이 그를 믿도록 바랐음이
니라.
9 그리하여 나의 아들이 죽음의 길을 선
택하면서도 그는 그를 거부하지 아니
하고 그 길을 순종하고 간 것이 그 뜻
임을 알라.
10 즉 너희들에게 말하면, 위로는 나 여
호와가 존재함이요, 아래로는 나 여호
와의 명을 받아 이 세상에 나의 뜻을
대신 전하는 진정한 나의 아들이라는
것을 그는 보여 주기를 원했으며, 그
리고 그들이 믿게 하고자 하였으며,
11 믿음으로써 내가 나의 아들을 통하여
내리는 모든 복음의 말을 거부하지 아
니하고 그 뜻을 따라가 하늘에 오르는
백성들의 길을 인도하고 깨우쳐 주고
자 한 그와 같은 역사를 이루었음이니
라.
12 그러나 그 모두가 이루어지지 아니하
였으며, 그 모두를 지금 거역하는 그
와 같은 세월로 흘러감이니,
13 그는 인간의 욕심이라는 것을 버리지
못하며 종교 집단이요, 지도자요, 나
의 아들 예수를 그리 죽게 만들었던
자들의 그 후손의 악의 씨가 서서히
자람이니,
14 그 악의 씨가 이 세상을 지배하는 오
늘의 형국이 되어 이 험악한 세상이
되었음을 너희들은 알라.
15 이제는 이와 같은 험악한 세상을 바로
잡고 역사하는 것은 어떠한 것으로써
이룰 수 없음을 알라.
16 지금 나의 아들을 통하여 내리는 나의
법전이요, 또한 나의 법전을 읽고 정
독하여 깨우치는 그를 따르는 제자들,
그들로 하여금 이 모두는 다 바로잡을
수 있으며, 바로 세울 수 있는 길이 여
기에 있음이니라.
17 그러니 지금 나의 아들을 따라 법전을
만들며 그를 따라 나의 강론을 듣는
백성 너희들은 나 여호와가 하늘에 존
재함을 너희들이 먼저 알려야 될 것이
며,
18 그리하여 그들이 심판을 받는다는 것,
그리고 너희들의 심판의 기준이 무엇
이라는 것을 그들에게 깨우쳐 주어,
19 그들이 육의 삶에서 바른 생활이요,
정의로운 삶을 살 수 있도록 너희들이
그를 위하여 역사함이니,
20 과연 너희들은 얼마나 봉사와 희생을

하며, 너희들이 얼마나 노력하며, 이
일을 위하여 얼마나 너희 자신이 지금
모두를 다 바치고 가고 있는가 그걸
한번 들여다보도록 그리하라.
21 너희들이 모두를 다 바쳐 이 길을 역
사하고자 하지 아니한다면, 정녕 이는
다시 한 번 이 세상에 너희들에게 기
회가 없으며,
22 하늘에서 이루어진 것같이 이 지상의
낙원이 이루어지는 것은 모두를 다 내
가 거두리라는 그 무서운 사실을 알아
야 될 것이니라.
23 나의 아들이 모두를 부르짖어 내 뜻을
전하고자 하여 죽음으로써 그 모두를
받아들였듯이,
24 이제 나의 아들 너 또한 그 이상의 각
오로써 모두를 역사해야 될 것이며,
25 이제 내가 직접 불러 선택해 쓴 나의
아들딸들, 그리고 나의 법전을 읽고
깨우쳐 가는 백성들, 특히나 나의 아
들과 더불어 가는 그 제자들, 너희들
은 내가 존재함을 위하여 무엇을 했으
며 무엇을 역사했으며 무엇을 이루어
가고 있는가, 그리고 너희들의 생활은
과연 어떠하던가?
26 이 모두를 돌이켜 보며 자신이 두드려
보며 하루하루 변화되는 그와 같은 삶
으로 역사하지 아니하면,
27 영원히 이 지구는 너희들이 상상할 수
없는 무서운 재앙으로써 내가 손을 놓
게 되는 이 무서운 사실을 알라.
28 지금 나의 법전만이 역사할 수 있으
며, 나의 법전을 읽는 나의 아들을 따
라 강론을 통하여 듣고 깨우치는 백
성, 너희들이 아니면 결코 이는 역사
할 수 없으며 이룰 수 없다는 것을 깨
우쳐야 될 것이며,
29 너희들이 무엇으로써 이 일을 역사하
는 데 얼마만큼 참여하며, 이를 이루
기 위하여 너 자신을 얼마나 던지며
희생하고 봉사하고 가는 것인가를,
30 너희 자신을 다스려 보며 너희들을 두
드려보며 뒤돌아보며,
31 그리하여 천사와 같이 변화되는 삶의
길을 가는 데 주저해서는 아니 되며,
32 태만함은 결코 있을 수 없다는 것을
알라.

8,369 번째 하나님 말씀

2003년 11월 12일 08시 36분

1 사랑하는 나의 아들아!
2 "네, 아버님! 말씀하옵소서."
3 인간 너희들이 만드는 그 기도를 드리
지 말라 하였음이니라.
4 너희들의 생각이요, 감정에 중언부언
하는 기도는 아무리 드리고 또 드리며
울고불고 콧물을 짜며 눈물을 짜며 한
다 해도, 너희들은 내 속에 들어올 수
없다는 것을 만백성에게 전하도록 그
리하라.
5 나 여호와가 내리는 기도 속에 들어오
지 못하는 백성이요, 그곳에 같이하지
않는 백성은 내 품에 같이 임하지 못
하는 백성이기에,
6 너희들이 내 뜻을 알 수 없으며 나를
볼 수 없는 백성이라는 것을 알아야
될 것이니라.
7 나 여호와가 내리는 그 기도 속에 너
희들이 들어와야 하는 것이며,

8 그 기도 속에 들어오는 것이 다음에
차원 높은 세상의 변하는 그 역사가
이루어진다는 것을 너희들은 알아야
될 것이니라.
9 아무리 울고불고 너희들이 만들어 낸
기도로써 말장난하며 말품을 판다 해
도, 너희들은 나에게 돌아올 수 없는
짓을 하고 있는 것이라는 것을 알라.
10 이제 나 여호와가 내리는 그 기도 속
으로 너희들이 들어오는 것이 차원 높
은 세상 속에 들어오게 됨이니라.
11 그리하여 그곳에 발을 붙이는 자, 한
번 들어온 자는 영원히 높은 경지의
깨달음을 얻으며, 곧 그는 나에게 올
수 있는 길을 한 발짝 한 발짝 오는 영
광을 얻게 된다는 것을 알라.
12 내가 내리는 그 기도의 차원 속에 들
어오는 자만이 나를 볼 수 있으며, 구
원의 길을 볼 수 있다는 것, 이는 곧
무엇이더냐?
13 내가 나의 아들을 통하여 내리는 160
권의 법전이 나의 기도요, 나의 뜻이
니라.
14 그리고 나의 기도요, 내 품 안에 너희
들이 들어오는 것이니라.
15 너희들이 나의 법전을 접하지 아니하
며 나의 아들을 통하여 직접 내리는
나의 성령의 강론이요, 그 기도 소리
를 듣지 않는 자, 그 품 안으로 들어오
지 아니하는 자는 절대 나에게 올 수
없으며, 구원의 길을 받을 수 없다는
것을 그리 깨우쳐 주도록 그리하라.
16 나의 법전이 곧 나의 기도니라.
17 그러니 나의 법전을 읽고 정독하여 깨
우치는 자는 내 기도 속에 들어오는
백성들이요, 내 가르침 속에 들어오는
백성이요, 내 품 안에 들어오기 시작
한 백성들이니,
18 너희들이 일단 내 품에 들어오기 시작
한다면, 너희들이 나를 따라 천사와
같이 변하는 그 길에 가속이 붙어 변
화되는 은혜와 영광을 얻을 것이며,
19 그렇지 못한 백성은 계란에서 한 생명
으로 태어나지 못하는 것처럼, 계란으
로써 세상에 존재하다 마는 그와 같은
형국임을 너희들은 알라 전하라.

8,370 번째 하나님 말씀

2003년 11월 12일 08시 43분

1 사랑하는 나의 아들아!
2 "네, 아버님! 말씀하옵소서."
3 나 여호와가 말하기를 무어라 하였느
냐?
4 이 세상의 모든 백성은 나의 아들딸이
라 내가 그리 말하지 아니하였던가?
5 너희들 또한 전지전능한 창조주 아버
지라 나를 부름이니, 이 세상에 존재
하는 생명을 가진 모든 백성 너희들은
나의 아들딸임이니,
6 이를 너희들은 말로는 그리하면서 과
연 얼마나 믿고 살아가느냐?
7 너희들이 모두가 다 나의 아들딸이요,
한 나의 자손이라 하면, 너희들이 과
연 종파가 다르다 하여, 사는 삶이 다
르다 하여, 권력이 있고 없는 자, 또한
재물이 있고 없는 자, 귀하고 귀하지
않는 자, 이와 같은 속에서 너희들이
구분을 짓는 그와 같은 삶을 살아가야
되겠는가?

8 이것 자체가 너희들이 잘못된 자요,
말과 행동이 다른 것이 오늘의 종교
집단이요, 믿음의 길을 가는 자들임을
너희들은 알아야 될 것이니라.
9 너희가 나와 하나가 되고자 하는 것,
하나가 되는 길은 무엇이더냐?
10 너희들이 천국에 오르는 그 길을 달려
오는 자이니,
11 진정한 진리를 깨닫고 진리를 찾아 노
력하고 연구하는 그 백성은 나를 볼
것이며 나에게 올 수 있는 것이 아니
더냐?
12 그렇다면 내가 너희들에게 물어보겠
느니라.
13 너희들이 석가란 누구더냐?
14 그는 또한 나의 아들이요, 나의 백성
이 아니더냐?
15 너희들이 그도 또한 나의 아들이요,
나의 백성이라 그리 생각한다면, 그가
기도하고 경배하며 찾고자 했던 것이
과연 무엇인가를 한번 들여다봐야 하
거늘,
16 그와 같은 넓은 마음 자세도 갖지 못
하며 인정 어린 포근한 마음도 갖지
못하는 자들이 너희들이니라.
17 석가가 누구더냐?
18 그도 나의 백성이니라.
19 그리하여 그가 또 무엇을 원했느냐?
20 참진리요, 만백성을 참진리의 길로 깨
우치고 인도하고자 그가 기도하고 경
배했으니, 그 또한 나를 찾았음을 너
희들은 알아야 될 것이니라.
21 너희들이 오로지 구세주요, 너희를 구
원한다는 나의 아들 예수는 과연 무엇
이더냐?
22 석가가 그 고통 속에서 기도 속에서
진리를 깨닫고자 애썼듯이, 나의 아들
예수도 광야에서 기도하며 사탄과 싸
워서 이겼음이니, 그것은 무엇이더냐?
23 그 또한 나 여호와를 알며 나 여호와
의 진리의 길을 알고 그를 깨우쳐 주
기 위하여 그 고통과 역사의 길을 이
겼으며 그를 견뎌 내지 아니하였던가?
24 깨달음이 높으며 참진리의 길을 근접
하여 가까이 가고자 하는 자, 세상을
향하여 한 점의 부끄럼이 없는 삶을
살고자 노력하는 백성들, 그 모두가
나의 아들딸들이니,
25 나의 아들딸들이 나에게 한 점의 부끄
럼이 없는 삶을 살기 위하여 노력하며
깨우침을 위하여 그들이 어떠한 길을
가든, 그 어떠한 길을 가는 것으로써
문제됨이 아니니라.
26 그러니 석가다 예수다 갑론을박하지
말며, 내 것 네 것을 따지며, 그와 같
이 하나가 될 수 없다는 생각을 하지
말라.
27 그도 너희들이 말하는 나의 아들이요,
또한 예수도 나의 아들임을 너희들은
알라.
28 다만 그들이 참진리요, 만백성을 구하
기 위하여 기도하고 경배한 것, 그것
은 다 나의 뜻에 의하여 역사함이요,
내 뜻에 근접하고자 하는 그 길을 간
것이 아니던가?
29 그러니 모두가 나의 아들이라 하는 것
을, 나의 아들들이 역사하고자 한 것
이라는 것을 너희들은 알라.
30 참진리를 깨우치고자 함이니, 너희들
이 이를 알아야 될 것이니라.

31 너희들은 그러면 그리 말할 것이니라,
석가는 어디에서 태어났으며 어찌 왔
는가.
32 물론 석가는 사람의 몸에서 잉태했고
그리하여 세상에 태어났음이니라.
33 그러나 너희들은 나의 아들 예수는 과
연 누구의 몸에서 태어났으며 그가 세
상에 어찌 나왔는가?
34 너희들은 이것을 알아야 될 것이니라.
35 어찌 나왔든 이 세상에 생명을 가지고
나온 모든 백성은 나의 아들딸이니,
너희들은 여기서 깨달아야 될 것이니
라.
36 나의 아들을 따르는 제자들이요, 그리
고 나의 법전을 읽고 깨우친 백성 너
희들은 알라, 그리고 만백성들에게 전
하라.
37 우물 안 개구리처럼 저희들만 구원을
받으며 특혜를 받으며 특권을 가지고
있는 양, 저희들이 지옥 불로 가는 그
백성들,
38 이 세상에 생명을 가진 모든 백성은
나 여호와의 아들딸임이니,
39 너희들이 어떻게 태어났으며 이 세상
에 어떻게 왔느냐가 중요한 것이 아니
라, 너희들이 어떻게 살아왔으며 어떻
게 행했느냐가 더 중요하다는 것을,
40 그 차원 높은 깨달음을 그들에게 전해
주도록 하라, 사랑하는 나의 아들아!
41 그 모두가 어떻게 살았으며 어떻게 역
사했는가가 중요한 것이지, 어떻게 이
세상에 태어났으며 이 세상에 왔는지
가 중요한 것이 아니니,
42 그를 내세우면서 어찌 살았느냐, 그리
고 만백성들이 그를 보고 어찌 깨우쳤
느냐, 그리고 너희들이 그를 보고 얼
마나 행했느냐 그것이 너희들에게 또
한 가장 중요한 과제요,
43 그를 보고 너희들이 모두의 심판의 대
상이 된다는 것을 잊지 말라 그리 전
하라.
44 다시 한 번 너희들에게 전함이니, 사
람이 어떠한 형태로 이 세상에 태어났
느냐가 중요한 것이 아니요,
45 그가 어떠한 길을 갔으며 어떠한 뜻을
가르쳤는가, 참진리의 길이요, 나 여
호와의 뜻에 의해 살고자 하며 그리고
나 여호와의 뜻을 만백성에게 전하고
자 한 것이 가장 중요한 것이며,
46 또한 그와 같은 것을 깨달으며 추종하
는 자들이 나 여호와의 뜻에 따라 어
찌 살아가며, 너희들을 가르친 선생들
이 지시하고 가르친 것을 얼마나 따르
며 얼마나 행하고 가는 것인가, 거기
에 가장 중요함이 있다는 것을 잊지
말라 전하라.

8,371 번째 하나님 말씀

2003년 11월 12일 11시 27분

1 사랑하는 나의 아들아!
2 "네, 아버님! 말씀하옵소서."
3 네가 암송하는 그 십계명은 무엇이던
가?
4 내가 직접 친필로 써 내려 만백성을
구하고 지키는 것, 그리고 그것만이
너희들의 구원의 길이라 하여 내가 내
려보냈음이니,
5 너처럼 나의 십계명을 암송하며 그를
지키고자 하는 백성이 과연 얼마나 있

겠는가?
6 너희들은 이것을 알아야 될 것이니라.
7 오늘의 나의 아들이 너희 그 제자들에
게 명하기를, 이와 같은 나의 법전을
만드는 데 들어가는 모든 재물이요,
경비를 걱정치 말며 그 모두를 시행하
라 그리 말하니,
8 너희들은 그를 불안하게 생각하며 그
를 믿지 못하고 갈 것이니라.
9 그러나 이것이 나로부터 선택된 자와
선택되지 아니한 자와의 차이점임을
너희들은 알라.
10 나의 아들이 너희들에게 걱정하지 말
며 근심하지 말며, 나의 법전을 만들
어 세상에 전함에 재물을 아끼지 말며
최선을 다하라 그리 명하니,
11 너희들이 그를 두려워하고 걱정하는
것은 믿음이 약한 자들이요, 나의 아
들을 믿지 못함임을 너희들은 알라.
12 나의 아들이 명할 때, 너희 제자들은
그리 따르면 될 것이니라.
13 너희들은 성서에 기록된 대목을 알지
못하는가?
14 예수가 그리 말하였느니라.
15 너희들이 지금 가서 주인에게 내가 탈
당나귀를 가져오라 하였음이니, 그 당
나귀를 주지 아니하거든 내가 타고자
하니 달라 하라 하였음이니라.
16 그러니 그를 듣고 생각하는 너희들은
남의 물건을 무조건 가져오라 하는 그
예수의 뜻이 무엇인지 모르며, 그와
같은 행동이 정녕 인간적으로 생각할
때는 도둑과 같은 자라 하며,
17 그를 이해하지 못하고 그를 받아들이
지 못하는 것이 인간 너희들의 작은
머리로 생각하고 연구하는 그와 같은
결과일 것이니라.
18 그러나 이 세상의 그 모두는 다 누구
것이더냐?
19 나 여호와가 명한 것이며 내 것이니라.
20 그러니 가서 나귀를 가져오라 하는 예
수의 명령이요, 그리고 '안 주거든 주
인에게 내가 탈것이라 그리 말하라.'
한 것을 보면, 그를 빼어오는 것이며
남의 것을 임의대로 가져오는 것 같으
나,
21 이는 곧 예수는 내 뜻을 알고 있음이
니라.
22 나 여호와가 주인으로 하여금 그 당나
귀를 내줄 수 있도록 내가 그의 마음
을 모두 잡아 놓았음이니, 그를 아는
예수가 그와 같이 이야기함이니라.
23 그를 알지 못하는 자는 나의 아들 예
수가 기적을 부리며 역사를 부리는 것
이라 생각할 것이며, 그리고 남의 것
을 함부로 갖다 쓰는 것을 너희들이
이해하지 못할 것이니,
24 인간의 생각으로는 수천수만 가지의
생각을 가질 수도 있는 것이 그 하나
의 대목이니라.
25 지금 나의 아들이 너희들에게 재물을
내리지 아니하면서도 모두를 역사하
고 집행하며 그리 행하라고 명할 때,
너희들은 '예!'라 대답하고 행하면 되
는 것이니라.
26 나귀를 가져오라 하면 그 제자가 가서
나귀를 끌고 오듯이,
27 나의 아들이 너희에게 명하는 것은 행
하면 될 것이니, 시시비비요, 갑론을
박하지 말라.

28 그 모두는 내가 다 역사해 놓았으며,
내가 임하여 준비된 것을 나의 아들은
알기 때문에 그리 말하는 것이니라.
29 나의 아들 예수가 남의 집 나귀를 타
고 갈 수 있도록 가져오라 하는 것, 그
것도 나 여호와가 모두 다 역사하고
이루어 주며 준비된 것이라는 것을 나
의 아들은 알며,
30 그 주인이 내줄 것을 알고 있으며, 내
줄 준비를 하고 있는 것을 알고 있음
이니,
31 너희들이 나의 법전을 만들어 세상에
만백성을 구하는 재물을 만드는 것,
법전을 만드는 데 들어가는 그 많은
경비도 감히 누구도 생각할 수 없으
나, 이미 나의 아들은 알고 있음이니
라.
32 어떠한 사람이 어떠한 역사로써 그 모
두를 다 준비하며 그 모두를 이루는지
를 알고 있기에,
33 나귀를 가져오라 한 나의 아들 예수처
럼,
34 지금 재물을 걱정하지 말며 나의 법전
을 너희들이 이고 지고 세상에 전할
수 있도록 이를 만들어 역사하라, 준
비할 것 없이 너희들은 만들기만 하
라, 재물이요, 그 대가를 걱정하지 말
고 하라 하는 대로,
35 너희들은 '예, 알았습니다' 하면 되는
것이니라.
36 이것이 바로 2천 년 전에 세상에 선택
되어 나온 나의 아들 예수가 역사한
것이요,
37 2천 년 후에 지금 나의 아들이 이 세
상에 나와 역사하는 것이니,
38 이 험악한 세상 속에, 너희들이 작은
금전 하나도 남의 주머니에서 꺼낼
때, 너희들의 멱살을 잡으며 너희들을
도둑으로 몰며 송사하고자 하는 이 세
상에서,
39 수많은 수천 수억의 재물을 너희들이
어찌 역사하고 그와 같이 누가 쏟아
놓겠는가?
40 나의 아들은 누가 이것에 대비하여 쏟
아 놓기 위해 준비되어 있으며 누구에
게 가면 이루는지를 다 알고 있음이니,
41 이 세상에 수천수만의 목자요, 종교
지도자들과 나의 아들과의 차이가 여
기 있음이니라.
42 너희들은 모든 종교 지도자에게 물어
보라.
43 과연 너희들이 무엇을 역사할 때, 미
리 낼 사람을 알고 있는가?
44 너희들은 그저 수천수만의 백성들에
게 그저 수십 년 동안 모든 피와 같은
재물을 긁어 들이며 갈취하는 방법으
로써 하나하나 모두를 역사하는 것을
이루어,
45 오늘의 믿음이 진정한 믿음이 아니요,
교회를 믿고 교회를 숭배하는 그와 같
은 믿음으로 타락되어 있음이니라.
46 너의 제자들은 이제 알아야 될 것이니
라.
47 나의 아들이 수없이 역사하는 것은 그
는 알고 있으며, 내가 명한 자를 알고
있으며, 내가 역사하는 것을 알기 때
문에 그저 거둬들이고 역사하면 되는
것이니,
48 그리하여 나의 법전이 세상에 흰 눈처
럼 덮는 것이니,

49 이게 바로 잘못된 종교 집단의 지도자
가 가는 길과 다름이며, 나의 아들 예
수가 가는 길과 같음을 알라.
50 나의 아들 예수도 그들이 성전에서 물
건을 사고 팔며 장사할 때, 그를 뒤집
어엎었음이니라.
51 이것이 나의 아들 예수의 성격이었음
이니라.
52 그리하여 잘못되는 것, 불의한 것을
들어엎었으며 소리 질렀으며, 그들을
내쫓았으니,
53 그와 같은 과격한 성격이요, 그와 같
이 행할 수 있는 그 능력, 그게 바로
나의 아들의 예수가 가지고 있던 일면
의 성격이며, 역사할 수 있는 길이었
음이니라.
54 그와 같이 갔기에 그는 죽음을 행할
수 있었음이니라.
55 오늘의 나의 아들이 가는 그 길이 거
칠고 험한 것 같으나, 너희들은 내 아
들의 마음을 모름이니라.
56 너희들은 내 아들이 사람을 내 앞에
품에 안음으로 인하여 그가 병들어 쓰
러져 죽을 것을 막는 것을 알기 때문
에 그를 안아 주게 되며 그를 보듬어
주게 되며 그를 옆에 두는 그와 같은
것을 너희들은 모를 것이니라.
57 지나가는 여인의 손을 내 아들이 잡고
흔들어 주고 만져 줄 때, 너희들은 인
간 세상의 사람들이 하는 행위라 그리
말하나,
58 그가 그와 같이 하지 아니하면 아니
되는 불행을 알기 때문에 나의 아들이
그에게 전하며,
59 지나가는 자에게 과일을 하나 주며 먹
고 가라 할 때, 모르는 사람이 과일을
주면 미친 자요, 정신 나간 자라 하나,
60 나의 아들은 그가 그를 먹지 아니하면
불행이 오는 것을 알기에 그를 도와주
기 위해서 그리함이니,
61 그를 받아먹고 가는 자는 나의 아들로
하여금 제가 불행을 면할 것이요, 그
를 받아먹지 아니하고 고집 피우고 가
는 자는 머지않아 그에게 불행이 닥친
다는 것을 아는 나의 아들의 그 행함
을 모르는 백성, 너희 제자들은 감히
시시비비하지 말라.
62 너희들은 하라는 대로 그리하면 될 것
이며, 예정된 대로 불러 쓰라면 쓰면
될 것이니,
63 그것이 이제 나의 아들을 따르고 배우
고 깨달은 백성 너희들이 해야 할 길
임을 알라.
64 너희들은 감히 내 아들이 가는 길과
그 생각함을 모를 것이니라.
65 나의 아들 예수가 2천 년 전에 당나귀
를 끌고 오라 함이니, 그 제자가 믿지
아니하고 가지 아니하였더라면 어찌
되겠는가?
66 그러나 갔기 때문에 역사했음이니라.
67 그 주인이 과연 거부했던가?
68 그를 주었음이니라.
69 오늘의 나의 법전을 만드는 경비요,
재물이요, 그 모두를 너희들은 두려워
하지 말며 겁먹지 말라.
70 나의 아들은 언제 어떻게 온다는 것을
다 알고 있음이니라.
71 그리하여 너희들에게 행함이니, 너희
들은 행하고 따라가면 되는 것, 이것
이 모든 종교 집단이요, 잘못된 자들

과의 차이점이요, 선택된 자 한 명이
나의 아들이라는 것을 알게 될 것이니
라.
72 하늘의 뜻은 두 가지의 장소로 전할
수 없으며 두 사람을 통하여 전할 수
가 없음이니라.
73 오로지 한 곳 성전 위에 내 성령이 내
리며, 한 사람을 통하여 내려감이니라.
74 두 곳에 내려가면 주인이 둘이요, 지
도자가 둘이니, 그를 역사할 수 없다
는 것을 너희들은 알아야 될 것이니라.
75 이것이 나의 아들과 너희 종교 집단
지도자가 가는 것과 다름이니라.
76 나의 아들 예수가 2천 년 전에 모든
성전을 때려 부수며 3일 만에 짓는다
하였음이니, 그가 너희들이 몇십 년에
걸쳐 지은 그 성전을 짓는다 했더냐?
77 그는 마음의 성전이요, 믿음의 성전이
요, 진리의 성전을 짓는다 하였음이니,
78 그 예수의 마음을 모르는 자는 미친
자라 말할 것이니라.
79 나의 아들이 오늘의 가는 길에 깨우치
고 전하는 그 의미를 너희들은 절대
알 수 없음이니,
80 그저 너희들이 봐서 인간 상식에 어긋
나지 아니하며 너희들이 하늘을 향하
여 부끄럽지 않은 뜻을 명할 때, 너희
들은 그리 대답하고 가면 되는 것이니
라.
81 내가 역사하는 것은 너희들이 오늘 모
름이니라.
82 바보 같은 자, 못난 자를 데려다 쓴다
하나,
83 지금 배우지 아니한 자가 이 다음에
나의 아들이 강론할 때, 그 앞에서 먼
저 강론에 참석한 자의 눈물을 흘리며
수건으로써 그 눈물을 닦지 아니하면
듣지 못하는 그와 같은 강론을 할 것
이라는 걸 너희들은 믿지 아니하나,
84 나 여호와가 입을 열었을 때 내가 역
사하는 것을 나의 아들은 알기 때문에
그를 오늘에 가르치며 다스려 가는 그
와 같은 것을 모르면서, 모르는 자가
아는 체하지 말라, 불쌍한 나의 백성
들아!

8,372 번째 하나님 말씀

2003년 11월 12일 11시 32분

1 사랑하는 나의 아들아!
2 "네, 아버님! 말씀하옵소서."
3 알에서 새 생명으로 태어나지 않은 그
알은 세상의 아름다움을 모른다 하였
음이니라.
4 제가 역경과 고통 속에서 새 생명으로
태어났을 때, 어미를 보며 어미의 음
성을 들으며 어미의 사랑을 알며,
5 자연의 아름다움을 알며 또 적을 알며
저를 사랑하는 자를 아는 이와 같은
세상 속에서 살아갈 수 있는 것은 생
명으로써 거듭나는 자만이 그리할 수
있다 하였음이니라.
6 그보다도 더한 것이 무엇인 줄 알겠느
냐?
7 너희들이 거듭나는 것이니라.
8 거듭 태어나는 생명을 얻는 것, 그것
이 그보다도 더 어렵고 힘든 것임을
너희들은 알라.
9 이와 같은 뜻을 내가 너희들에게 가르
치고 전하였거늘,

10 너희들이 어찌 깨어나지 못하며 다시 태어나지 못한 백성들이 세상을 다 아는 것처럼, 지배할 수 있는 것처럼 그리 생각하느냐?
11 그리 생각하지 말라.
12 이제 나의 아들을 따르는 제자들이요, 나의 법전을 읽은 만백성 너희들은 들으라.
13 너희들이 이 세상의 모두를 다 지배하며 모두를 다 역사하며 너희들이 모두의 시작과 끝을 이루는 것처럼 그와 같은 생각을 하지 말고 살아가도록 그리하라.
14 아무리 나의 백성 너희들이 무엇을 이루고자 결론을 짓고자 한다 해도, 너희들의 짧은 생명의 세월 속에는 참진리의 길이요, 하늘의 뜻이요, 내가 역사하는 그 모든 사업을 이 지상에서 이룰 수 없으며 역사할 수 없음이니라.
15 다만 너희들은 기초를 다스리며, 그 기초 위에 모두가 이루어질 수 있도록 준비를 하고 떠나오면 되는 것이니라.
16 이와 같은 이치를 알라.
17 너희들이 존재하면서 다 이룰 것처럼 말하지 말라.
18 종교 집단이요, 지도자가 백 년도 안 되는 생명 속에서 제가 나로부터 모두를 다 받아 역사하며 만백성을 하늘에 구원하는 길이라 저희들이 그리 역사한다 하나,
19 그것은 그들의 욕심이요, 그들의 자만이며, 제가 작은 신이 되고자 하여 감히 나에게 도전하는 사악한 자들의 생각이니,
20 너의 제자들과 나의 법전을 읽고 깨우친 만백성 너희들은 무엇인가를 다 이룰 수 있으며 이룰 자라 생각하지 말라.
21 기초를 다져 놓고 너희들은 나에게 오면 되는 것이니라.
22 오늘의 나의 아들을 따르는 제자요, 나의 법전을 읽고 깨우친 만백성 너희들은 모든 목표를 이 세상에 이루고자 하는 계획을 세우지 말며 그와 같은 생각을 하지 말라.
23 끝이 없이 영원히 존재하는 이 세상에서 나 여호와가 역사하는 것은 끝이 없으며,
24 시작이 없고 끝이 없는 것이 나 여호와가 역사하는 것이며 내가 주관하는 것임을 너희들이 알거늘,
25 어찌하여 백 년을 넘지 못하는 너희들의 생명의 그 시간 속에서 너희들이 모든 것을 완성하며 모든 성공의 매듭을 지으며, 너희들 손으로써 모든 걸 다 채우며 모든 걸 마지막을 마치려 하는가?
26 그와 같은 생각을 하지 말라.
27 그와 같이 생각하는 것이 다 너희들의 욕심이니라.
28 다만 너희들은 노력하는 것으로써 나 여호와의 뜻이며, 나의 진리를 따라 최선의 노력을 다하는 것으로써 너희들의 책임을 다하는 것이니 그리 알라.
29 다음의 백성들이 다음에 또 그를 완성할 것이며, 또한 너희들의 후손들이 맡아 그를 다스리고 만들어,
30 천 년에 걸쳐서 하늘과 같은 낙원이 지상에 이루어질 것이며, 천사와 같은 만백성이 이 지상에 존재하는 그 세상

을 열어 가고자 하는 것이 나 여호와
의 뜻이니라.
31 그러니 너희들이 네 생명이 있을 때
모두를 만들어 놓으며 그 결과를 보고
자 하는 것은 너희들의 오만이며 욕심
이라는 것을 잊지 말며, 그를 깨우쳐
주도록 하라, 사랑하는 나의 아들아!
32 모두의 준비 단계에서 넘지 말라.
33 준비하는 것에 최선의 노력을 다하는
것, 그 속에서 너희들이 한 점의 부끄
러움이 없이 사는 삶을 사는 것, 그것
만으로써도 너희들이 나에게 상을 받
을 수 있는 백성이라는 것을 알라.

8,373 번째 하나님 말씀

2003년 11월 12일 11시 38분

1 사랑하는 나의 아들아!
2 "네, 아버님! 말씀하옵소서."
3 너와 선택된 나의 백성, 너희들은 한
점의 부끄럼이 없이 바로 서는 데 모
두를 다 바쳐야 될 것이며, 그 길을 위
해 너희들의 생명을 바칠 수 있는 그
와 같은 각오로 가지 아니하면 아니
될 것이니라.
4 나의 아들을 통하여 내리는 160권의
법전을 만드는 제자들이요, 그를 가지
고 역사하는 너희들이 바로 서지 못하
면 이는 역사할 수 없기 때문이니라.
5 이제 선택된 백성이요, 나의 아들이
요, 160권을 만드는 너희들이 잘못 갔
을 때, 나는 네 이웃이요, 네 주변의
다른 사람을 희생을 시켜서라도 너희
들을 바로 세워야 되며 바로 다스려
가야 됨을 너희들은 알라.
6 과연 너희들을 바로 세우고 바로 가게
하기 위하여 다른 사람이 희생하는 것
을 너희들이 보고, 이것이 하늘의 뜻
이요, 하늘의 진리라는 무서움을 알고
너희들이 깨우쳐 바로 서는 그와 같은
삶을 살도록 계속 그리 갈 것인가?
7 그렇지 아니하면 너희 스스로 다른 사
람의 희생을 막으면서 네가 갈 길을
선택하겠는가?
8 나 여호와는 나의 아들과 이 법전을
만들기 위해 선택된 그 제자요, 이를
깨우친 백성 너희들이 바로 서지 못할
때, 어떠한 희생을 감수하더라도 너희
들을 바로 세워 가야 되기 때문이니,
이와 같은 무서운 이치를 너희들은 알
도록 그리하라.
9 너희들이 잘못 갈 때, 주변의 다른 사
람을 통해서라도 너희들을 바로 세워
야 되니,
10 그들은 나로부터 상을 받는 자도 있으
나 나로부터 희생의 강요를 당하면서
너희들을 바로 세우는 희생의 제물로
써 가며, 그와 같이 기틀을 만들어서
라도 내가 너희들을 다스리며 바로 세
워야 된다는 것을 너희들은 절대 잊지
말라.
11 나의 아들 네가 바로 서지 못할 때, 네
가 가장 사랑하는 너의 제자요, 네 주
변에 있는 사람부터 내가 훈련을 시켜,
12 그들이 변화되는 모습을 보여서라도
너를 다스려 나가는 그와 같은 역사를
나는 이룰 것이니,
13 너는 바로 서야 될 것이며, 이 무서운
사실을 알라.
14 네가 바로 가지 못하며 바로 서지 못

할 때, 네가 가장 사랑하는 제자들부
터 훈련이요, 그들의 고통으로 인하여
네가 깨우치도록 하는 그 방법을 선택
해서라도 내가 너를 바로 세울 것이며,
15 너의 제자들 또한 바로 세워야 하니,
그들의 가장 가까운 사람을 희생시켜
그를 바로 세우고 그를 훈련시켜 간다
는 것을 너희들은 잊어서는 아니 될
것이니,
16 네 주변에 사랑하고 가까운 사람들의
희생을 바라보기 원한다면 너희들은
바로 서지 않는 삶을 살아가도 내가
말하지 아니할 것이니 그리 알라.
17 나 여호와의 뜻을 이루어야 되며, 내
가 새로운 법전을 세상에 내려보내며
새로운 성경을 내려보내, 나 여호와가
새로운 제3의 시대의 역사를 이루는
이것은 전진되어야 되며 앞으로 나가
야 되며 변화되어야 하기 때문이니라.
18 제자리에 서도 아니 되며, 뒤로 물러
나서도 아니 되며, 너희들이 잘못 가
는 그와 같은 역사가 이루어져서도 아
니 되며,
19 지금까지 잘못 간 종교 집단들이 이
세상을 지배하는 그와 같은 역사가 되
풀이되어서도 아니 됨이니,
20 너희들은 오로지 앞으로 전진이요, 전
진하면서 변화되는 그와 같은 삶이 너
희들이라는 것을 알아야 될 것이니라.
21 오늘의 이 사실을 안다면, 너희들 자
신이 어찌 가야 되는가?
22 너희 자신을 일찍 다스리는 것만이 너
희들이 가야 할 길이니,
23 어떠한 형태든 바로 서지 못하며 바로
가지 못할 때, 모두를 희생시켜서라도
내가 너희들을 바로 다스려 갈 것이니,
24 너희들은 네 주변의 사랑하는 사람들
의 희생을 강요하며 너희 자신이 고통
의 길을 가면서 바로 갈 것인가, 아니
면 스스로 너희들이 바로 갈 것인가
그를 깨달으라.
25 밭을 가는 짐승을 다루는 것도 그러하
니라.
26 그 짐승이 참고 인내하며 주인의 뜻을
따랐을 때, 그에게 매를 가하지 아니
할 것이나, 그렇지 아니하면 그에게는
매를 가하게 될 것이며,
27 매를 가해도 다스려지지 않을 때, 그
는 죽음으로 팔려 간다는 그 단순한
진리요, 이치를 너희들이 안다면, 오
늘의 너희들이 어떠한 형국으로써 가
야 될 것인가를 알라.
28 매를 맞지 아니하고 소임을 다하여 사
랑받는 자가 되겠는가, 그렇지 않으면
네 주변의 모든 사람들이 희생을 강요
당하는 것을 봐야 되겠는가, 그렇지
아니하면 네가 지옥 불로 떨어지는 그
와 같은 길을 선택하겠는가?
29 내가 너희들에게 명함이니, 이것은 너
희들의 선택의 자유임을 알라, 사랑하
는 나의 아들딸들아!
30 그리고 너희만이 할 수 있는 것이며,
모두는 네 손에 의하여 네가 이루고
네가 버린다는 것을 절대 잊지 말도록
그리 전하라.

8,374 번째 하나님 말씀

2003년 11월 12일 11시 42분

1 사랑하는 나의 아들아!

2 "네, 아버님! 말씀하옵소서."
3 구약 시대의 그 모든 역사요, 예수의
신약 시대가 모두 다 무엇 때문에 존
재하는지 알겠는가?
4 다가올 미래를 위하여 내가 이루고자
하는 그 역사를 위하여, 그 모두를 바
로 하기 위하여 그 모두가 존재했음을
너희들은 먼저 알아야 될 것이니라.
5 그러니 너희들이 수천 년 동안 흘러온
역사의 기적, 그 모든 것은 다 오늘의
너희들의 미래를 위하여 준비하는 데
본보기요, 그 뒷받침을 하기 위하여,
6 달리기로 말하면, 출발점의 중간 주자
로서 그 임무를 다했으며,
7 이제는 마지막 주자로서 최선을 다하
여 영광의 테이프를 끊는 그것만이 남
아 있음이니,
8 바로 여기에서 선택된 자요, 여기에서
책임을 다하는 자가 어떠한 것인가를
너희들은 알겠는가?
9 나 여호와가 6천 년 동안 흘러오는 그
세월 속에서 오늘의 미래를 이루며 미
래에 역사하며 내 뜻을 이루고자 하여
모두는 준비된 것이며, 지나간 과거
요, 거쳐 온 과정이라는 걸 알라.
10 그러니 미래에 이루어지는 그 모두를
준비하고 역사하는 자는 바로 나의 법
전을 통하여 깨우친 백성이요, 너희들
이 선택된 자들이니,
11 과연 잠시라도 쉴 곳이 있으며, 잠시
라도 머무를 곳이 있는가를 스스로 깨
달아야 될 것이며,
12 너희들의 책임이 무섭고 두려움을 알
라.
13 너희들은 어떠한 신분이요, 어떠한 배
움이나 어떠한 과정이요, 이와 같은
것을 따지지 말라.
14 내가 너에게 일찍이 무어라 가르쳤느
냐?
15 세상에 태어난 것이 중요한 것이 아니
라, 어찌 사는가가 중요하다 그리 말
하였음이니라.
16 석가는 무어라 말하였느냐?
17 석가는 진리요, 참진리를 깨닫기 위하
여 그가 온갖 고통을 다 겪었음이니라.
18 그도 누구더냐?
19 그도 또한 나의 아들이 아니더냐?
20 이 세상에 생명체를 가진 모든 백성
너희들은 나의 아들딸이니, 석가도 나
의 아들이었음이니라.
21 다만, 석가는 어디서 태어났는가?
22 인간의 몸에서 그가 잉태하여 태어났
다 하지 않았더냐?
23 예수 또한 어떠했더냐?
24 광야에서 사탄과 싸운 그 진리요, 그
것은 무엇이었느냐?
25 나 여호와가 존재함을 알고 있으며,
참진리의 길을 버려서는 아니 되기 때
문에 그리 갔음이니라.
26 그도 어디에서 태어났다 하였느냐?
27 인간으로서 인간의 몸을 통하여 그가
태어났다 그리하였음이니라.
28 그러니 너희들이 태어난 것이 중요한
것이 아니요, 어찌 살아가며 어찌 사
는가가 중요하다 했음이니,
29 모두는 다 나의 아들딸로서 진리요,
깨달음이요, 한 점의 부끄럼 없는 삶
을 살기 위하여 너희들이 다 똑같이
노력하고 연구함이니,
30 어디서 태어난 것 가지고 시시비비하

지 말며, 그가 어찌 살았느냐를 가지
고 시시비비하라 하였듯이,
31 너희들이 그와 같은 큰 틀의 변화를
안다면, 너희들이 어찌 태어났으며 어
떤 과정을 겪어서 나의 성전에 와 나
의 아들의 제자가 됐는지,
32 너희들의 가진 것, 배운 것, 이와 같은
것으로 너 자신을 따지지 말라.
33 너희들이 앞으로 어찌 살아가는가가
중요하며 어찌 역사하는가가 중요함
이니라.
34 너희들이 바른 진리요, 바른길로 살아
가는 것은 나 여호와에게 오르는 길이
니, 이것은 무엇이더냐?
35 하늘을 향하여 한 점의 부끄럼이 없는
삶을 살아가는 그것만이 거듭나는 것
이니,
36 이를 저버리고 이것이 하늘에 오르는
길이 아니요, 육의 삶이요, 육의 행함
이 중요치 않다는 것, 그들이 바로 태
어난 것만을 가지고 시시비비하는 자
요,
37 그리고 어찌 사는 것이 중하고 귀한
것이라는 것을 모르는 자이기에, 미래
에 심판을 받는 것이 어찌 받으며 어
찌 하는지도 모르는 불쌍하고 가련한
백성들이니,
38 그들의 말에 현혹되어 너희들이 무너
지는 그와 같은 일이 없도록 그리하
라, 사랑하는 나의 아들딸들아!

8,375 번째 하나님 말씀

2003년 11월 12일 11시 48분

1 사랑하는 나의 아들아!
2 "네, 아버님! 말씀하옵소서."
3 내가 일찍이 너에게 전하여 만백성에
게 깨우치라 하였음이니라.
4 아름답게 포장된 포장의 겉모양을 보
고 모든 것을 선택하며 그를 가지고
평가하는 자가 가장 어리석은 백성이
라 하지 아니하였더냐?
5 그 상자 속에 들어 있는 것, 포장된 속
에 들어 있는 그 내용물이 중요하며,
거기에 저장되어 있는 것이 어떤 것이
냐가 가장 중요한 것이지,
6 그 겉포장을 아름답게 싸고 안 싼 것
으로써 선택했을 때, 너희들은 정녕
그 내용물을 모르는 자요, 가장 어리
석은 백성이라 그리하지 아니하였던
가?
7 너희들이 장을 담금이니, 그 그릇이
번지르르한 것을 보고 그 장의 맛의
좋고 나쁨을 구분하는 것은 가장 어리
석은 자라 하였음이니라.
8 그러니 그릇 안에 들어 있는 장의 맛
을 보며 그 장이 어떤 것인가를 보고
선택하는 자, 그는 현명한 자요, 바로
그가 지혜 있는 자라 내가 그리 말하
지 아니하였던가?
9 오늘의 모든 믿음의 길을 가는 종교
집단이요, 지도자들이 진정한 참진리
요, 믿음을 위해서 가는 것이 아니요,
교회의 건물에 맹종하는 그와 같은 형
국이 되었으며,
10 이웃과 싸우고 이웃과 경쟁하는 것에
만 모두가 혈안이 된 것이 오늘의 종
교 집단이요, 그와 같은 자들이 가는
길이라 그리 말하였음이니,
11 너희들은 정녕 거기에 사랑과 믿음이

얼마나 있는가, 그 내용을 알아야 될
것이니라.
12 인간의 마음이 어떠한 줄 알겠는가?
13 너희들은 이 세상에 베풀고자 하는 사
람이 없다 생각하지 말라.
14 받으려 하는 자가 없으며, 받고자 하
는 자가 없는 세상으로 그리되었음이
니,
15 그러니 베푸는 자가 베풀지 못하도록
만든 것이 이 세상 너희들의 마음임을
알라.
16 지나가는 어려운 사람에게 밥 한 끼를
사 주며 대접할 때, 그 친절함을 보고
그는 무엇을 하는가?
17 감사하게 생각하는 것이 아니라, 의혹
하는 마음을 가지며 의심하는 마음을
가지며,
18 저를 무너트리며 저를 다른 곳으로 끌
고 가며 저를 유혹하기 위해서 그런
것이 아닌가 하며 먼저 의심하는 마음
을 가지고 있음이니,
19 그와 같은 백성들을 돕는 것을 있는
자요, 가진 자가 과연 마음 편하게 할
수 있는가?
20 그러니 너희들은 있는 자가 베풀지 아
니하며 험악한 세상이라 말하기 전에,
21 가난하고 불쌍한 자들이 받아들이는
그 마음의 자세가 안 되어 있는 것도
또한 볼 줄 아는 현명한 지혜를 가져
야 될 것이니라.
22 너희들이 친절을 베푸는 것, 사랑을
베푸는 것도 의심하며 의혹함이니, 베
푸는 자의 마음은 어떠하겠는가?
23 너희들이 아무런 사심이 없으며 생각
이 없이 어려운 자 도와주며 어려운
자에게 베풂이니,
24 그를 받는 자가 혹시나 제가 가진 것
도 없으며 능력도 없는 자가 저 자신
을 이용하며 저를 능멸하기 위해서 그
와 같이 하는 것이 아닌가 하고 의심
하고 의혹할 때, 베푸는 자의 가슴이
얼마나 아프며 그 마음이 얼마나 아프
겠는가?
25 그러니 이 세상은 베풀려 하는 자가
더 많으나, 받는 데 저희들이 계산적
이요, 받는 것마저 의혹하는 불쌍하고
가련한 자들이 있기에, 많은 백성들이
있는 자가 베푸는 것을 그만두게 되었
으며 문을 닫게 되었으며 베푸는 것을
중단하게 되었으며,
26 이와 같은 세월이 몇천 년 흘러오면서
나의 피조물 만백성들의 생각이 그와
같이 되었음이니, 그 모두를 다 나는
바꾸고자 하는 것이니라.
27 받는 자는 그저 순수하게 감사함을 알
며, 친절하게 해 주는 자에게 친절함
을 감사하며, 그대로 저도 보고 배우
고 깨우쳐 가면 될 것을,
28 그 사람을 마음으로 의심하며 시기하
는 눈초리로 본다면 이것은 있을 수
없으니,
29 베푸는 자가 기쁜 마음으로 베풀며 받
는 자가 기쁨으로 받는 그와 같은 정
상적인 세상을 만들고자 하는 것이 나
여호와의 뜻이요, 나의 법전이 세상에
내려가는 것이니,
30 오늘의 세상사 인간들의 마음이 그와
같이 되었음을, 너희들은 이를 잡기
위하여 최선을 다하도록 그리하라, 사
랑하는 나의 아들딸들아!

31 그것이 나 여호와의 뜻이기 때문이니
라.

8,376 번째 하나님 말씀

2003년 11월 12일 11시 52분

1 사랑하는 나의 아들아!
2 "네, 아버님! 말씀하옵소서."
3 나의 백성 너희 한 사람이 과연 몇 사
람에게 정을 베풀 수 있으며 사랑을
나눌 수 있으며 또 네 뜻을 바로 전할
수 있다 생각하는가?
4 너희들이 몇 명 안 되는 사람을 놓고
정을 표시하며 나눠 줄 때도 그 사랑
이 갈라지고 나눠지며, 가르침을 받는
자마다 다름이니,
5 많은 백성들을 모아 놓고 설교하고 강
론하는 데만 역점을 둔다면, 과연 너
희들이 여기서 인간적인 사랑이요, 아
름다움을 서로 교감을 가질 수 있겠는
가?
6 사람이 많으면 많을수록 정성스러운
마음이요, 정감이 가는 마음으로써 깨
우치고 전하는 것이 아니라,
7 비인간적인 방법으로써 사람을 대하
게 되며, 비인간적인 방법으로써 모두
가 역사하며, 비인간적인 방법의 상태
가 이루어지는 것이 아니더냐?
8 너희들이 백 명이 넘는 인원을 가르치
고 또 전하며 그들과 더불어 행할 때,
과연 얼마나 그들을 진정으로 사랑할
수 있는 인간의 능력을 가지고 있다
생각하느냐?
9 그리고 너희들이 전하고자 하는 그 뜻
을 바로 전할 수 있다 생각하는가?
10 거기서 5백 명이요, 천 명이요, 인원
이 늘어날 때마다 너희들은 얼마나 인
간적인 것으로써 다가갈 수 있는가?
11 인간의 한계로써 너희들이 그 차등이
생기는 것이 당연할 것이니라.
12 백 명이요, 천 명이요, 만 명을 놓고
할 때, 너희들은 비인간적인 방법으로
써 방향이 바뀔 것이며, 그와 같은 방
법으로 전해질 것이니라.
13 그러니 많은 백성들을 모아 놓고 강론
하고 역사하고 가르치는 것이 나 여호
와의 사랑이 넘치도록 가르치며 내 뜻
을 전하는 것이 아니라,
14 너희들은 많으면 많을수록 인간관계
가 비인간적이요, 비정상적으로 흘러
가는 그와 같은 방법으로 이용되지 않
는가?
15 이것이 잘못되었음이니라.
16 나 여호와의 진리요, 참뜻을 과연 그
대로 전하는 것이 많은 사람을 놓고
강론하고 설교하는 것으로 이루어지
겠느냐?
17 조용히 있는 듯 없는 듯 개인을 깨우
치며, 그리고 개인의 가슴에 교회를
지으며, 가정에 교회를 지으며, 가족
단위로 이웃과 더불어 깨우치는 그와
같은 것으로써 나의 성령이요, 나의
뜻을 바로 전할 수 있으며 아름답게
전해질 수 있으니,
18 그리하여 그와 같은 형태로써 모두를
역사하고자 하는 것이 나 여호와의 뜻
이니라.
19 너희들이 많은 사람을 놓고 말할 때마
다 그 사랑의 한계는 더 넘쳐흐르게
되며, 너희들이 정상적인 상태에서 정

상적인 마음으로 모두를 이끌어 가기
는 벅차고 어려울 것이니라.
20 이와 같은 이치를 안다면, 너희들이
인간 교육도 그러하거늘,
21 나 여호와의 뜻이요, 나의 성령의 참
진리요, 너희들이 거듭나고 못 나는
그와 같은 역사를 가르치고 전달함에
있어서,
22 과연 어떠한 길이 아름다운 길이며 어
떠한 길이 현명한 길이며, 어떠한 길
이 너희들에게 쉽게 깨우쳐 도움이 될
수 있는 길인가 하는 것은 너희들 스
스로 이제 깨달을 때가 되지 않았는
가, 그리 알라.

8,377 번째 하나님 말씀

2003년 11월 12일 11시 57분

1 사랑하는 나의 아들아!
2 "네, 아버님! 말씀하옵소서."
3 정녕 아름다운 백성 한 사람이 나왔을
때, 세상을 다 주어도 얻지 못하는 것
이 인간의 변함이요, 그와 같은 사람
이 태어나는 것이라 내가 그리 말하였
느니라.
4 종교 지도자요, 집단이요, 그들이 그
역사를 하면서 어떠한 길을 가겠는가?
5 인간 너희들이 지금 소정의 교육을 받
아 종교 지도자라 하여 인간이 만들어
준 그 임명장을 갖고 교회를 지으며
성당을 지으며 법당을 짓는 그와 같은
역사를 하고 있지 않으냐?
6 그러면 그들이 먼저 그 인간으로서 받
는 임명장을 받는다 해도,
7 저희들이 믿음이요, 사랑이요, 만백성
을 구하는 그와 같은 역사를 한다는
인간이 만든 그 임명장을 받고 저희들
이 역사할 때, 처음에 생각하는 것이
무엇이어야 되겠느냐?
8 어떠한 사람을 제가 어떠한 방법으로
깨우쳐 진정한 믿음이요, 진리의 길을
갈 수 있는 사람으로 만들 것인가, 그
것을 먼저 생각하는 것이 종교 지도자
요, 집단이 갈 길이 아니겠는가?
9 그러나 너희들은 소정의 인간이 가르
친 교육을 받은 인간이 준 임명장을
받자마자, 그와 같은 아름다운 백성을
육성하는 것을 생각하는 것이 아니요,
10 어느 도시 한복판에 어떠한 좋은 길목
에 교통이 편리하며 사람들이 우글거
리는 곳,
11 그리고 작은 마을이라도 사람의 숫자
를 따지면서 너희들이 교회를 지음으
로 인하여 답을 이루고 못 이루고, 재
물을 거둬들이고 못 이루며, 빨리 교
회를 더 큰 것으로써 화려하게 짓고
못 짓는 것, 그리고 제 명성을 세상에
보내고 안 보내는 것, 이것을 먼저 생
각하는 것이 너희들이니,
12 이게 얼마나 장삿속이며 얼마나 사악
한 자들이더냐?
13 이제 나의 아들을 따르는 제자 너희들
은 알라.
14 너희들은 그와 같은 터를 닦으며 네
자리를 잡을 때, 그와 같은 어느 도시
요, 어느 부지요, 어느 교통이요, 어떤
수단을 따져 사람을 긁어모으는 것을
계산해 두지 말라.
15 종교 지도자로서 너희들이 나의 법전
을 읽고 깨우친 자라면,

16 한 사람이라도 사람다운 사람을 만나
네가 전한 것을 받아들일 수 있는 자,
나 여호와의 뜻을 받아들이고 따를 수
있는 자,
17 여기에 너희들이 모두를 역사하도록
그리하라, 사랑하는 나의 아들아!
18 그와 같은 생각을 갖지 아니하고, 어
디에 교회를 지으며 어디에 법당을 지
으며 어디에 성막을 지으며 성전을
지어야만 많은 사람들이 모여들고 쉽
게 명성을 얻으며 재물을 쉽게 거둬들
일 수 있는가 하여 그 장소를 물색하
고 짓는 것은 너희들이 바로 무엇을
찾는 것이더냐?
19 너희들이 인간 세상에 제 뜻을 이루기
위하여 제 부모가 죽어 묻을 때 명당
자리를 찾는 자들과 똑같은 행위이니,
20 그와 같은 자들이 기복 신앙이요, 미
신이 아니고 무엇이란 말이더냐?
21 그와 같은 자세로써 내가 너희들에게
가르쳐 줌이니, 나의 아들을 따르는
제자들이요, 나의 법전을 읽은 백성
너희들은 절대 그와 같은 것으로써 계
산을 두지 말며 그와 같은 생각으로
써 너희들이 자리를 잡으려 하지 말라.
22 아무리 못나고 어리석은 자라도 한 사
람의 의인을 만드는 것에 역점을 둘
것이며,
23 나 여호와의 뜻을 그저 전할 수 있는
곳이라면 너희들은 가장 행복하고 만
족한 자라 하라.
24 머릿수를 생각하며 사람을 긁어모으
는 것은 너희들에게 재물의 역사함이
있기에 그리함이니, 그리 알라.
25 너희들이 깨우침을 전하며 나의 진리
를 전하는 것은 그와 같은 방법으로써
전하는 것이 아님을 알라.
26 너희들이 평생 50년 동안 가르쳤어도
거기서 하나의 의인이 나오지는 못하
나,
27 한 사람을 가지고 종교 지도자가 10
년을 가르쳐서 의인 같은 백성이 세상
에 나온다면 누가 성공한 자며 누가
나 여호와의 뜻을 이룬 자인가 이를
보도록 그리하라.
28 내가 그리하여 사람이 많으면 많을수
록 진정 정상적인 사랑을 나눌 수 없
으며, 비정상적으로 이끌어 가는 것이
너희들이라 미리 가르쳐 주고 깨우쳐
준 그 의미를 알도록 그리하라, 사랑
하는 나의 아들딸들아!

8,378 번째 하나님 말씀

2003년 12월 12일 20시 46분

1 사랑하는 나의 아들아!
2 "네, 아버님! 말씀하옵소서."
3 나 여호와가 존재함을 믿는 그 자체로
써 모두가 다 역사하며 그 모두가 이
루어짐을 너희들은 알아야 될 것이니
라.
4 나의 아들을 통하여 내가 너희들에게
무어라 전하였느냐?
5 천사는 나를 제외하고 나를 버려두고
나를 접어 두고 생각하는 것이 없으
며, 역사하는 것이 없으며,
6 영원히 변하지 않는 그 지속된 믿음의
길을 가는 것이라 그리 말하였음이니
라.
7 그러니 너희들이 나 여호와가 존재함

을 믿는 것이 바로 영원히 지속된 그
믿음을 갈 수 있으며, 변하지 않는 믿
음으로 갈 수 있으며,
8 나를 접어 두고 나를 지우고 무엇인가
를 역사하지 아니하는 그와 같은 마음
의 자세로 굳어지는 것이니라.
9 그러니 나 여호와가 존재함을 믿는 그
자체가 얼마나 귀하고 소중한 것인가
를 다시 한 번 깊이 새겨 두어야만 될
것임을 그리 알라.
10 나 여호와가 존재함을 믿는 백성은 흔
들리지 아니하며 넘어지지 아니함을
너희들은 알아야 될 것이니라.
11 어떠한 유혹이 있다 해도 너희들이 넘
어지지 아니하며,
12 나 여호와가 존재하며 내가 있음을 믿
고 가는 그 백성은 세상에 그보다 더
소중하고 그보다 더 귀한 보배를 얻은
자가 없기 때문에,
13 목숨보다 더 귀하고 소중한 것을 안다
면 과연 너희들이 그를 놓겠는가?
14 절대 놓지 아니하는 것이 너희들이 나
를 믿는 그 마음임을 알아야 될 것이
니라.
15 그것만이 너희들이 천사와 같은 마음
으로 변화될 수 있으며 역사할 수 있
다는 것을 잊어서는 절대 아니 됨을
알라.
16 그와 같은 마음의 자세만이 너희들이
모두를 이기고 갈 수 있으며, 어렵고
힘든 그 고비를 다 넘을 수 있다는 것
을 너희들은 알아야 될 것이니라.
17 내가 나의 아들을 통하여 너희들에게
전하였느니라.
18 너희들은 이겨야 되는 것이며, 너희들
은 성공해야 되며, 너희들은 모두를
이루어야 된다는 그 생각을 잠시도 지
우지 말고 살라 그리하였음이니,
19 그것이 너희들이 가야 할 길이니라.
20 너희들에게 내가 그리 말하는 것은,
너희들은 잠시라도 마음을 놓으며, 마
음이 흐트러지고 무너질 때는 사탄이
가차없이 너희를 물고 흔듦이니, 너희
들 자신이 지탱할 수 없게 되어 무너
짐을 알라.
21 너희들이 어렵고 힘들어 쓰러지고 무
너지는 것도 무엇인 줄 알겠느냐?
22 너희들이 마음의 틈을 주었기 때문에
그러하니라.
23 내가 나의 아들을 통하여 160권의 대
장정의 법전이 세상에 내려온다 해도,
24 여기에 나의 아들의 생각이요, 네 멋
대로 무엇을 한 자라도 넣는다면 이는
모두 사탄이 침투할 수 있는 기회를
주니,
25 사탄이 그를 물고 늘어져 이를 다 흩
트려 놓는다 할 때, 이를 방어할 힘이
없는 것이니라.
26 너희들이 역사하지 못하는 것, 이루지
못하는 것, 좌절하는 것, 쓰러지는 것
도 너희들의 그 마음이 나를 믿는 마
음으로 모두를 역사하지 못하기 때문
이었음이니,
27 너희들은 천사가 무엇이며 천사가 어
찌하여 천사의 대우를 받는가, 오늘
그것을 너희들이 가슴 깊이 새겨야 될
것이며,
28 그와 같은 천사가 될 수 있는 길을 나
의 아들을 통하여 내가 너희들에게 명
하였으니, 그리 가라.

29 그러면 세상의 모두를 다 이기고 건너
갈 수 있음을 너희들은 알아야 될 것
이니라.
30 외줄을 타는 자는 잠시만 방심해도 그
생명을 잃을 것이며, 외줄에서 떨어지
는 것이 아니더냐?
31 너희들이 정신을 집중하지 아니하면
모든 것을 잃게 되며 실패함이니라.
32 아무리 훈련을 하고 숙달이 되었다 해
도, 아무리 훈련되고 숙달되며 자신이
있다 해도, 너희들이 다른 생각을 하
고 정신을 팔면 너희들은 실수하며 거
기에서 떨어지는 것이니라.
33 그러니 너희들이 말하기를 무어라 하
느냐?
34 인간 세상에 속된 말로 '원숭이라는
나무를 잘 타는 동물도 떨어지는 날이
있으며 떨어진다.'는 말이 있지 않더
냐?
35 다른 생각과 다른 마음을 가지면 그와
같이 떨어지며,
36 너희들이 아무리 훈련되고 숙달된 길
이요, 아는 길도 잘못 찾아가는 것이
바로 무엇인 줄 알겠느냐?
37 다른 생각을 하게 됨이니, 그것이 그
리 무서운 것이니라.
38 너희들이 나를 믿는 마음으로써 모두
가 너희 자신을 꽉 채우지 아니하고
있을 때, 그리고 모두를 역사하는 것
을 나와 더불어 내가 제일 우선인 그
와 같은 마음을 갖지 아니하고 살 때,
39 사탄들은 가차없이 너희들을 물고 늘
어질 것이니라.
40 맹수가 먹이를 물고 늘어지는 것보다
더 무섭고 사악한 방법으로 그들은 무
느니라.
41 그들은 영원히 이 세상에 존재하지 못
한다는 것, 그들은 이제 이 세상을 지
배할 날이 얼마 남지 않았다는 것을
알기 때문이니라.
42 맹수가 그 먹이를 무는 것은 오늘의
배고픔에 제가 살아가기 위한 것이나,
43 사탄이 너희들을 물고 있는 것은 영원
히 그들이 존재하고 존재하지 못하는
그와 같은 크나큰 싸움의 길이니,
44 그들이 얼마나 틈만 있으면 물고 늘어
지며, 너희들을 무너트리고 깨지도록
그리하는 것인가를 알라.
45 너희 모두가 일어서지 못하는 것은 네
마음이 두 마음이요, 네 마음이 흔들
리기 때문에 그러니라.
46 너희 제자들 중에서도 한마음을 갖고,
오로지 나의 법전을 만들어 세상에 전
하겠다는 그 일념으로 가는 자, 말과
행동이 일치하는 자, 그는 고통이 없
을 것이니 그리 알라, 사랑하는 나의
아들딸들아!
47 그와 같은 제자로부터, 그와 같은 백
성들부터 내가 모두를 역사할 것이니
그리 알라.

8,379 번째 하나님 말씀

2003년 11월 13일 07일 01분

1 사랑하는 나의 아들아!
2 "네, 아버님! 말씀하옵소서."
3 이 세상에 나의 성령을 받아 나의 뜻
을 전하며 나의 뜻을 책으로 만들어
만백성을 구하는 그 역사가 너희들에
게는 첫 번째요, 그리고 인생의 목표

두 번째도 법전을 만드는 것이요, 세
번째도 이를 만들어 역사하는 것이라
내가 너희들에게 그리 강조하고 깨우
쳤거늘,
4 너희들이 과연 어떠한 마음 자세로써
어떠한 형태로써 이를 역사하는가?
5 너희들은 인간 세상에 살아가면서 시
험이라는 것에 성적을 높이기 위하여
코피 쏟아 가며 공부하는 그와 같은
마음보다 열배 천배 더해야 되는 것이
거늘, 너희들이 과연 어떠한 마음으로
어떠한 자세로써 이 길을 가고 있는가?
6 2천 년 전 나의 아들 예수의 제자들이
그 기적이요, 역사를 보며, '만왕의 왕'
으로 나의 아들이 왔다 하였음이니,
7 인간 세상의 부질없는 왕이 아니요,
성령으로써 만백성을 깨우치고 진리
를 가르치는 왕이요, 영원히 존재하는
하늘의 뜻을 가르치는 그 왕으로서 세
상에 왔음이니,
8 창조주 나 여호와가 나의 뜻을 가지고
전하는 것이 만왕의 왕이라 하였으나,
9 그 제자들은 인간을 지배하며 권력이
요, 권좌에 앉는 왕으로서 부귀영화를
생각하는 마음을 가졌기에, 그 속에
불만이요,
10 그와 같은 역사가 이루어지는 것이 보
이지 아니하고 원하는 것이 이루어지
지 아니하였기에, 그들은 바로 무슨
짓을 했는가?
11 나의 아들을 팔았으며 등을 돌렸으며,
고통스럽게 죽어 가는데 그들이 모두
가 뿔뿔이 헤어진 자들이 바로 그와
같은 인간의 속성이었기 때문이니라.
12 너의 제자들 또한 모두를 다 손을 놓
고 떠나라 그리 말하라.
13 그와 같은 자들이 지금도 있음이니라.
14 인간의 시험을 위해 코피를 쏟아 가면
서 몇십 년 동안 그를 바치는 자도 있
음이니라.
15 내가 160권의 법전을 만들어 세상에
전하라 하였음이니,
16 이를 만들고 역사하는 너희들 제자에
게 그만큼 상이 있다 하였으며 그 공
로가 있다 내가 말하였느니라.
17 한 사람을 구하는 것으로써 너희들이
지은 죄를 다 용서받을 수 있다 하였
으나, 너희들이 이 법전을 만드는 것
은 얼마나 더 위대한 것이던가?
18 그와 같은 나로부터 받는 미래의 상을
생각하지 아니하며, 육의 계산이요,
육의 상만을 생각하는 제자들이 바로
2천 년 전 나의 아들 예수를 따랐던
그 제자들과 같으니라.
19 그와 같은 마음이 아닌 자, 그리고 인
간의 시험공부를 위하여, 한 점의 점
수를 더 받기 위하여 너희들이 밤잠
안 자며 코피를 쏟고 노력하는 것보다
열배 백배 천배를 더 해야 할 것을,
20 너희들이 시시비비하며 나의 성전에
서 갑론을박함이니, 모두 손을 떼라
그리 전하라.
21 그와 같은 곳에 참석한 자, 그와 같은
마음을 가진 자, 이 법전은 그와 같은
자가 만들 자격이 없으며, 그와 같은
자들이 아니어도 이 법전은 세상에 다
역사함이니라.
22 모든 재물이요, 부귀영화를 다 저희들
앞에 주며, 너희가 죽기 전에 육의 세
상에서 모두를 본다 하여 하늘의 천기

를 가르쳐 주었거늘,
23 그를 가지고 시시비비하는 그 백성들
의 마음의 자세가 어디 있는가?
24 2천 년 전 권력을 얻기 위하여 나의
아들 예수를 따랐던 자들의 생각과 지
금 그들이 같으니, 그 시시비비하는
자 모두 손을 떼도록 그리하라.
25 그리하지 아니하면 내가 법전을 역사
하지 않을 것이며,
26 그와 같은 자들이 손을 뗐을 때, 내가
그 법전을 만드는 역사를 할 것이니라.
27 저희들에게 그와 같은 기회를 주었으
며,
28 인간의 시험보다도 더 소중한 시험이
요, 더 소중하며 위대하거늘,
29 인간의 시험공부가 무엇이던가?
30 육의 부귀영화를 저희들이 누리기 위
해서 그리하는 게 아닌가?
31 내가 인간 세상의 육의 부귀영화요,
그 모두를 보여 줄 것이며, 10년의 세
월 속에 모두를 다 역사한다 하였음이
니,
32 저희들이 나의 분신이라 했으며 나의
아들의 분신이라 했거늘,
33 저희들의 수고로움을 생각하며 그 수
고로움으로 한다면, 내가 재물을 주고
그 대가를 치르며 사람을 쓸 것이며,
그리하여 그와 같은 자들에게 내가 상
금이요, 은혜를 내리지 아니할 것이니
라.
34 너희 제자들은 내가 그와 같은 상금과
은혜를 내릴 수 있는 혜택을 받은 자
들이거늘, 어리석은 너희 제자들이니
라.
35 눈앞에 너희들이 생각하는 것이 다르
며 계산이 다름이니라.
36 저희들이 지금 시험공부라는 것을 하
기 위하여, 한 점을 더 받기 위하여 노
력하는 그와 같은 공도 들이지 아니하
며, 그와 같은 노력도 하지 않는 자들
이 시시비비를 함이니,
37 그들로 하여금 내가 이 법전을 만들고
자 함이 아니니라.
38 모두를 다시 다 역사할 것이니 그리
알라, 사랑하는 나의 아들아!

8,380 번째 하나님 말씀

2003년 11월 13일 07시 06분

1 사랑하는 나의 아들아!
2 "네, 아버님! 말씀하옵소서."
3 2천 년 전 예수를 따랐던 그 제자들과
같은 전철을 두 번 다시 용서하지 아
니할 것이며,
4 이제 마지막 시대며, 160권은 세상에
나가야 되며, 그 역사를 이룬다 하였
음이니라.
5 그러니 예수를 따랐던 제자들이 부귀
영화요, 만왕의 권력의 왕의 역사를
바라며 그를 따르고자 했던 것과, 지
금 너를 따르는 제자들의 그 계산속
마음이 다른 것이 무엇이던가?
6 두 번 다시 그와 같은 전철을 밟고자
아니 함이니, 미리 내가 그 싹을 다 자
름이니라.
7 그러니 너는 그와 같은 자들로 하여금
나의 법전을 역사하도록 하지 말라.
8 그들은 나의 은혜요, 나의 영광을 거
부하며 내 뜻을 따르지 아니함이니,
9 나 여호와가 존재함을 알며 이 법전을

만드는 것이 얼마나 소중한 것인가를
가슴에 심고 심으라 하였거늘,
10 내가 사람이 없어 저희들에게 기회를
주었던가?
11 그들에게 내가 기회를 준 것은 그들을
구원하고자 하며 그들에게 은혜를 주
고자 하여 선택한 것이니,
12 선택된 것을 감사하라 하였으며, 선택
받은 것을 영광으로 생각하라 하였거
늘,
13 그와 같이 노력은 하지 아니하며 노력
의 대가부터 계산하는 그와 같은 자들
이 나의 법전을 만들어서는 절대 안
됨이니라.
14 나의 법전을 무어라 말하였느냐?
15 네 생각이요, 네 뜻을 한 줄을 집어넣
어도 사탄이 이를 물고 늘어져 갈기갈
기 찢는다 하였음이니,
16 나의 법전을 만드는 자가 이 소중함을
모르며 열과 성의를 다하지 아니하며
정성을 다하지 아니하고 가는 자, 그
는 바로 사탄들이 물고 늘어질 수 있
는 것을 제공하는 자들이요,
17 2천 년 전 나의 아들 예수에게서 등을
돌려 그를 죽음으로 몰았으며, 그 고
통을 같이하지 아니한 그 제자들의 그
와 같은 역사의 전철은 오늘에 두 번
다시 밟을 수 없으며, 밟지 아니하는
것이 나라 그리하였음이니라.
18 모두는 내가 직접 역사할 것이며, 내
가 다 사람을 보낼 것이며, 사람을 선
택하여 그 모두를 역사할 것이니 그리
알라.
19 너희들이 목숨을 바쳐 인간의 시험에
매달리며, 그 하나의 점수를 받기 위
하여 얼마나 육의 노력을 하는가?
20 그와 같은 것보다도 내가 무어라 말하
였느냐?
21 천배 만배 더 해야 하는 것이 너희들
이요, 그보다 더 소중한 것이 너희들
이 지금 나의 법전을 만들고 다루는
자들이라 하였음이니라.
22 그들의 마음이 속과 겉이 다르며 이해
관계에 있는 자들, 그 손끝이 검어져
있으며 손끝에 욕심이 가득 찬 자들이
니라.
23 그와 같은 것으로써 나의 법전을 역사
할 수 없음이니, 이것이 나의 뜻이니
라.
24 이를 너는 엄히 지키고 행하여 다스리
도록 그리하라.
25 이 법전이 10년 후에 세상을 덮는다
는 그 의미를 이제 알았는가?
26 이 법전이 하루아침에 역사할 수 있을
것이나, 어찌하여 10년 동안을 내가
기다리고 10년에 걸쳐 역사한다 하였
던가?
27 이와 같은 파장이요, 이와 같은 것을
내가 골라내고 다스리며,
28 그와 같은 세월 속에서 완벽한 속과
겉이 다르지 아니하며, 이 법전에 진
심으로 생명을 바칠 수 있는 자,
29 이 법전을 곶감으로 생각하지 않는
자, 이 법전을 저희들의 먹이로 생각
하지 않는 자, 이 법전을 저희들이 부
귀영화를 누리는 기반으로 생각하지
않는 자,
30 그와 같은 백성 외에는 그 누구도 나
의 법전을 만들게 해서는 아니 되며,
손을 대게 해서는 아니 될 것이니 그

리 알라, 사랑하는 나의 아들아!

8,381 번째 하나님 말씀

2003년 11월 13일 07시 10분

1 사랑하는 나의 아들아!
2 "네, 아버님! 말씀하옵소서."
3 내가 만백성을 먹이고 살리는 생수를
세상에 내려보냄이니,
4 그 그릇을 담는데 거기에 오물이 묻었
으며 기름이 한 방울이 묻어 있다면,
그 생수는 먹을 수 없으며 그 생수는
아무런 의미가 없다 하였음이니라.
5 창조주 나 여호와가 직접 내리는 그
생수를 받는 그 그릇에 기름이 한 방
울만 묻어 있어도 그 생수를 먹을 수
없어 무용지물이 된다 하였음이니,
6 이 세상에 지구가 멸망할 때까지, 지
구가 존재하는 날까지 견디는 나의 법
전은 과연 어떠하던가?
7 그를 만들고 다스리는 그 백성들의 그
릇에 정녕 하나의 티라도 있어서는 아
니 되는 것이니라.
8 그리고 하나라도 검은 티의 마음이 있
어서는 법전은 역사할 수 없으며,
9 이는 가치가 없으며, 바로 생수를 담
는 그릇이 잘못되었음이니, 거기에 담
을 수 없는 것과 마찬가지이니라.
10 내가 생수를 직접 내리는 것도 오물이
있으면 그를 이루지 못한다 하였거늘,
11 나의 법전을 만드는 그 제자들이요,
그곳에 선택된 자, 너희들이 아직도
그 영광이요, 축복의 은혜를 모르고
다른 생각을 하고 있다면 그는 절대
용서할 수 없으며, 그는 법전을 만들
자격이 없음이니라.
12 이것이 나 여호와의 뜻이며, 내가 역
사하는 것이니라.
13 감히 창조주 나 여호와가 만백성을 구
하는 역사를 하며, 그리고 영원히 지
구가 존재하는 동안 절대 없어지지 아
니하는 법전을 만들어 만백성을 구하
여 하늘에서 이루어진 것같이 이 땅에
서 이루는 그 역사에 부름을 받고 동
참한 자,
14 너희들의 생명을 열 번 백 번을 바쳐
도 그 감사함에 은혜를 갚을 길이 없
거늘,
15 저희들의 손톱 밑이 저린 것을 가지고
시시비비를 하며, 저희들의 수고로움
을 가지고 시시비비를 한다는 것은 내
가 무어라 하였느냐?
16 나로부터 선택된 것이요, 부름 받은
것이요, 내 잔치에 초대된 것이 얼마
나 큰 영광인지 모르고, 너희들의 그
마음이 그와 같은 자는 감히 나의 법
전을 만들 수 없으며, 이를 다스릴 수
없을 것이니 그리 알라.
17 내가 다시 재편성할 것이며, 모든 것
은 내가 다 준비되어 있는 자를 불러
들일 것이니라, 사랑하는 나의 아들아!
18 너는 두려워하지 말며 겁먹지 말며,
모두가 손을 떼도록 그리 명하라.
19 그리하여 다시 시작하는 역사를 이루
어, 나의 법전을 깨끗하고 아름다운
마음으로 만들도록 하며,
20 그릇을 씻고 또 씻어 그릇이 깨끗해질
때까지는 절대 나의 법전에 손을 대도
록 해서는 아니 될 것이니라.

8,382 번째 하나님 말씀

2003년 11월 13일 07시 20분

1 사랑하는 나의 아들아!
2 "네, 아버님! 말씀하옵소서."
3 내가 너의 제자들에게 무어라 가르쳤
느냐?
4 천사는 무엇이 다르다 하였는가?
5 천사는 모든 것을 나의 주관하에 이루
며, 내가 존재함을 믿으며, 나 여호와
가 영원히 존재하며 나를 믿음이 영원
히 변화되지 않는 그와 같은 마음이
곧 천사의 다른 점이라 그리하였음이
니라.
6 그리고 그들이 무엇을 역사하되 나를
먼저 생각하며, 나를 배제하고 생각하
지 아니하는 것이 천사들이 가는 길이
라 하였음이니라.
7 곧 나의 법전을 만드는 백성들이요,
나의 아들을 따르는 제자 너희들이 그
와 같은 마음으로써 역사하지 아니하
며,
8 이 법전을 만드는 것을 제 생명보다도
더 소중히 생각하지 아니하며, 제 생
명보다 더 위대한 것이라 생각하지 아
니하는 자는 결국 무엇이더냐?
9 그들은 바로 천사가 될 수 없는 자이
니라.
10 바로 천사는 모두가 나 여호와가 영원
히 존재하며 불변하며, 그리고 나를
제쳐 놓고 생각하는 것이 없으며, 나
를 항시 그 마음에서 지우는 것이 없
으며,
11 내가 역사하는 것 외에는 그들은 반목
이 없으며 거기에 이유가 없으며 그리
고 거기에 시비를 걸지 아니하며,
12 오로지 내 뜻을 위하여 모두를 다 바
치고 행하여 가며, 또한 영원히 변하
지 않는 마음을 가지고 있는 것이 천
사라 하지 않았는가?
13 그러니 그와 같은 마음을 가지고 갈
수 없는 제자, 그들은 결국 천사가 될
수 없는 것이니,
14 결국 그들이 지옥으로 갈 자요, 천사
가 될 수 없는 자라는 것을 알면서, 그
들을 더 이상 부리고 나의 법전에 손
을 대게 할 수는 없는 것이 아니더냐?
15 그와 같이 천사가 되고자 하는 자, 천
사와 같은 마음이 되고자 하는 자, 천
사가 역사하는 마음을 가지고 있는
자, 나의 법전을 만들어야 될 것이며,
16 그리하여야 그 공에 대한 상을 내가
내릴 수 있지 아니하던가?
17 이것이 나 여호와의 뜻이니, 너는 마
음 아파하지 말며, 네 가슴에 인간의
생각을 지우도록 그리하라.
18 모두는 내가 선택된 사람으로서 다시
편성할 것이며, 다시 출발할 것이며,
나의 법전을 다시 역사할 것이며, 다
시 시작할 것이니라.
19 이와 같은 것이 열 번 백 번이 반복된
다 해도, 나의 법전을 만드는 백성이
위대함과 초대받음에 감사함을 모르
며,
20 저희들이 천사와 같은 마음을 가져야
천사가 된다는 것, 천사가 어찌 역사
한다는 하늘의 비밀이요, 하늘의 뜻을
내가 수없이 강론으로써 가르쳐 주었
으며 그를 전해 주었거늘,
21 한 자리 마음속에는 항상 계산된 마음

이 있으며, 저희들이 이 법전을 만드
는 그 축복된 영광보다도 저 나름대로
생각하는 것이 있는 그와 같은 마음을
가지고 있는 것, 이는 절대 용서할 수
없는 것이니라.
22 내가 말하기를, 이제 너희들이 수험생
보다도 열배 백배 이를 감사하며, 이
와 같이 내가 불러 주고 초대한 것을
알고 저희들의 목숨을 바쳐 일할 수
있는 자,
23 그리고 이 모든 160권을 마지막 세상
에 내보낼 수 있는 굳은 결의가 된 자
를 부를 것이니라.
24 다만 그들이 인간의 생각이요, 인간의
욕심을 버리지 못하고 또 변질될 때,
나는 그를 솎아 낼 것이며, 그 자리는
또한 다른 사람으로서 채워 역사하는
그 길을 갈 것이니,
25 인간의 생각이요, 인간의 마음을 다
저버리지 못하는 자, 그들은 천사가
될 수 없기 때문에 그와 같은 자는 나
의 법전을 만들 수가 없음이니라.
26 그들이 이 법전을 만들다 지옥으로 감
에 있어서 그들이 지옥에 가서 무어라
하겠는가?
27 저희들이 만든 것이며 저희들이 역사
한 것을, 나 여호와가 저희들을 버린
자라 하며, 저희들을 이용했다 하며,
저희들을 활용했다고 시시비비를 할
수 있는 자들이기에,
28 그와 같은 기회도 주지 않고자 미리
내가 모두를 정리하고자 하며, 그를
용납하지 아니하며, 그와 같은 말을
내가 듣기 싫어하며 들어서는 아니 될
것이며,
29 너 또한 그와 같이 비춰져서는 아니
되기 때문이니 그리 알라.

8,383 번째 하나님 말씀

2003년 11월 13일 07시 48분

1 사랑하는 나의 아들아!
2 "네, 아버님! 말씀하옵소서."
3 너희들이 이 세상에 나와 생명의 기간
은 정해져 있으며, 너희들이 나로부터
받아 나간 생명의 줄이요, 그 시간은
모두가 정해져 있으며, 그 틀을 벗어
날 수 없으며 그를 거역할 수 없다 하
였음이니라.
4 그러니 너희들이 살아가는 세상에 백
년이요, 또한 그보다도 못한 삶을 살
아가는 백성들이 있으며, 너의 제자들
이요, 또한 나의 법전을 만들고 역사
하는 백성, 그리고 선택된 너의 제자,
그 모두도 또한 그 생명을 스스로 알
지 못하며, 나로부터 받아 나간 그 시
간을 알지 못함이니라.
5 그러니 너희들은 길다면 길며 또 짧다
면 짧은 생명을 가지고 나가 세상에
살아감이니, 길어야 백 년을 넘는 자
가 없다 그리하였음이니라.
6 그 세월 속에서 사는 것이 너희들의
운명이요, 정해진 삶이며 시간이거늘,
7 그 속에서 참진리의 길이요, 나 여호
와의 뜻을 모두 다 역사하며 그 뜻을
다 이루겠다는 생각을 하지 말라 전하
라.
8 모두는 다 역사할 수 없는 것이니라.
9 오늘의 나의 아들을 따르는 그 제자
요, 그리고 나의 법전을 만들며 영원

히 존재하는 것, 그리고 지워질 수 없
는 것, 버려질 수 없는 것, 그리고 만
백성의 기본이요, 근본이 되는 나의
법전을 만들어 만백성을 깨우쳐 참진
리의 길로 인도하는 너희들은 모든 목
표를 너무 높이 잡지 말라.
10 너희들이 이 세상에 존재하는 속에서
모두를 다 이루고 다 역사하고자 그리
생각하지 말라.
11 나의 뜻은 끝없이 전해질 것이며, 또
한 나의 아들이 죽을 때까지 하늘의
뜻을 기록하여 너희들에게 전함이니
라.
12 그러니 영원히 흐르며 존재하는 이 세
상이요, 너희들이 죽어서 없어져도,
또 너희 후손이 죽어 세상에 나와 또
돌아갈 때까지 아무리 반복하고 반복
한다 해도 이 세상은 영원히 존재하니,
13 그 세월 속에서 너희들이 모두를 단시
일 내에 완성하며, 모두를 역사하겠다
는 그와 같은 목표를 세우는 것은 너
희들이 욕심이니라.
14 다만 너희들은 나의 뜻을 따라서 최선
의 노력을 다하는 그것으로써 충분히
나로부터 은혜를 받을 수 있는 자들이
라는 것을 알며,
15 너희들에게 주어진 그 시간을 최선을
다하여 역사할 것이며,
16 영원히 존재하는 그 길고도 긴 세월을
너희들이 다 이루고 다스리는 것처럼
그와 같은 생각을 갖지 말라 그리 전
하라.
17 너희들의 생명이 백 년을 넘지 못하
며, 나로부터 받아 나간 그 생명 동안
에 최선을 다하며 그리 역사하면 된다
는 것을 전하라.
18 너희들의 생애에 모든 것을 이루며 내
뜻을 역사하고자 하는 것, 마치고자
하는 그 열정이요, 그 마음은 갸륵하
나,
19 너희들은 정해진 생명이요, 정해진 시
간이 있음이니, 그를 벗어날 수 없기
때문이니,
20 너희들이 오늘의 삶에 먼저 최선을 다
하며, 나의 법전을 만드는 데 모든 노
력을 다 경주하는 그와 같은 마음으로
살아가도록 그리하라.
21 그것만이 너희들이 나에게 은혜를 받
는 것이요, 너희들이 할 수 있는 길이
니라.
22 결코 모두를 다 너희들이 역사하며,
너희들의 책임하에 모두를 이룬다는
생각을 하지 말라.
23 너희들이 이루고 또 만들어 놓았으나,
또 다듬을 게 있으며 또 다스릴 게 있
으며,
24 새로운 뜻이 내려가면 다음 백성들이
요, 너희 후손들이 또 완성할 것이며,
그를 계승하여 또한 역사가 이루어질
것이니, 그리 알라.
25 너희들이 지금 네 생명을 다 알지 못
하며, 어느 정도까지 네가 이 세상에
존재하며 얼마나 사는지도 모르는 너
희들이 이 모두를 다 만들려고 하다
보면 무리가 따르며 힘들고 어려운 길
이니라.
26 그러니 너희들이 최선을 다하는 것,
최선의 노력을 다했을 때, 너희들이
다 완성하지 못하고 이 세상을 떠난다
해도,

27 그와 같이 노력해 놓은 그 바탕 위에
서 너희 후손이 또 연계해서 그 모두
는 역사해질 것이며 세상에 나오게 될
것이니, 그리 알도록 전하라, 사랑하
는 나의 아들아!

8,384 번째 하나님 말씀

2003년 11월 13일 07시 54분

1 사랑하는 나의 아들아!
2 "네, 아버님! 말씀하옵소서."
3 네가 내 뜻을 너의 제자들에게 전하지
아니하였던가?
4 너희들은 어떠한 역경과 환경 속에서
도 이기는 자가 되어야 될 것이며, 그
리고 너희들은 성공을 거두는 자가 되
어야 된다 하였음이니라.
5 그러니 너희들이 나의 법전을 가지고
만백성을 다루는 그와 같은 것, 이를
너희들이 이기고 성공하는 자가 되기
위해서는 잠시도 잊어서는 아니 된다
그리 말하였음이니라.
6 너희들이 순탄한 길을 간다 해도 그
모두가 역사하기는 어렵고 힘든 것이
거늘,
7 이를 방해하는 자, 이는 사탄이요, 마
지막 이 세상을 혼란케 하는 자라 그
리 말하며 너희들을 방해하며 쓰러트
리려 하며 너희들이 가는 발길을 걸어
넘기는 자들이 도처에 깔려 있으며,
8 너희들이 움직이는 것을 일거수일투
족을 다 방해하며 그를 중단시키고자
하는 자들이 지금 눈을 부라리고 너희
들을 공격하며 감시 감독하는 그 세상
틀 속에서,
9 나의 법전을 가지고 만백성에게 전하
는 너희들이 이겨야 하며, 만백성에게
이를 전해 주는 길에 성공을 거둔다는
것은 얼마나 어렵고 힘든 길인가를 너
희들은 알아야 될 것이니라.
10 그러기에 너희들이 나의 법전을 만들
고 역사하는 그 제자들의 마음 자세부
터 바로 서지 아니하면 절대 이룰 수
없다 함이니라.
11 너희들이 하나가 되지 아니하면 모두
가 역사할 수 없거늘,
12 너희들이 각자 생각이 다르며 마음의
자세가 다르다 하면, 너희들은 결코
이길 수가 없으며, 나의 법전을 전하
여 만백성을 구하는 내 뜻을 가지고도
성공할 수 없는 자들이기 때문에,
13 내가 이와 같은 모두를 다 엄히 다스
리고자 함이니라.
14 그러니 내가 나의 아들을 통하여 말했
듯이, 너희들은 이겨야 되며 승자가
되어야 하며, 성공하는 자가 되어야
한다는 그 뜻을 안다면, 너희들이 거
기에 모두를 다 바쳐야 될 것이니라.
15 내가 너희들을 위하여 버릴 자 버리
며, 다스릴 자 다스리며, 얼마나 냉정
히 다스려 가야 되는 것인 줄 알겠는
가?
16 너희들은 나를 원망하지 말라.
17 너희들이 인간의 세상에 살아가면서
목표를 세우며 그 목적을 세우며, 그
리고 나름대로 그를 성공으로써 거두
고 주변으로부터 칭송을 받으며, 네가
후회 없는 인생을 살았다는 것을 남들
에게 보여 주며, 또한 너도 그와 같은
삶을 살기 위해 얼마나 노력하는가?

18 그러나 너희들이 인간 세상에 살아가
면서 목표한 것, 그리고 이루고자 했
던 것을 과연 얼마나 자기 뜻을 이루
며 살아가는 백성이 있는가 한번 돌이
켜 보라.
19 하물며 너희들 주변은 수많은 적이요,
너희들보다 더 단단하고 더 굳은, 그
리고 열성적이고 광적이며, 그리고 너
희들이 감히 감당할 수 없는 그 많은
숫자들이 물질적으로 또한 인간의 머
릿수로써 너희들을 공격하며 무너트
리고자 하는 그 속에서,
20 평범하게 인간의 설계를 세워 놓아도
그를 이루지 못하는 것이 너희들이거
늘,
21 그와 같이 적이 도사리고 있는 속에서
과연 이겨 낼 수 있으며 승자가 될 수
있겠는가?
22 그러니 너희들이 완벽한 자요, 마음
자세부터 굳건히 다스려지지 아니한
자, 모두를 다 바쳐 역사하겠다는 생
각을 갖지 아니한 자,
23 천사와 같이 자신을 제거하며 자신을
지워 버리는 것은 생각하지 아니하며,
나와 더불어 영원히 죽음을 같이하겠
다는 굳은 결의가 없이는 아무것도 이
루어질 수 없으니,
24 기초부터 다지는 그와 같은 마음이 되
지 아니하였을 때, 나의 법전을 다룰
수 없으며 역사할 수 없다 함이 여기
있으며,
25 그와 같은 자 엄히 다스려 선별하고자
하는 것이 나 여호와의 뜻임을 너는
알라.
26 너는 어찌하여 작은 것에 가슴 아파하
며 눈물을 흘리는가?
27 160권의 법전이 누구의 뜻이며 누가
역사하도록 하였으며 이것이 어떠한
일을 하는가?
28 이 지구요, 이 지상이 멸망하지 않는
한 영원히 존재하는 것이 나의 법전이
며, 만백성을 구하는 것이니라.
29 오늘도 수없는 나의 백성들이 지옥의
낭떠러지로 떨어지며 타락된 삶을 살
아가니, 그들을 구원하는 것이 너희들
이거늘,
30 너희들이 바른 자세요, 바른 마음을
갖지 아니하고는 나의 법전이 세상에
나갈 수 없다 하였음이니, 그 아픈 마
음에 네가 괴로워해서는 아니 될 것이
니 그리 알라.

8,385 번째 하나님 말씀

2003년 11월 13일 08시

1 사랑하는 나의 아들아!
2 "네, 아버님! 말씀하옵소서."
3 나의 법전을 역사하는 백성들이요, 그
리고 나의 뜻에 따라간다는 백성들,
내가 너희들에게 내려 준 그 지혜를
너희가 얼마나 지혜롭게 쓰고 역사해
야만 되는지 알겠는가?
4 내가 높은 지혜를 주었으며 판단력을
주었거늘, 어찌하여 너희들이 그와 같
은 지혜를 아름다운 쪽이요, 나의 법
전을 만드는 데 모두를 다 바치고 쓰
지 아니하는가?
5 이것이 그들을 내가 오늘 손을 놓게
하는 그 의미임을 알라.
6 너희가 천국의 길에 들어서는 것이요,

나에게 오르고자 하는 백성, 그 모두
도 다 내가 높이 내려 준 생각할 수 있
는 것이요, 지혜로움이 있어야만 모두
를 역사하는 것이니라.
7 지혜롭지 않은 자, 참진리를 찾지 못
하며 그 길을 가지 못하는 것이니라.
8 또한 진리를 찾으며 나 여호와의 뜻에
의해 역사하고자 하는 자, 지혜 속에
서 믿음의 길을 가는 백성, 너희들은
그와 같이 생각을 잘 돌리며 연구하고
깨우쳐 가지 아니하면 아니 되는 것이
니라.
9 그러니 나의 법전을 만드는 백성 너희
들이 정녕 나의 법전을 만드는 데 모
두를 다 역사하겠다는 그 생각의 지혜
로움을 거기에 맞춰 역사한다면, 흔들
리는 마음의 자세가 될 수 없을 것이
니,
10 너희들의 노력함이 오늘에 과연 얼마
만큼 고통을 감내하며, 얼마만큼 노력
하고 가는가?
11 내가 오죽하면 수험생이 공부하는 것
만큼도 못한 것이 창조주 나 여호와의
뜻이요, 내 성령을 가지고 다루는 자
들이라 했겠는가?
12 만백성을 구원하는 자들이 그 마음을
가지고 자리를 지킴이니, 내가 그 자
리를 치우고자 함이니, 너희들은 그리
알라.
13 너희들은 그저 남의 말을 따라가는 그
와 같은 지혜롭지 못한 백성들과 마찬
가지니라.
14 모두 말로써 그저 설교하는 자, 남을
따라서 가는 자, 그와 같은 마음으로
가는 것이 바로 잘못된 신도들이요,
잘못된 백성이라 하였음이니, 너희들
또한 그와 같은 것이니라.
15 사악한 마음이요, 나의 법전을 만들겠
다는 그 일념을 무너트리고 쓰러트리
는 그 마음을 다스리지 못하며 그와
같이 흘러가는 것이 너희들이기에,
16 더 이상 내가 이대로는 둘 수 없으며,
이대로 더 보고 들을 수 없으며, 그대
로 놔둘 수 없기 때문임을 너는 알아
야 될 것이며, 네가 아파하며 괴로워
하지 말라.
17 네가 가지 아니하여도, 네가 역사하지
아니하여도 160권의 법전은 역사한다
는 것을 내가 너에게 가르쳐 주었거늘,
18 너의 제자들이 또한 그와 같은 마음을
가지고 하지 아니할 때, 항상 너희들
은 그 마음의 자세요, 굳건한 자세요,
나 여호와가 존재함을 믿으며 그 모두
를 바쳐 갈 수 있는 사람, 그와 같은
백성으로서 거듭나 역사를 할 수 있는
것은 당연한 것이거늘,
19 어찌하여 네가 그와 같은 것을 모르며
오늘에 그리 마음 아파하는가?
20 이들의 믿음이 잘못 가며 이들이 구원
까지도 받을 수 없는 자들이요, 이들
이 지옥으로 가는 것을 네가 보지 아
니하려거든, 이들을 엄히 다스리는 나
여호와를 원망하지 말라.
21 내가 그들에게 단 한 번의 기회를 주
며 그들을 용서하고자 하는 마음이요,
그들이 정녕 구원의 길은 갈 수 있도
록 하고자 하는 것이 나요, 지옥에 가
고통을 받지 않도록 하는 것이 내 뜻
이니라.
22 모든 종교 집단이요, 지도자들이 지금

얼마나 광적으로 잘못 가고 있느냐?
23 그들만 잘못 간 것이라 그리 말하지
말라.
24 헌금을 내고 찬송을 부르면서 광란의
짓을 하는 자, 남이 헌금을 내니 제가
그들에게 지지 않을 만큼 더 내며 더
역사하여 칭송을 받고자 하여,
25 지금 제가 쓰러지며 패가망신한다 해
도 남보다 제가 더 해야 되겠다는 경
쟁심을 가지고 가는 그와 같은 자들이
지금 잘못된 것을 너희들이 눈으로 보
나,
26 너희들의 마음으로써 나의 법전을 만
드는 데 모두를 다 바치고자 하는 그
와 같은 깨달음이요, 그와 같은 지혜
로움을 그쪽으로 쓰지 못하는 자,
27 그들과 너희들이 다 똑같은 자이며,
한 치도 틀림이 없다는 것을 너희들은
알라.
28 내가 이와 같이 전하는 그 의미를 깊
이 생각하고 깨달으면, 스스로 너희들
이 어찌 가야 될 것이며 어찌해야 될
것인가를 알 것이니라.
29 지금 쓸데없는 허무한 곳에, 저희들이
남들이 내니 제가 더 내야 되며, 남이
칭송을 받으니 제가 더 칭송받아야 되
겠다 하여 지금 미친 자들과,
30 너희들이 나의 법전의 소중함을 모르
고 이 귀중함을 모르며, 제 목숨을 바
쳐서라도 역사하겠다는 생각을 하지
않고, 수험생이 밤잠을 자지 아니하고
공부하는 것만큼도 못하는 자,
31 너희들도 그들과 똑같은 자들이며, 그
들과 똑같은 유형의 백성임이니,
32 내가 너희들을 그대로 놔두어서는 구
원할 수 없기에, 내가 너희들을 구원
하는 기회를 주고자 하는 것이요, 내
가 그리 역사함이니,
33 나의 아들 너는 슬퍼하지 말며 괴로워
하지 말라.
34 그와 같은 가르침이요, 그와 같은 매
질이 없이는 그들이 변화될 수 없으며
거듭날 수 없는 자들이니, 그리 알라.

부 록

【하나님께서 가르쳐 주신 운동】

천재지변이 일어날 때, 동물이나 미물들은 미리 알고 대피하지만, 인간은 알지 못하고 큰 화를 당합니다. 하나님께서 인간에게 가장 높은 지혜를 주시고 완벽하게 창조해 주셨기에 동물들보다 더 잘 알 수 있지만, 욕심으로 마음이 혼탁해져서 한 치 앞을 보지 못하는 것입니다.

마찬가지로, 인간은 누구나 스스로 필요한 운동을 해서 건강을 지킬 수 있도록 하나님께서 만들어 주셨습니다. 우리의 머리에서 우리 몸에 필요한 동작을 해 달라고 끊임없이 신호를 보내지만, 인간이 혼탁하게 살아서 그 신호를 알아채지 못합니다. 그러니 자연스럽게 자기 몸이 원하는 그 신호를 따라서 운동하는 것이 하나님께서 가르쳐 주신 운동 방법입니다. 바로, 우리의 영이 육을 이끄는 운동입니다.

▶ 하나님 운동법

1. 눈을 감고, 발을 어깨너비로 벌리고 바르게 선다.
2. 몸에 힘을 풀고, 허리를 숙이면서 손과 머리를 아래로 내린다.
3. 허리를 펴고 싶을 때, 천천히 펴면서 하고 싶은 동작을 하면 운동이 시작된다. (사람마다 다르다.)
4. 멈추지 말고, 어떤 동작이든지 자기 몸의 느낌대로 계속 이어서 한다.

▶ 참고 사항

① 눈을 감은 상태로 아무 생각 하지 않고, 자기 몸의 느낌대로 움직입니다.

② 마음을 비우고, 욕심을 버리고, 지난날의 잘못을 반성하면서 몇 차례 시도하다 보면, 자기도 모르게 하고 싶은 동작이 끊임없이 생깁니다.

③ 운동 장소는 방 안이든 운동장이든 관계없으며, 걷거나 달리고 싶을 때는 눈을 떠도 됩니다.

④ 매일 40분 이상, 주 4회 이상, 3개월 이상 하면 음식 조절에 들어갑니다.
- 음식으로 생긴 병은 음식으로 치료하게 되며, 어떤 음식을 먹어야 하는지 스스로 알게 됩니다.
(자기 몸에 필요한 음식만 먹고 싶어집니다.)

⑤ 사랑하는 사람과 함께 운동하면 서로 치료해 주기도 합니다.

⑥ 운동을 하다가 몸의 어느 한 부분을 계속 손으로 자극한다면 그쪽에 이상이 있는 것이니, 의사에게 상담을 받고 적절한 치료를 받으면 됩니다.

⑦ 다이어트 및 기타 건강관리에 효과적입니다.

⑧ 꾸준히 운동하여 영이 맑아지면, 자신의 과거와 미래를 스스로 보게 됩니다.

누구나 스스로 하실 수 있습니다.

간 행 사

《새로운 성경》은:

· 새로운 성경은, 하나님께서 선량하고 선한 자를 선택하여 십계명을 암송하도록 하시고, 십계명을 암송한 다음에 음성으로써 들려주시는 말씀을 듣고 그대로 카세트테이프에 녹음해서 받아쓴 책입니다.

· 90분짜리 녹음테이프 700여 개에 달하는 말씀으로, 1999년 8월부터 2004년 7월까지 총 160권(권당 288쪽)을 완성하였으며, 그 이후에도 현재까지 계속 말씀을 내려 주고 계십니다.

· 새로운 성경은 "하늘을 두루마리 삼고 바닷물을 먹물 삼아 쓰고 써도 다 못 쓴다"는, 끝없이 방대한 하나님의 말씀이 두루마리로 직접 내려오는 것입니다. 이러한 새로운 성경은 구약과 신약을 폐하려는 것이 아니라 "인봉된 성서의 비유의 뜻"을 상세히 설명하여 완성하고자 하나님께서 직접 내려 주신 말씀입니다.

《새로운 성경》의 구성:

· 제 목: 2013년, 160권 모음집을 발간하면서, 본 도서의 제목을 "하나님! 말씀하옵소서"에서 《새로운 성경》 으로 명해 주셨습니다.

· 단행본: 각 권당 288쪽(신국판) 책이 160권까지 시리즈로 출판됩니다.
(모음집은 단행본을 16권씩 묶어서, 총 10부로 구성됩니다.)

《새로운 성경》의 성경적 근거:

· 신약 성경 [요한복음] 16장 13절에 "진리의 성령이 오시면 그가 너희를 모든 진리 가운데로 인도하시리니 그가 자의로 말하지 않고, 오직 듣는 것만을 말하며" 하신 말씀처럼 하나님의 음성을 들은 것만 기록하였으며,

· "장래 일을 너희에게 알리시리라" 하신 말씀과 같이 개인, 나라, 인류의 "장래"일을 하나님께서 알려 주시는 것만 기록하여 책으로 만들었습니다.

《새로운 성경》의 기록 방법:

· 1999년 8월부터 하나님께서 저에게 들려주시는 음성을 기록하였습니다. 처음에는 제가 들은 말씀을 불러 주면 저의 아내가 기록하여, 2000년 1월 29일에 1권 초판이 세상에 나왔습니다. 2000년 4월부터는 주시는 말씀을 받아 녹음기에 기록하기 시작하였습니다.

· 녹음을 시작하면서 하나님의 말씀을 받는 데 가속도가 붙었고, 2001년 5월 3일에 1부(1~16권까지)를 인쇄하여 출판하였으며, 2004년 7월까지 총 160권 분량의 말씀을 받아 기록하였습니다.

하나님께서 저에게 주신 것은:

· 첫째, 만백성을 상대로 내려 주시는 "기도", 둘째, 수시로 내려 주시는 "묵상", 셋째, 개인의 과거, 현재, 미래를 알려 주시는 "개인 기도", 넷째, 개인의 건강을 위해서 내려 주시는 "음식 처방", 다섯째, 하나님께서 가르쳐 주신 "운동"등이 있습니다. 이 중에 첫 번째, "기도"를 책으로 편찬하였습니다. 사람의 생사, 개인의 미래에 관한 천기는 수록하지 말라 하셨습니다.

강론 안내:

· 하나님께서는 지금도 매일 저에게 새로운 하늘의 비밀의 말씀을 내려 주고 계십니다. 수시로 내려 주시는 말씀을 정리해서 제자를 육성하라는 말씀에 따라 매주 강론을 하고 있습니다. 누구나 무료로 들으실 수 있습니다. (book160.com)

《새로운 성경》을 읽는 분들에게 드리는 선물:

· 개인 기도: 개인의 과거, 현재, 미래에 관하여 말씀을 내려 주십니다.

· 음식 처방: 사람은 음식을 먹고살다가 건강을 잃으니, 음식과 운동으로 건강을 되찾는 방법을 알려 드립니다. 단, 하나님이 계심을 믿고, 십계명을 지키겠다고 진실로 서약하는 분들께 알려드립니다.

《새로운 성경》의 은혜와 기적:

· 새로운 성경 전160권은 16권씩 묶어서 총 10부의 모음집으로 구성됩니다. 모음집 한 부를 읽고 깨우치는 자에게 하나님께서 다음과 같은 기적이 있다고 하셨습니다.

· "첫째, 그가 죽어 하늘에 갔을 때 그의 죄를 묻지 아니하며, 구원을 받는 위대한 은혜가 있으며, 둘째, 그의 소원과 소망이 이루어지고, 셋째, 죽은 자(부모, 형제, 자식, 사랑하고 은혜 입은 분)의 이름으로 구입한 책을 읽고 누군가 한 사람이 깨우칠 때, 그 죽은 자가 지옥에서 천국으로 구원을 받게 되며, 넷째, 유산, 중절 수술 등으로 태어나지 못한 아이를 위하여 구입한 책을 보고 한 명이 깨우쳤을 때, 그 아이가 사람으로 다시 한 번 태어나는 은혜를 받는다."

· "새로운 성경"을 3회 이상 정성을 다해 정독하는 자, 성서의 비밀을 알게 되고, 세상의 이치를 알게 되며, 세상을 지배하고 통제할 수 있는 지혜를 다 얻게 된다고 하셨습니다. 이 책은 만백성이 정독하고 이웃에게 전하여, 평생 가슴에 묻은 슬픔과 고통의 짐을 벗고 미래를 위한 힘찬 삶을 살아가도록 하는 책입니다.

끝으로

· 하나님께서는 흰 눈이 세상을 덮듯이 새로운 성경을 온 세상에 전하라고 하셨습니다. 《새로운 성경》 을 각국어로 번역해서 온 인류에게 구원의 길을 깨우쳐 주고, 그 수익으로 가난하고 어려운 백성을 구제하여, 만백성의 영과 육을 함께 구원하는 선지자의 임무를 수행하라고 저에게 명하셨습니다.

· 하늘에서 내려 주신 말씀의 보화를 만백성에게 나누어 주는 것이 선지자의 임무라고 하셨습니다. 새로운 성경을 통해서 얻는 재물을 사용할 곳도 하나님께서 일일이 명해 주십니다. 모든 재물은 저의 자의로 쓸 수 없고, 하나님께서 명하시는 대로만 쓰여집니다.

· 어떤 명분으로든 십일조나 각종 헌금을 거두어들이지 말라 하셨으며, 국내뿐 아니라 각국에 성전과 단독 서점을 운영하며, 한국의 많은 젊은이들을 전 세계에 지도자로 내보내라고 하셨습니다.

· 우리는 세계적으로 새로운 성경을 보급하며 어려운 이들을 돕는 역사를 해 나갈 것입니다. 지금까지 비록 몇 명 안 되는 제자들과 함께 이러한 일을 역사했지만, 앞으로도 계속 하나님께서 기뻐하시는 일들을 해 나갈 것입니다. 부족한 저희에게 여러분들의 지혜와 성원을 보내 주시기를 바랍니다. 많은 분들의 참여와 도움을 간절히 기다립니다. 감사합니다.

한국어로 내려온 《새로운 성경》 단행본을 출간하며
2016년 4월 10일

발행인 **김 용 철**

한국어로 내려온

새로운 **성 경** · 8부 · 제114권

지은이 하나님 말씀
대역자 김용철

초판인쇄 1쇄 2017년 4월 3일

펴낸 곳 도서출판 하얀마음
등록번호 제 10-2107호 (2001년 2월 14일)
주소 서울시 노원구 덕릉로86길 5, 2층
전화번호 02) 313-1114
팩스 02) 393-5554
전자우편 book160@hanmail.net
편집위원 조나영 김미향 이석교
제작지원 조형구 백영숙 이석교 이수희

도서상담 1600-7527
ISBN 978-89-5875-214-1 (04230)
978-89-5875-100-7 (세 트)

값 10,000원
잘못된 책은 구입하신 곳에서 바꾸어 드립니다.

※이 책은 10부로 제작되며, 각 부 16권씩 총160권으로 구성됩니다.※

1부	2부	3부	4부	5부	6부	7부	**8부**	9부	10부
1권	17권	33권	49권	65권	81권	97권	113권	129권	145권
2권	18권	34권	50권	66권	82권	98권	114권	130권	146권
3권	19권	35권	51권	67권	83권	99권	115권	131권	147권
4권	20권	36권	52권	68권	84권	100권	116권	132권	148권
5권	21권	37권	53권	69권	85권	101권	117권	133권	149권
6권	22권	38권	54권	70권	86권	102권	118권	134권	150권
7권	23권	39권	55권	71권	87권	103권	119권	135권	151권
8권	24권	40권	56권	72권	88권	104권	120권	136권	152권
9권	25권	41권	57권	73권	89권	105권	121권	137권	153권
10권	26권	42권	58권	74권	90권	106권	122권	138권	154권
11권	27권	43권	59권	75권	91권	107권	123권	139권	155권
12권	28권	44권	60권	76권	92권	108권	124권	140권	156권
13권	29권	45권	61권	77권	93권	109권	125권	141권	157권
14권	30권	46권	62권	78권	94권	110권	126권	142권	158권
15권	31권	47권	63권	79권	95권	111권	127권	143권	159권
16권	32권	48권	64권	80권	96권	112권	128권	144권	160권